SEMERKAND AİLE

İstanbul 2016

Semerkand Aile Kitaplığı Serisi
yayin@semerkand.com
ISBN: 978-605-159-153-7

**Derleyen ve Editör :** Derya Şahin
**İmla Tashihi :** Mehmet Günyüzlü, Nedret Topçu
**Dinî Tashih :** Ali Uzdenov
**Tahriç :** Fethullah Gorodniçev
**Kapak ve İç Tasarım :** Öznur Yavaş
**Baskı :** Elma Basım
Halkalı Cad. No: 164 B4 Blok
Sefaköy/Küçükçekmece/İstanbul
Tel: 0212 697 30 30
(yaygın dağıtım)

Ocak 2016, İstanbul
3. Baskı



GENEL DAĞITIM

POZİTİF DAĞITIM
**TÜRKİYE:** Eyüpsultan Mah. Esma Sokak. No. 3 Samandıra-Sancaktepe-İstanbul
**Tel:** 0216 564 26 26 **Faks:** 0216 564 26 36 online satış: www.semerkandpazarlama.com

EROL MEDIEN
**AVRUPA** EROL Medien GmbH Kölner Str. 256 51149 Köln
**Tel:** 02203/3694 90 **Fax:** 02203/3694 910 www.semerkandonline.de

# EVLİ mutlu HUZURLU

SEMERKAND AİLE

# İÇİNDEKİLER

DÖRDÜNCE BÖLÜM

**Evliliğin Çevre ile İmtihanı**



BEŞİNCİ BÖLÜM

**Evliliğin Televizyon ile İmtihanı**



ALTINCI BÖLÜM

**Evliliğin Para ile İmtihanı**



YEDİNCİ BÖLÜM

**Evliliğin Çocuk ile İmtihanı**



SEKİZİNCİ BÖLÜM

**Mutlu Bir Yuva İçin**

# ÖNSÖZ

Her insan mutlu bir hayat sürmek, huzur ve saadet kaynağı bir aileye sahip olmak için niyetlenir evlenmeye. Fakat kimi zaman amaçlanan ile karşılaşılan birbirini tutmaz. Evlilik, hayallerimizin gerçekleştiği değil yıkıldığı bir kurum gibi gözükür gözümüze. Bu düşüncemizde evliliği yanlış biliyor olmamızın payı büyük.

Peki, evliliği yanlış bilmek ne demek? Evliliği yanlış bilmek, bu kurumun bize hep saadet getireceğini düşünmektir. Fıtrî ihtiyaçların helâl yoldan karşılanması, neslin devam etmesi, Allah yolunda hizmet edecek evlatlar yetiştirmek, eşinin kusurlu yönlerine sabretmek, geçinmek için gerekli fedakârlıkları yapmak gibi maddeleri es geçip evliliğin sadece gözümüze ve gönlümüze hoş gelen taraflarını istemektir. Oysa evlilik insana mutluluk vaat ettiği kadar sorumluluk da yükler, verdiği huzur kadar dert ve tasa da hazırlar. Tıpkı hayat gibi ...

Okumakta olduğunuz kitap evliliğin sözü edilen toz pembe kısımlarını zaten biliyor olduğunuzu varsayarak, pek dile getirilmeyen "zor zamanda aile olabilme bilinci"ne odaklanıyor. Evliliğin emek isteyen bir kurum olduğuna dikkatleri çekmek istiyor. *Semerkand Aile*'nin evlilik köşesindeki yazılardan derlenerek hazırlanan bu kitapta evliliğin geçirdiği çeşitli imtihanlara yer veriliyor.

Vereceğine değil alacağına odaklanan günümüz insanı için evlilikte gerçek huzur ve mutluluğun ancak karşılıklı anlayış ve fedakârlıktan geçtiğini gösteriyor.

Henüz evliliğe adım atmamış bekârlar için evliliği hakkaniyetli bir biçimde öğrenme fırsatı sunan bu kitap, evli olanlar için de sorunların temeline inme imkânı sağlıyor. Kurulmuş ve kurulacak tüm yuvalar için küçük bir saadet vesilesi olması dileklerimize beğeninize sunuyoruz.

# KADIN ve ERKEĞİN EVLİLİĞE BAKIŞI

Birinci • Bölüm

***Erkekler az konuşmaktan, kadınlar çokça sohbet etmekten hoşlanıyor. Erkekler sorun olduğunda susmayı, kadınlar ise sorun üzerinde ayrıntılarıyla konuşmayı tercih ediyor.***

# KADINLAR KONUŞMAK İSTER ERKEKLER GÜÇLÜ OLMAK

AYSUN ÖZPOLAT

Bilim ve teknoloji ne kadar ilerlerse ilerlesin kadın ve erkek arasındaki farklar, yüzyıllar geçmesine rağmen varlığını korumayı sürdürüyor. Kadın ve erkek birbirinin benzeri ya da eşiti değil, aksine farklılığın uyumuyla birbirinin tamamlayıcısı durumunda. Allah Resûlü, *"Kadınlar erkeklerin yarısıdır"*[1] hadisinde bu gerçeğe de işaret ediyor.

Hadiste geçen "şakik" kelimesi, tam ortadan ikiye bölünen bir bütünün parçası manasına geliyor. Bir bütünü meydana getiren iki parçadan her biri, diğerinin "şakiki" sayılıyor. Buna göre, insan olma yönüyle kadın ve erkek eşit yarımlardır. Ama hiçbir zaman biri diğerinin aynısı değildir. Her iki cinsin fıtratları ruhî ve psikolojik, yapıları tamamen farklılık arzediyor. Ne erkek kadının biyolojik olarak daha gelişmiş bir şekli ne de kadın erkeğin az gelişmiş bir tipi olarak sunulabilir.

Dolayısıyla, yıllarca aynı yastığa baş koyan çiftler bile, zaman içinde birbirlerinin yeni huylarını keşfeder. Olaylar karşısında erkek ve kadının gösterdiği farklı tepkiler her dönem araştırma ve tartışma konusu olur. Kadın eşinden ne bekler? Erkeğin tepkileri nasıldır? Çocuğa kızınca baba nasıl davranır, anne neler yapar? En çok psikoloğa giden neden hep kadınlardır? Uzmanlara göre, kadın ve erkek birbirlerinin fıtrat farklılıklarını daha iyi öğrenebilirse sorunlar daha az yaşanır.

1 Ebû Davud, Tahâret, 95.

## Kadın, Kocasının İş Yerinde Ne Var Ne Yok Anlatmasını İstiyor

Kadın ve erkek arasındaki fıtrat farklılıklarını değerlendiren psikolog Mehtap Kayaoğlu'na göre, erkekler daha sağduyulu ve mantıklı, kadınlar ise duygusaldır. Günlük yaşantımızda önümüze çıkan problemler ya da olumsuzluklar karşısında erkekler çabuk öfkelenip kolay yatışırken, kadınlar zor sinirlenip kızdıklarında çok zor sakinleşiyor. Erkekler az konuşmaktan, kadınlar çokça sohbet etmekten hoşlanıyor. Erkekler sorun olduğunda susmayı, kadınlar ise sorun üzerinde ayrıntılarıyla konuşmayı tercih ediyor.

Erkekler işi ve hayatıyla ilgili her şeyi eşiyle paylaşmayı sevmiyor. Kadınlar ise kocasının iş yerinde olup biten her şeyi kendisine anlatmasını istiyor ve bunu önemli bir paylaşım olarak algılıyor. Eşinden aynı yaklaşımı göremeyen birçok kadın hayal kırıklığına uğruyor. Kadınlar evde bütün gün iş yapıp yoruluyor ve bunun karşısında eşinden takdir ve saygı göremeyince ev hanımlığını karşılıksız ya da bedava işçilik olarak yorumlayabiliyor. Bu gibi nedenlerden dolayı kadınlar duygu çöküntüsü ve ruhsal gerginliğe daha yatkın durumda. Bazan stresli olaylarla baş edebilmek kadınlar için daha zor olabiliyor. Aile içi gerginliklerde erkekler tartışma sonrası kapıyı çekip sokağa çıkabiliyor, ya da işine devam ediyor. Böylece yaşadığı gerginliği daha az sürdürüyor. Kadınlar ise eğer sürekli ev içindeyse gergin atmosferden sıyrılması zaman alıyor. Erkekler, ilişkilerinde kural ya da yasak koymaya daha meyilli olabiliyor.

Eşlerin çoğu zaman iletişim çatışmaları oluyor. Birinin söylediği bir cümle, diğeri tarafından yanlış anlaşılabiliyor. Erkekler, eşlerine, "Seni seviyorum, iyi ki varsın, sen benim bir tanemsin" gibi sözleri kadınlar kadar kolay ve sık söyleyemiyor. Tüm bu bilgileri aktaran psikolog Kayaoğlu, bunca zıtlığa rağmen, kadın ve erkeğin muazzam bir beste oluşturmayı rahatlıkla becerebildiğine de dikkat çekiyor.

## Eşler Birbirinden Kendisi Gibi Düşünüp Davranmasını Bekliyor

İki cins arasında yaratılıştan gelen farklar nedeniyle bazı eşlerin sevgiyi "konuşarak", kimilerinin de birbirine "hediye alıp vererek" ifade ettiğini belirten Memory Center Nöropsikiyatri Merkezi kurucularından Prof. Dr. Nevzat Tarhan, bazı bireylerin yardım davranışı ya da fizikî temasla sevgisini gösterebileceğini kaydediyor ve ekliyor: "Kadın ve erkek arasındaki aşk ilişkileri, iki cinsin farklılıkları yüzünden çoğu zaman hayal kırıklığına dönüşür. Erkek, kadının kendisi gibi düşünüp davranmasını beklerken, kadın da erkekten aynı şeyi ister. Bunun sonucunda suçlayıcı, yargılayıcı, hoşgörüsüz, zorlayıcı ve bağışlaması olmayan çatışmalar yaşanır.

Eşine karşı aşırı korumacı olan kadınlar için, Tarhan'ın şu uyarıları isabetli olacak: "Kadın eşini severken, onun gelişmesinde yardımcı olup, erkeğinin eksiklerini gidermeyi ve düzeltmeyi görev bilir. Kadın bunu yaparken eşini koruduğunu düşünür. Erkek ise karısının kendisini yönettiğini düşünmeye başlar. Yeterli olduğunu kanıtlama çabasındaki bir erkeğe kadın yardım önerdiğinde, erkek yetersiz ve eksik olarak algılandığını zanneder. Kadın, erkek istemeden öneride bulunursa bu, erkekte güçsüzlük ve beceriksizlik duygusu uyandırır..."

## "Kadının İstediği Sadece Dinlenildiğini Bilmek"

Kadınların erkeklerden çok daha fazla "estetik kaygılara, sevgiye, iletişime ve güzelliğe" değer verdiğini kaydeden Prof. Dr. Tarhan'a göre, sevgi ve uyum kadın için daha önemli. Erkeğin kendisine yardım önerildiğinde kimi zaman bunu zayıflık olarak algılaması psikolojik konulara ilgisini de azaltıyor. Psikolojik yardımı zayıflık telakki ediyor. Bu da onun kendisini aşamadığının işaretidir. Kadının psikolojik ihtiyacı, "dinlenilmek"; erkeğinki ise "güvenmek, takdir edilmek"tir.

Kadının psikolojik ihtiyacında önceliği "duyguları anlamak, ifade etmek ve değiştirmek" yer alıyor. Erkek ise kadına oranla daha yoğun olarak "çözüm odaklı" düşünüyor ve bu nedenle kadının duyguya verdiği önemi algılayamıyor. Kadın da erkeğin bu kadar duygusuz olmasına bir anlam veremiyor. Kadının duygularını anlamayı önemseyen bir erkeğin kadını anlamasa da dinlemesi yeterli olabiliyor çoğu kez. Böyle davranmayı başarabilen erkek, eşinin kendisini takdir ettiğini görecektir. Aynı durum kadınlar için de geçerli. Onların eşlerine öneri ya da eleştiri üslubuyla değil de sakin ve şefkatli bir şekilde duygularını anlatması erkeklerin onlara karşı daha açık ve ilgili olmasını sağlayacaktır.

## Erkek Üzüntü Anında Kabuğuna Çekilir, Kadın Arkadaşına İçini Döker

Üzüntü anında erkeğin ve kadının beyninin de farklı çalıştığına işaret eden Prof. Dr. Nevzat Tarhan, üzüntü ve keder durumunda iki cinsin gösterdiği farklılıkları şöyle izah ediyor: "Erkek üzüntü anında sessizleşir, kabuğuna çekilir, konuşmak yerine düşünmeyi tercih eder. Bir çözüm bulduğunda sessizliğini bozar. Kabuğa çekilme ise gazete okuma, televizyon seyretme vb. şeklinde olabilir.

Üzülen kadın ise rahatlamak ister ve çareyi güvendiği birini arayarak sorunlarını konuşmakta bulur. Kadınlar kendilerini heyecanlandıran olayları paylaştıklarında güven hissederler. Kadın için önemli olan içini dökmek, erkek için önemli olan ise sonuç bulmaktır. Erkek, kadın için hiçbir şey yapmasa bile dinleyerek destek verebilir. Kadın yüksek sesle düşünür. Ne söylemek istediğini yüksek sesle araştırır. İçtenlik ve paylaşımcılık hisleri kadını konuşmaya iter. Yakınlık ve yalnız olmama isteği konuşma ihtiyacını artırır. Kadın bilgi paylaşımı için konuşur. Erkeğin düşüncesine göre konuşmak sadece 'bilgi aktarma' işidir."

**Sevdiğini söyle:** Erkeklerin hanımlarına karşı duydukları sevgiyi dile getirmeleri dinimizce güzel karşılanır. Çünkü böyle latif davranışlar aile hayatımıza sıcaklık ve mutluluk getirir. Peygamber Efendimiz'in [sallallahu aleyhi vesellem] Hz. Âişe'ye duyduğu sevgiyi açık bir şekilde dile getirmesi buna en güzel örnektir. Âişe validemiz bir gün Resûl-i Ekrem Efendimiz'e sorar: "Yâ Resûlallah, beni nasıl seviyorsunuz?" *"Kördüğüm gibi yâ Âişe"*[2] der. Erkeklerin en hayırlısının böyle yapmaktaki amacı dimağlarda yer etmiş Câhiliye anlayışını yıkmaktı. Kadını hor ve hakir görmek, ona karşı kibirli ve kaba davranmak, onu sadece cinsel bir meta olarak kullanmaktan ibaret olan bu anlayış maalesef günümüzde de sağlamlaşmış

2 Ebû Nuaym, Hilyetü'l-Evliyâ, 2/55.

bir şekilde yerini koruyor. Oysaki Resûlullah Efendimiz, *"Dünyadan bana üç şey sevdirildi. Bunlardan biri de kadındır"*[3] buyurmamış mıydı? Bununla birlikte o, kadınlara karşı son derece müsamahalı idi. Bir gün Hz. Peygamber [sallallahu aleyhi vesellem] ile Âişe annemiz [radıyallahu anhâ] arasında bir meseleden dolayı anlaşmazlık çıkmıştı. Hz. Ebû Bekir'i hakem tayin ettiler. Hz. Ebû Bekir [radıyallahu anh] yanlarına gelince Peygamber Efendimiz Âişe annemize [radıyallahu anhâ], *"Sen mi önce konuşmak istersin, yoksa ben mi önce konuşayım?"* dedi. Sözü Resûlullah Efendimiz'e bırakan Hz. Âişe validemiz [radıyallahu anhâ], o anki kızgınlığın etkisiyle, "Önce sen konuş ama sadece doğruları söyle!" dedi. Kızının bu sözü karşısında çok sinirlenen Hz. Ebû Bekir [radıyallahu anh] Hz. Âişe'ye bir tokat attı. Hz. Âişe validemiz hemen Resûlullah'ın arkasına sığındı. Hz. Ebû Bekir kızına, "Allah Resûlü doğrudan başka bir şey söyler mi?" dedi. Bunun üzerine Hz. Peygamber, *"Ey Ebû Bekir! Biz seni bunun için çağırmamıştık!"* buyurarak sevgili eşini korumasına aldı.[4]

**Cennete giden kadınlar:** Ashâb-ı güzîn ile sohbetinde Resûl-i Ekrem Efendimiz [sallallahu aleyhi vesellem] kadınlardan şu şekilde bahseder: *"Kadınlar; cefakâr ve çilekeştirler. Gebe kalır, çocuk doğurur ve emzirirler. Merhametleri çoktur. Bu sebeple kocalarına karşı itaatsizlikleri olmazsa cennete giderler."*[5] Resûl-i Kibriya Efendimiz yine bu konuyla ilgili şu anlamlı mesajları vermiştir: *"Kadının Allah Teâlâ'ya en yakın olduğu zaman onun nâmahremlerden en çok uzak olduğu zamandır. Bu sebeple onun kendi evinde namaz kılması,*

3 Ahmed b. Hanbel, *el-Müsned*, 3/128; Nesâî, İşretü'n-Nisâ, 1.
4 Hatîb el-Bağdâdî, Târîhu Bağdâd, 11/240.
5 Ahmed b. Hanbel, *el-Müsned*, 1/191.

*mescidde namaz kılmasından daha sevaptır."*[6] Kadının nâmahremlerden sakınması hem Allah Teâlâ'nın emri hem de kocasının hakkıdır.

## Nasıl Çözüm Bulunur?

Eşler öncelikle, fıtrat ve bünyelerindeki farklılıkları öğrenirlerse olayları anlamakta zorlanmazlar. Psikolog Yasemin Uçal Abdullah'ın eşlere en önemli tavsiyesi ise birbirlerinin farklılığını iyi öğrenmeleri yönünde: "Erkek arkadaşlarıyla konuşurken, 'Arkadaşlar, akşama buyurun bize gelin' der. Kadın, 'Neden bana haber vermeden misafir davet ediyorsun?' tepkisi verir. Her iki durumda da niyetler iyidir aslında. Erkek, arkadaşlarını evinde ağırlamak istediği için bunu yapar. Kadın da eşinin arkadaşlarını iyi karşılayamayacağı endişesiyle hazırlıksız yakalanmak istemez.

Cinsellikte de sorunlar yaşanır. Erkeğin cinselliğe yaklaşımı daha ziyade tatmine yönelikken kadın için haz önemlidir. Kadın, güzel sözler duymak, beğenildiğini bilmek ister. Beklentisine karşılık bulamazsa kendisine değer verilmediğini, erkeğin tatminini sağlayan fizyolojik meta gibi görüldüğünü düşünür. Bunları, kendi benliğine yapılmış küçültücü bir davranış olarak algılar. Oysaki erkek olayı böyle görmez.

Tartışmadan sonra bazı erkekler kadının yanına gidip 'özür dilerim' demez. Cinsel anlamda yaklaşır. Erkek bunu aslında kendisini affettirmek için yapar. Kadın ise önce özür dilemesini beklediği için kırgınlığı daha da derinleşir. Sorun eşlerin birbirlerini daha iyi tanımaya çalışmalarıyla alakalıdır."

---

6 Ahmed b. Hanbel, *el-Müsned*, 6/297.

## Eşini Mutlu Eden Kadın

Hem fert hem de sosyal bir değer olarak kız çocuğunun ileride mutlu bir yuva sahibi olmasının temeli ailede atılır. Bu noktada en büyük sorumluluk annelere düşer. Konuyla ilgili olarak ashâb-ı güzînin değerli annelerinden Esmâ bint Hatice'nin [radıyallahu anhâ] gelin kızına yaptığı nasihat takdime şayan: "Yavrum! Doğup büyüdüğün evi bırakıp tanımadığın bir eve gidiyor ve tanışmadığın bir adamla aynı yastığı paylaşıyorsun. Sen onun için yer ol ki o senin için gök olsun. Sen onun için çadır ol ki o senin için direk olsun. Sen onun için câriye ol ki o senin için köle olsun. O istemediği zaman ona yaklaşma, bıktırırsın. O istediği zaman ondan uzaklaşma, kendini unutturursun. Bu yüzden sen onun isteğine uy. O sana yaklaşınca sen de ona yaklaş. Onun burnunu, kulaklarını ve gözlerini hoşlanmadığı şeylerden koru. Onu güzel kokularla karşıla, senden güzel sözler duysun, ona her zaman en hoş halinle görün."

## Adalet Ön Planda

Kadın ve erkeğin doğru davranış örnekleri hadis ve sünnetlerde sıkça yer alıyor. Resûlullah'ın [sallallahu aleyhi vesellem] son nefesini verirken ümmetine söylediği şu sözler duyarlı olan herkesin içini titreten nitelikte: *"Namaza dikkat edin! Namaza dikkat edin! Namaza dikkat edin! Bir de elinizin altındakilere dikkat edin!" Onlara güçlerinin üzerinde yük yüklemeyin. Kadınlar hakkında, Allah'tan korkun. Onlar sizin yanınızda yardımcılarınızdır. Onları Allah'ın bir emaneti olarak aldınız, namuslarını Allah'ın emri uyarınca helâl ediniz!"*[7] Resûl-i Ekrem'in [sallallahu aleyhi vesellem] bu uyarıları söyleye söyleye dili peltekleşir ve ardından ebedî âleme göç eder. Hz. Peygamber'in son dakikalarında namaz kılmanın önemini belirten sözlerinin hemen arkasından, kadınlara nasıl davranılması gerektiğine vurgu yapması, toplumun temel taşı olan aileye ve dolayısıyla aileyi şekillendiren kadına atfettiği önemi de ortaya koyar. Kadın ve erkek ilişkisine İslâm âlimleri de tarafsız kalmaz. İbrahim Hakkı hazretlerinin erkeğe yöneltti̇ği hoş tavsiyeler ailenin sağlığı açısından oldukça önemli. Erkeğe, hanımına karşı güzel huylu ve şefkatli davranmasını ve ona değer verdiğini gösterecek şekilde ilgili olmasını öğütler. Hanımı kızınca susmayı, günah olmayan kusurlarını gör-

7 Ebû Davud, Edeb, 133; Buhârî, *el-Edebü'l-Müfred*, 82 (nr. 158).

mezden gelmeyi ve bir problem varsa bunda kendi payı olup olmadığını sorgulamayı tavsiye eder. Bedîüzzaman Said Nursi hazretleri ise kadına, eşine örnek olacak derecede iyi ahlâklı olmasını, eğer eşi kendinden bu konuda daha iyi durumdaysa eşine uyum sağlamasını söyler. Karı kocanın birbirlerinin açığını kapatarak hem dünya hem de ahiret saadetini yakalamaya özen göstermelerini önerir.

***Evlilik düzeninin günbegün bozulmasına ve boşanmaya kadar varan gerginliklerin artmasına yol açan önemli etkenlerden biri de eşler arasındaki "ilgisizlik"tir.***

# HOŞ GELDİN DEMEYEN KADINLAR, NASILSIN DEMEYEN KOCALAR

ÖZLEM ŞAHİN EKİNCİ

Eşler arasındaki ilgisizlik evlilik hayatındaki arızaların hem sebebi hem de sonucu. Birbiriyle iletişim kuramayan, fikirlerini, duygularını ve isteklerini ifade edemeyen, birlikte zaman geçirmeyen ve paylaşımcı olmayan eşler zamanla birbirlerinden hızla uzaklaşır.

Hayatın zorluklarına karşı sıcak bir sığınak olma özelliği de atfedilen eşlerin, bazan kendileri fırtınaya tutulup sorun çözmeye değil, sıkıntı üretmeye başlayabiliyor. Erkekler gün boyu süren iş stresiyle, ev hanımları ev işleri ve çocukların yorgunluğuyla, çalışan kadınlar ise hem iş şikâyetleri hem de evdeki uğraşılarla baş etmek zorunda kalıyor. Bu karmaşık yaşam biçimi arasında günü kurtarma telaşıyla birbirlerini ihmal eden eşler "incinmiş" ve ilgiye daha da muhtaç bireyler haline geliyor. Hal böyle olunca derin bir aşk ve nice umutlarla başlamış olsa da evlilikler zamanla rutin bir yaşam alanına dönüşebiliyor. Heyecanın kaybedildiği bir evlilikte kavgalar, çatışmalar sıkça yaşanmasa da eşlerin ilgisizliğe tahammülü kolay olmuyor. Aralarında dostluk duygusunu geliştirebilmiş, birbirinin isteklerine, beklentilerine duyarlılık gösteren eşlerin evlilikleri yıllarca sevgi ve saygı ile sürebiliyor. Uzmanlara göre "dostluk duygularını"nın muhafazasında eşlerin olabildiğince ve daima birbirleriyle ilgilenmeye gayret göstermeleri gerekiyor. Her şeyden önce eşler arasındaki sevgi ve saygının taze ve canlı tutulması için "ilgi" faktörünün muhafaza edilmesi gerekiyor. Kendisine epeydir ilgi gösterilmediğinden yakınan bir kadına eşinin verdiği tepkiler zaman zaman kırıcı olabiliyor. Ailesinin rızkını temin etmek için çok çalışmak durumunda kaldığı, evin her türlü ihtiyacını karşıladığı halde neden kendisinden şikâyet edildiği, bunun nankörlük olduğu şeklinde kızgınlıklarını ifade eden erkek, eşini gereksiz yere sorun çıkarmakla itham edebiliyor. Kimi eşler hanımının ilgisizlik şikâyetini ciddiye bile almayabiliyor. Her iki tavrın altında yatan neden, erkekteki, "Başka çarem yok!" düşüncesi. Bu ve benzer savunma cümlelerinin, erkeğin eşi ve çocuklarına karşı sergilediği ilgisizliğine kılıf uydurma refleksi olduğuna kanaat getiren uzmanlardan biri de Prof. Dr. Nevzat Tarhan.

Bazan erkek için can sıkıcı boyutlara ulaşsa da ilgisizlikten yakınan pek çok kadının mutlu olması bir demet papatyayla bile mümkün. Kadınların birçoğu eşinden duyacağı tatlı bir sözden, bir tutam çiçekten mutlu olur. Bu küçük mutluluklar esirgenmemeli. Bir buket çiçekle bile olsa...

## İlgisizlikten Yakınan Erkek Olunca

Eşine yeterince ilgi göstermediği için eleştirilen bir kadın eğer çalışıyorsa bütün enerjisini iş hayatına, ev hanımıysa çocuklarına, ev işlerine ve temizliğe yöneltiyor. Enerjisinin tamamını gündelik yaşantısına odaklayan kadınlar, ilgili ve dolayısıyla da "iyi eş" tanımlanmasından uzaklaşıyor. Dolayısıyla, muteber bir iş kadını veya iş adamı olmak, kaliteli bir evlilik hayatı sürdürmek için yeterli olmuyor. Aile içinde ilgiden mahrum ve mutsuz insanlar, zamanla işlerindeki başarılarını da kaybedebiliyorlar.

Kadın ve erkek yaratılış itibariyle birbirinden farklıdır. Erkekler çoğunlukla duygularını açıkça ifade edemeyebilirler. Böyle bir eşe sahip olan kadın, eşinin davranışlarındaki "ilgi" gösterme dilini iyi okumaya çalışmalı. Akşam işten eve döndüğünde ilk sözü, "Yemek hazır mı?" olan bir erkeğin hanımı bu soruya, " Hayır, henüz değil" gibi bir açıklama yapma refleksine giriyorsa evde sorun yaşanacak demektir. En pratik tavır, arkadaş ziyaretleri, alışveriş, ev temizliği, kitap okumak gibi günlük meşgalelerin erken saatlerde bitirilmesi ya da önce akşam yemeğinin hazırlanması, ardından günlük program neyse onun uygulanmaya konulması. Eve gelip önce yemek bekleyen eşten, yemeğini yedikten sonra hanımıyla ilgilenip günü nasıl geçirdiğini sormasını beklemek daha isabetli.

## Eşinizi Olduğu Gibi Kabullenin

Kadınlar erkeklere kıyasla daha çok ilgi görmeyi bekler. "İlgi görme" algılamalarında pişirdikleri yemeğin beğenilmesi çok önemlidir. Erkeğin eşine, "Eline sağlık, çok lezzetli olmuş" diyerek teşekkür etmesi, eşinin bu beklentisine ilgili ve duyarlı kaldığının önemli bir belirtisidir. Küçük gibi görünen bu incelikler, eşlerin birbirlerine olan sevgi ve saygısını artırır.

Kadın ve erkeğin ilgiyi yansıtma biçimi kendilerine özgüdür. Erkek kadını, kadın erkeği yaratılış özelliklerini göz ardı etmeden "olduğu gibi" kabullenmeli, olaylara aynı pencereden bakmayı beklememeli. Eşler kendi duygularını anlatmaya, karşıdakinin hislerini anlamaya ve bu çabayı gösterirken birbirlerini kırmamaya özen göstermeliler. "Gündelik işlerimizin yanı sıra birbirimize de nitelikli zaman ayırmaya ihtiyacımız var. Evliliğimiz benim için çok değerli. Sen benimle konuşmayınca ve ilgilenmeyince, kendimi çok yalnız ve değersiz hissediyorum ..." yaklaşımı çözüme yöneliktir. Duyguları anlatır.

Kadının bakımlı olması, giyim ve dış görünüşüne dikkat etmesi eşine ilgi göstermekle eşdeğer kabul edilir. Gündelik sorunlardan başını kaldıramadığından yakınarak dış görünüşüne zaman ayıramayan kadınların eşleri bir süre sonra hanımlarına ilgi ve özenli tutumlarını kaybedebilir. Sahip olduğumuz değerleri kaybetmeden önce kıymetini bilmemiz; kendimize, eşimize ve evliliğimize özen göstermemiz gerekir.

***Aile sadece kadın ve çocuklardan oluşan bir kurum değil. Dolayısıyla sadece kadınların değil erkeklerin de evlilikte baş etmekte zorlandıkları sorunları yahut dikkat etmeleri gereken noktalar var.***

# ERKEKLER ve EVLİLİK

ÜMMÜHAN ATAK

Evlilik ve aile söz konusu olduğunda meseleye daha çok kadın tarafından bakılır. Sorunların tesbiti ve çözümü tamamen erkeğe bağlı olsa bile hep kadın muhatap alınır. Yapılması gerekenler, yapılmaması gerekenler bir bir sayılır kadına. Bu durum, konuyu ele alan kişilerin cinsiyetiyle alakalı değildir üstelik. Psikologlar, sosyologlar, evlilik terapistleri gibi uzmanlar konuyu (her ne kadar eşit bakmaya çalışsalar da) kadına yönelik değerlendirmekle karşı karşıya kalırlar. Buna sebep olarak ailevî meselelere erkeklerden çok kadınların ilgili olduğunu ileri sürebiliriz. Ancak aile sadece kadın ve çocuklardan oluşan bir kurum değil. Dolayısıyla sadece kadınların değil erkeklerin de evlilikte baş etmekte zorlandıkları sorunları yahut dikkat etmeleri gereken noktalar var.

## Ağlamak ya da Ağlamamak!

Var oldukları her alanda "iktidar olma" rolüyle baş başa bırakılan erkekler, evlilikte yaşayabilecekleri sorunlarla aslında çok daha önce karşılaşmış olabiliyor. Ağlamayan erkek, pes etmeyen erkek, yorulmayan erkek, korkmayan erkek, üzülmeyen erkek ... Bunlar, toplumsal alanda (çalışma hayatı, eğitim hayatı gibi) erkeklerden beklenenlerin kısa bir özeti sadece. Kimi zaman bir duvar kadar dik, kimi zaman bir çelik kadar sağlam yapıya sahip olmak gerekliliği, evlilik sürecinde de erkeklerin peşini bırakmıyor. Hatta bu öyle bir serüven haline geliyor ki evlilik, erkeklerin birçok konuda en çok zorlandıkları bir arenaya dönüşüyor. Erkeklerin de "aslında" duyguları olabileceği, erkeklerin de "pekâlâ" bezgin düşeceği gibi ihtimallerin kapısı çoktan kapatılmış oluyor. Bu durum eşler arasındaki çatışmaya dönüştüğünde ise suçlu (yani alttan almayan, özveriden yoksun, halden anlamayan...) genelde aynı oluyor: Erkek.

### En Büyük Sorun Ne?

Evlilikte yaşanan en büyük sorunun ne olduğu evden eve değişiyor. Bazı evlerde aileye "hükmeden" bir dış etken (kayınvalide gibi) hayatı karartırken, bazı evlerde mutluluğun uzaklaşması için her akşam eve yorgun gelen ve sohbetten uzak duran eş yetiyor da artıyor! Sevda Eğitim ve Aile Danışmanlık Merkezi'nden uzman psikolojik danışman Mehmet Akif Aydın, evlilikteki en büyük sorunun "çiftlerin kişilik problemleri" olduğuna dikkat çekiyor. İki ayrı kişiliğin iki ayrı dünya olduğunu söyleyen Mehmet Akif Aydın'a göre, söz konusu olan iki kişinin yani iki ayrı dünyanın birbirini anlamaya başlaması zaman alabilir. Aydın, bahsini ettiğimiz "kişilik" kavramını şöyle açıklıyor: "Kişilik dediğimiz şey insanlarla girdiğimiz ilişki kalıplarıdır. İlgisizlik, değer vermeme, ifadede üslup bilememe, saygısızlık, sevgisizlik, sadakat problemleri genellikle kişilik yapılarından kaynaklanır." Aydın'a göre ihmalkârlık, ilişkilerde sınırları aşma, birçok meşru davranışa dahi kısıtlamalar getirilmesi ve iletişim hataları da evlilikte karşılaşılan diğer büyük sorunlardan.

## "Dır Dır" Biraz Ertelense ...

Sabahtan akşama kadar evde koşturan ve akşam kocası eve geldiğinde belki de hiç durmadan konuşma ihtiyacı duyan bir kadının, kocası tarafından "gevezelikle" itham edilmesi talihsizlik. Fakat ne yazık ki bu birçok evde, hemen her gün yaşanıyor. İlkin kadının üzülerek bir kenara çekilmesi olarak görülen bu durum, erkeği yine "kötü insan" yapan bir senaryo. Sabahtan akşama kadar, çalıştığı yerde belki onlarca sorunla baş başa kalan erkek, daha eve dönüş yolundayken, evde "başına gelecekleri" hesap ederek strese giriyorsa kadının bunu anlaması beklenebilir. Daha "bismillâh" deyip içeri girmeden, "dır dır" eden kadının anlattıklarıyla pek ilgilenmemeyi tercih eden koca, sessizliğin bir türlü eve uğramaması (!) sonucunda pekâlâ öfkelenebilir. "Öfke kontrolü" ayrı bir konu. Peki ya "dır dır" kontrolü? Kocasının eve yorgun argın geldiğini hesap etmeden, kendi sorunlarını ardarda sıralamaya başlamadan evvel, kadın kapıyı güler yüzle açsa! Ya da koca, "evde olmaktan" mutluluk duysa! Aile-evlilik-ilişki danışmanı Serhat Yabancı, erkeklerin büyürken de dışarıda zaman geçirdiklerini hatırlatarak, "kadın gibi evden çıkmamak" deyiminin buna işaret ettiğini söylüyor "Erkeğin dışarıda yaşamını sürdürmesi hem büyüme ve sosyal kalıp hem de güçlülüğün göstergesi gibi algılanabilir. Ev işleri, evdeki konular erkek için çok çekici olmadığı için evde kalmayı çok istemezler. Daha çok ilgi farklılığı etmendir" diyor. Her iki tarafın da birbirine zaman ayırması gerektiğinin önemini vurgulayan Yabancı, "Ayrıca erkeğin bütün gününü dışarıda nasıl ve niçin geçirdiği de önemlidir. Bir temizlik işçisine bütün gününü sokaklarda geçirmesi zamanını evde geçiren kadından üstünlüğünü göstermez. Önemli olan ortak zaman dilimlerini birbiriyle ilgilenerek değerlendirmektir" diyor.

## Beraber Yemek Yemek Yeterli

Evlenmeden önce birbiriyle vakit geçirmekten keyif alan hatta bunun için gerektiğinde büyük çaba sarfeden iki kişinin evlendikten sonra farklılaşması, evlilik öncesinde biraz daha dikkatli olunması gerektiğini hatırlatıyor. Evlilik öncesinde birbirlerinin ilgi alanlarını, sevip sevmedikleri birtakım şeyleri oturup uzun boylu konuşamayanların evliliğin ilk yıllarında sıkıntı yaşamaları oldukça doğal. Sıkıntıları aşmanın yolu olarak, "paylaşmak" bir adım olabilir. Ancak kadın ve erkek bu noktada da farklı düşünüyor. Bir kadın oturup uzun uzun sohbet etmeyi paylaşmak için gerekli bulurken, kadınlara oranla daha az konuşan erkek bunu kendine bir işkence olarak görebiliyor. Erkeklerin çoğunda görülen bu davranışın yadırganması da evlilik bahislerindeki "pozitif ayrımcılığın" kadın lehine anlaşılıyor olmasından kaynaklanıyor. Yani erkek, "paylaşmak" gibi olmazsa olmaz bir durumda bile kadından daha farklı hissedip düşündüğü için suçlanıyor. Kadın, sofradayken komşusunun bahçesini anlatarak geçirdikleri zamanı "birlikte sohbet etmek" olarak yorumlarken, erkek için o sırada birlikte yemek yiyor olmak zaten yeterli!

## Erkeğin Mağduriyeti

Hâsılı, erkeğin üzerine binen yükün kimse farkında değil. Ya da kimse kabullenmekten yana değil. Bu haliyle, kadının mağdur/erkeğin zalim olduğu görüntüsüyle o kadar çok hemhal olunmuş ki göz göre göre mağdur edildiği durumlarda bile erkeğin bir koca olarak asla haklı olamayacağı düşünülüyor. Kim bilir, belki sadece bu öngörü bile, kocanın kendini mütemadiyen karşı kaldırımda görmesine yani karısını mütemadiyen bir rakip olarak algılamasına yetiyor. "Erkeğin yalnızlaştırılması" gibi bir ifadenin dahi kolay hazmedilmediği bir ortamda, erkek yalnızlığını paylaşacak kendi gibi "mağdurlar" arıyor. Eve geç gelme bahanelerinin çeşitlenerek artması ve "arkadaş sohbetlerinin" bitmek bilmemesi bu yüzden olamaz mı? Eve gelir gelmez kendini "çocuk bakıcısı olarak atayan" eşine karşılık, erkek erkeğe muhabbetin belini kırmaktan yana olması çok da şaşırtıcı olmasa gerek.

## Evlilikte Kritik Zaman

Evliliklerin en çok yara aldığı yıl ilk üç yıldır diyebiliriz. Evlenmeden önce erkeğin ve kadının zihninde bir karı koca tasarımı vardır. Evlenmek istediğimiz kişinin özellikleri ile zihnimizdeki tasarım söz ve nişan sürecinde yeterince netleştirilmeyebilir. Çok güçlü görünen bir kadının aslında çok da güçlü olmadığı, çok anlayışlı ve sabırlı görünen hanımefendinin aslında ne kadar tahammül gücünün az olduğu evlendikten sonra belli olur. Eğer zihindeki tasarım ile gerçek birbirinden çok uzaksa eşlerin çatışmaları da o kadar derin olabilir.

## Beklentiler... Beklentiler... ve Erkekler...

Bize müracaat eden ve evlenmeyi düşünen çiftlere karşılıklı beklentilerini konuşup konuşmadıklarını irdeliyoruz. Çoğunun maddi beklentiler (nerede yaşanılacağı, hangi eşyaların alınacağı, düğünün şekli, çalışma isteği vb.) üzerinde durduğunu görüyoruz. Manevi beklentileri (sevgi, saygı, sadakat sözü, birlikte faaliyet yapma vb.) ihmal etmek, evlilikte çatışmaları kaçınılmaz kılıyor. Erkekler genelde beklentilerini kurallar koymak şeklinde ifade ediyorlar. Bu kuralların bir kısmı kadına ağır gelince erkek, nasıl olsa evlenince hizaya gelir mantığıyla bu beklentilerinde geçici olarak ısrar etmiyor. Evlendikten sonra kuralları dayatmaya başlayınca sıkıntılar başlıyor.

## Paylaşmak

Paylaşmak iletişimin en somut halidir. Duyguları baskın olan erkekler birçok konuyu eşiyle paylaşırken, çocukluğundan itibaren duygularını yaşadığında utandırılmış, bastırılmış, duygu yükü az olan bir evde yetişmiş bir erkekse eşi ile mekanik bir paylaşım yapıyor. Birlikte yemek yemeyi, beraber televizyon izlemeyi bir paylaşım olarak görebiliyor. Oysa kadınlar konuşarak paylaşımda bulunurlar. Eşlerinin kendi hal hatırlarını sormasını beklerler. Gün içinde neler yaptığını, sıkıntılarını ve sevinçlerini anlatmak isterler. Bu durum bazı erkekler tarafından gevezelik olarak yorumlanırsa kadın kendini yapayalnız hisseder.

## Erkek İçin Fedakârlık Ailesi İçin Çalışmak

Fedakârlıkta yine erkekler tarafından daha çok algılanan şey aile için verilen maddi emeklerdir. Manevi dinamiği eksik bir fedakârlık sadece yorgunluk bırakır.

Maneviyatı olan fedakârlıklar ise bedeni yorsa da gönül güldür, gülistandır. Erkek mesela bazı hafta sonlarında çocukları alıp dışarıya götürebilmeli ve anneye bir teneffüs molası yaşatabilmeli, televizyon karşısında harcanan saatleri çocukların derslerine unutulmayacak katkılarla değiştirebilmeli ki anne yalnız olmadığını hissetsin. Evin bazı ağır ihtiyaçlarını eşinin elinden almalı ki kadın onunla geçirdiği her dakikayı cennet misal bir zaman hissetsin.

## Erkek Evlilikten Ne Bekler?

Uzman psikolojik danışman
Mehmet Akif Aydın:

"Erkeklerin evlilikten ne beklediklerí?" sorusunun cevabı, dünyadaki erkek sayısı kadar değişebilir. Bu soruyu evlenecek gençlere soracak olursanız şok bir belirsizlikle karşı karşıya kalabilirsiniz. Çoğu erkeğin evlilikten ne beklediğini ifade etmekten uzak olduğunu görebilirsiniz. Kiminde yaşı gelip geçiyordur, kiminde askerlik gibi sıradaki görevdir, kiminde sadece sevdiğine kavuşmaktır. Bununla birlikte evlilik beklentilerini genel olarak sayacak olursak; sevgi paylaşımı, sağlıklı cinsel hayat, sadakat, anlayış ve birçok sorunu göğüsleyebilecek güçlü bir kadındır. Evlenmeden önce eş adaylarının sorumlulukları çok azdır. Evlendikten sonra ise -cicim aylarından sonra- gerçek hayat başlar. Önce karşılıklı istekler devreye girer. Bu istekler birbirine uymuyorsa çatışma başlar. Hele bir de en mutlu olunacak nişan ve düğün günleri, kendi ellerimizle ve sülalemizin elleriyle kötü hatıralarla geçirilmişse uzun bir müddet bunların hesaplaşması yaşanabilir.

## "Evlilik Öncesinde Beklentiler Konuşulmalı"

Aile-evlilik-ilişki danışmanı Serhat Yabancı

### Erkekler Evlilikten Ne Bekler Ne Bulur?

Erkekler, eğer geleneksel ailede büyümüş ve büyüdüğü yapıya uygun kendini yetiştirmişse evlilikte daha çok saygı ve hizmet bekler. Ağırlıklı olarak, tek otorite olmak ama eşinin de her konuda kendisine destek olmasını ister. Fakat yeni dönemde bu beklentilerin hem mümkün olmaması hem de taraflardan sadece birini mutlu etmesi nedeniyle bu bakış açısı kalkmak üzere diyebiliriz. Evlilikte erkeğin, artık sorumluluk ve verdikçe alma düşüncesi ile hareket etmesi gerekir. Yeni evlilikler artık sadece karşılıklı mutluluklar ile yürüyor. Erkek, annesi gibi bir kadın beklentisi ile evlenirse umduğu ile bulduğu arasındaki fark nedeniyle sorunlar yaşayabilir.

### Beklentileri, Evlilik Öncesinde Oldukça Net Bir Şekilde Konuşmak Sorunları Çözmeye Yeter mi?

Beklentilerin konuşulması sorunları çözer. Aksi takdirde nedeni bilinmeyen çatışmalar olur. Çiftler zamanla zihin okuma hastalığına yakalanırlar.

Herkes açık olmalı, ne olduğunu ve ne istediğini açıkça belirtebilmelidir. Tabii her şeyi konuşmak bile illa ki evliliğin garantisi değildir. Ama sonuçta sağlam yapıyı sağlar ve kişilerin yol haritasını çizer.

### Evlikteki En Büyük Sorun Dendiğinde Akla Ne Gelmeli?

Günümüzde daha çok evlilikte güç savaşları mevcut. İki taraf da evlilik teknesinin yönünü tayin etmek istiyor. Paylaşım ve fedakârlığın azaldığı toplumda artık evlilikte de ortak kararlar almak zorlaştı. En büyük sorunlar güç savaşı, ilgisizlik, sorumluluklarını yerine getirmeme ve iş bölümü olarak sıralanabilir.

## Baban Gelirse “Annem Seni Hep Bekledi” De

Balıkesir’de Ali Sururi İlkokulu karşısındaki boşlukta eski ayakkabı tamircisi, kır pala bıyıklı Cevdet (Alkalp) dede vardı. Bir akşam üstü sohbetinde konu Çanakkale’ye gelince ağlayarak anlatmaya başladı “Rahmetli babam Hafız Ali, Çanakkale’de kaldığında anamın karnında yedi aylıkmışım. Onu hiç tanımadım. Bir fotoğrafı bile yoktu. O günler çok zor günlerdi. Seferberliğin sıkıntıları, Kuvâ-yi Milliye zamanı, işgal yılları, savaş, yokluk, sıkıntı ... Çocukluğumuz hep ekmek peşinde, sıkıntıyla geçti. Ama anam, benim çocukluğumdan itibaren her sokağa çıkışta, her nereye giderse yanıma gelir ve, ‘Oğlum ben pazara gidiyorum. Baban gelirse beni hemen çağır ha!’, ‘Ben teyzenlere gidiyorum. Baban gelirse beni hemen çağır ha!’, ‘Ben komşulara gidiyorum baban gelirse beni hemen çağır ha!’ derdi.

Anam babamı her zaman bekledi durdu. Büyüdüm dükkân açtım. Anam yine her bir yere gidişte dükkâna gelir; gideceği yeri söyler ve, ‘Baban gelirse çağır ha!’ diye eklerdi.

## Ölüm Döşeğinde

Aradan yıllar geçti. Anacığım ihtiyarladı. Gene hep değneğini kaparak bana gelir ve ‘Baban gelirse beni çağır ha!' diye tembihlerdi. Günü gelip ağırlaştığında, ölüm döşeğindeyken bizimle helâlleşti. 'Bana iyi baktınız hakkınızı helâl edin' dedi. Sonra bana döndü ve yavaşça, 'Baban gelirse annem hep seni bekledi de' dedi. Birden irkilerek doğruldu ve kapıya doğru gülümseyerek, 'Hoş geldin bey, hoş geldin' diyerek ruhunu teslim etti."

***"Nihayet yoluma, otuz yedi yıldır çile ortağım, Neslihan çıktı. Bana nur topu gibi beş çocuk hediye eden sevgili zevcem..."***

# SEN EVLENMEDEN EVİNE GELMEM!

MERAL YILMAZ

Evlilik ömürlük bir yolculuk. Bazan eşler kırk yıl aynı yastığa baş koyar bazıları yıllarca özlem içinde yanarak yaşar. Her nasılsa bu gönüllere, mekânsal uzaklıklar mesafe açmada etkisiz kalır. Ömrü kâh hapishanelerde, kâh ülke dışında geçen nice fikir adamı, şair ve yazarın, gurbete ekmeğini kazanmak için giden pek çok insanımızın evliliklerinin dumanı, hasret ve sıla özlemine karışmış fakat evliliğin safiyetine gölge düşürmemiş. Çocuklarıyla bir başına kalan anneler, hem analık hem babalık vazifesiyle evlatları için "babasız büyüdüler" dedirtmemiş, kol kanat germiş.

Evlilikte iletişim becerileri denilince modern terminoloji, genelde mekân olarak bir arada yaşayan çiftlerin evlilik sorunlarıyla baş etme yöntemlerine öneriler sunar. Asıl beceri hasret ve meşakkati yaşayarak evliliklerini devam ettirenlerin tutumundadır oysa. Bu evliliklerin en hoş örneğini yaşayanlardan büyük şair, mütefekkir Necip Fazıl Kısakürek'in evliliği hususunda bizzat kendisinin kaleme aldığı satırlar oldukça duygu ve hayret yüklü.

## Evlen Evlen Evlen ...

Gittiği her yerde ve bilhassa çok sevip saygı duyduğu, kendisinden "Efendim" diye bahsettiği bir büyüğü, her ziyaretinde, "Evlen, evlen, evlen!.." der. Namaz emrinden sonra Kısakürek'e yönelik dâimî ihtarı bu yönde olur. "Evime ne zaman şeref vereceksiniz?" diye her soruşunda, "Sen evlenmeden gelmem!" der. Necip Fazıl bir gün dayanamaz. "Efendim, ben münasibimi bulamıyorum. Siz bana muhitinizden, yakınlarınızdan birini bulun ve emredin... İsterse o hizmetçiniz olsun, hemen evleneyim!" "Yok, olmaz" der mürşidi. "Sen bulacaksın ve kendi muhitinden bulacaksın!" Bundan sonrasını Necip Fazıl bakın nasıl anlatır:

"Nihayet yoluma, otuz yedi yıldır çile ortağım, Neslihan çıktı. Bana nur topu gibi beş çocuk hediye eden sevgili zevcem... Dış yüzün dış yüzünde başlayan münasebet en kısa zamanda köklere kadar indi. Kendisini aldım, Eyüp'e götürdüm, evin önünden geçirdim ve biraz ilerideki (Piyer Loti) kahvehanesinde oturttum. 'Bekle biraz' dedim; 'Kendilerine haber vereyim. Çağırırlarsa koşar, gelir seni götürürüm. İzinsiz çıkaramam huzurlarına ...' Kızcağız derin bir tevekkül içinde, oturdu, nasibini bekledi. Huzurlarındayım. 'Efendim; bir kızla tanıştım, ismi Neslihan ... Bildiğiniz modern kızlardan; Babanzâdeler'den. Buraya kadar da getirdim. Şu anda ilerideki kahvehanede oturuyor. Takdir buyurursunuz ki zamane kızlarına güven zor. Şüpheliyim ... Ne emredersiniz?"

O büyük zat bir anda şimşek gibi bir hareketle sorar "Üzerinde ne var?" "Yeşil bir manto, efendim!" Yine bir anda, şimşek gibi bir hız içinde, âni bir dalış ve uyanış haliyle, "Sen ondan değil, kendinden şüphe et!" Bu cevabı, "Suratımda şaklayan takdir tokadı" diye niteler Necip Fazıl. Bu ikazın coşkusu ve Neslihan Hanım'ın bu kadar güzel kabul edilişinin zevkiyle koşar adımlarla müstakbel eşinin yanına gider.

### Küçük Çekişmeler Dışında ...

Hızla evlilik işlemlerini başlatan Kısakürek, bundan sonrasını şöyle anlatıyor: "Efendi hazretleri ileride, vasıtamla Neslihan'a gönderecekleri mektuplarda kendisine 'kızım' diye hitap edecekler ve benden 'damadım' diye bahis buyuracaklardır. Ki zevcemle aramda, sadece efendimin yümniyle, bereketiyle, benim yüzümden çektiği binbir musibete rağmen küçük çekişmeler dışı, hainliğe kaçan hiçbir hadise ve bağ gevşemesi olmamıştır."

### "Şu Adamın Eşi Olacağıma ... Dediğin Oldu mu?"

Cuma 12 Aralık 1952... Sabahın saat 10'u... Necip Fazıl hüküm giyer. "Hapishanenin önündeyim... Yanımda zevcem... Çilekeş kadına sormak istiyorum. 'Söyle; acaba içinden, şu adamın zevcesi olacağıma, bir bakalın, bir kunduracının karısı olsaydım gibi bir duygu geçiyor mu? Söyle, hiçbir günü öbürüne uymayan bu belalı, bu netameli adam senden af dilemeye muhtaç mı?' Fakat çilekeş kadının asaletini biliyorum. O, bütün hayatı dalgalı bir ummanda ve kaptan köprüsünde geçen kocasından, sahilde sessiz bir balıkçı kulübesine mahsus bir yaşayış istemez! Ayrılık vakti geldiğinde, 'Haydi güle güle! Dimdik durun ve neşenizden hiçbir şey kaybetmeyin! Beni iyi görmek istiyorsanız iyi olmaya bakın!' diyerek eşini uğurlar."

Neslihan Hanım mazlum ve mütevekkil bir halde oradan uzaklaşır. Necip Fazıl bu asaletli eşin arkasından o kadar göz yaşı döker ki, "Onları Toptaşı kasvet ocağının, asırlık, şerha şerha, süngere dönmüş duvarlarına verseydim, içemezdi, yutamazdı, alamazdı bu duvarlar" der... Neslihan Hanım gibi evliliğinde zorluklara göğüs geren nice çilekeş insanlar uçsuz bucaksız bir kum çölünün ortasında yemyeşil yaprakları ile etrafına neşe saçan sevgi ağaçları gibiydiler. Çölün kavurucu sıcağı kadar yakıcı meşakkatler, onların yeşeren umutlarını kurutamıyordu. Sadakatleri kelebek ömürlü olmamış, sevgileri ve evlilikleri mekânsal sınırlamalarla çerçevelenmemişti ...

***Evliliğin, ailenin ve çocuk yetiştirmenin yükünü omuzlayacak olgunlukta olmak hayli önemli. Bu durumda evlenecek gençlerin aklına gelen ilk soru, "Hangi yaşta evlenilmeli?", "Bulûğa erme evlenme yaşı için yeterli midir?" oluyor.***

# EVLENMEDE İDEAL YAŞ VAR MI?

MERAL YILMAZ

"Hayatımız boyunca beyaz atlı bir prens bekledik" diyor ünlülerden biri. "O prensin gelmeyeceğini kimse bize söylemedi. Bekledik bekledik vazgeçtik..." Masalla gerçeği karıştırsak da evlilikten konuşmayı evliliğe yöneltmeyi seviyoruz toplum olarak. Bilhassa sosyal, bireysel ve psikolojik boyutları açısından evlilik tavsiyesi başta Peygamber Efendimiz'in bir sünneti. Resûlullah Efendimiz [sallallahu aleyhi vesellem], "Sizden kimin evlenmeye gücü yetiyorsa hemen evlensin, çünkü evlilik gözü (harama) daha çok kapattırıcı, namusu daha çok koruyucudur. Sizden kimin gücü yetmiyorsa o da oruca devam etsin. Çünkü oruç onun için hayalarını kesmek (gibi)dir."[8] buyurarak evliliğin hem aile hem bireye dönük vasfına işaret ediyor. Günümüzde evliliği tavsiye eden bilinçli abi ve ablalarımız özellikle eş seçiminde dinimizin öngördüğü kriterlerden de bahsetmeyi bir vazife görüyorlar. Haliyle, gün geçtikçe boşanma oranlarının artması ailenin önemini bilen herkesi endişelendiriyor. Boşanmaları frenleyecek en ideal çözüm, evlendirilecek kişilerde dinimize göre aranacak vasıfları daha ön plana çıkarma gayreti olacak. Yanı sıra evliliğin, ailenin ve çocuk yetiştirmenin yükünü omuzlayacak olgunlukta olmak da hayli önemli. Bu durumda evlenecek gençlerin aklına gelen ilk soru, "Hangi yaşta

8 Buhârî, Savm, 10; Müslim, Nikâh, 1; Tirmizî, Nikâh, 1.

evlenilmeli?", "Bulûğa erme evlenme yaşı için yeterli midir?" oluyor.

## Bulûğ Çağı Yaşa mı İşaret Eder Ruhsal Olgunluğa mı?

Evlilik yoluyla ilgi görme, toplumsal bir statü kazanma isteği ve aşkın büyüsü özellikle on beş-on altı yaşlarındaki genç kızları cezbeder. Bu gençler en çok da bir "ideal" sahibi olma konusunda zorluk yaşamaktadır. Okuma, kendini geliştirme gibi ileriye dönük tasarımlardaki boşluklarını evlenme hevesi doldurur. Evliliği kısa yoldan hayata atılma, değer görme, statü kazanma aracı görürler. Okulu bırakır, evlilik diye tutturur, aşkın büyüsüyle ailelerine baskı yaparlar. "Evlilikten, eşinden beklentilerin nelerdir? Çocuk yetiştirme hususunda neler biliyorsun?" sorularıyla karşılaşınca gerçeklerin farklı olduğu ayrımını görseler de ayılamazlar. Medenî hukuka göre gençler ancak on sekiz yaşını bitirdikten sonra evlenebilir. Dinimizin belirttiği olgunluk kriteri de benzer yaşları işaret eder. Evlilik yaşı "bulûğa erme" ifadesiyle anlatılır. Evlenme yaşının alt limitinde "reşid" olma ve "bulûğ" önemlidir ancak her genç için bu kriter yeterli midir? İşte asıl mesele.

Reşit olmak, hukukî anlamda kişinin erginliğe erişmesidir. Kişilerin kendi davranış ve işlemleri ile kendi adına haklar ve borçlar meydana getirebilme olgunluğuna reşit (ergin) olmak denir. "Reşit" kelimesinin diğer anlamları ise, doğru yolu tutan, iyi hareket eden ve akıllı olan gibi vasıflar içerir. Reşit olan kişide aranan kriterler başka bir tanımlamaya göre; işlerini düzgün yürüten, malını koruma konusunda dikkatli olan, gereksiz harcamalardan ve israftan sakınan gibi aklı başında bir kişiden beklenebilecek davranışlardır.

Dolayısıyla bulûğ döneminde olan ve evlenmeyi düşünen bir gençte karakter ve ruh olgunluğu bakımından bu özellikleri de aramak yerinde olur. Dr. Dilaver Selvi'nin yorumu konuyu etraflıca açıklamaya yetiyor. Selvi, "Bir gencin evlilik çağına geldiğini düşünmek için onda 'bulûğ', 'küfüv' (denklik) ve 'kabiliyet'in gelişmiş olması şartını aramak gerekir" diyor. Ayrıca Dr. Selvi, bulûğ çağına gelen çocukta fizikî olgunluk kadar ruh olgunluğunun da bulunması gerektiğini belirterek evlilikteki üç ana unsura vurgu yapıyor: "Bunlar; evlenecek genç kız açısından annelik, ev idaresi ve vücudun çocuğu taşıyabilecek güç ve olgunluğa erişmesidir. Gençlerin karşılaşacağı en büyük sorun evlilik yoluyla dahil olacağı ailenin kültürüne, çevresine uyum sağlayabilmeleridir. Kişi bu uyumu gerçekleştirdiğinde evlilik ve çocuk eğitimine ilişkin kabiliyetleri de gelişecektir. Kültürel uyum ancak gençler arasında denklik yoluyla sağlanabilir. Eğer genç, bünye eğitim ve çevre itibariyle evlilik yükünü taşıyamayacak durumdaysa ona evlilik tavsiye edilmez."

Gençlerin çocuk eğitimiyle ilgili donanımı hususunda ise Selvi, kadının çocuğun bakımıyla ilgili mesuliyetine, erkeğin de çocuğun ve kadının geçimini temin ile birlikte çocuğun eğitiminden sorumlu olduğuna değiniyor. Bulûğa erdi diye evlenebilecek gözüyle bakılan on beş-on altı yaşlarındaki çoğu günümüz gencinde bu ideal özellikleri bulmaya çalışmak hayli güç. Bu yaşlarda evlendirildikleri takdirde evlilik uyumu ve sorumluluklarında aile büyüklerinin yapıcı tutumlarına büyük ölçüde ihtiyaç duyuyorlar.

## "İdeal Evlilik Kabiliyet ve Eğitimle Gerçekleşir"

"Bugün evliliklerde, evlenecek gençlerin başlangıçta ideal bir anne baba olabilecek donanımlara sahip olmaları şartından ziyade çevrelerinde bu şartı aramayı tavsiye ediyoruz" diyen Dilaver Selvi, bu ifadeyle hem evlenecek gençlere anlayışla yaklaşılmasına hem de ailelerin gençlerin evliliğinde daha yapıcı bir rol almaları gerektiğine işaret ediyor. "Eğer genç erkek ve kız, çocuk yetiştirme konusunda bilgi ve olgunluğa sahip değilse baba ya da anne, o da yoksa yakın akrabalardan biri onlara yardımcı olacak. İdeal evlilik kabiliyet ve eğitim ile gerçekleşir" diyor.

## "Evliliğin Dine Göre Amacı O Yuvanın Cennete Taşınmasıdır"

Selvi, "Dinimize göre yuva kurmada amaç o yuvanın cennete taşınmasıdır. Evlilikte eşlerin birbirleri açısında ebedî olmayı istemesi amaçlanmalıdır. Cennet yolu mühim bir terbiye gerektirir. Gençlerde böyle bir idrak yok. Ya maddi nedenlerle ya da evlenmiş olmak için evleniyorlar. Evliliğin manevi yönü ihmal ediliyor. Bu açıdan gençlerde evlilik öncesi, dinî yaşayış, hayata bu açıdan ortak bir bakış şartı aranmalı, olgunluk ise sonraya bırakılmalı" diyor ve gençler bu açıdan orta yolu bulabiliyorlarsa evliliğin tavsiye edildiğini aksi takdirde çekimser yaklaşıldığını ifade ediyor.

## Evliliğin Tavı Hangi Yaşta?

Resmî verilere göre Türkiye'de son yedi yılda otuz-kırk dört yaş arası evlilikler yüzde 70 arttı. Erken evlilikler gibi bu durum da uzmanları endişelendiriyor. Psikologlara göre geç kurulan yuvalar, huzur ve mutluluk yerine sıkıntı getiriyor. İstatistikler de bunu kanıtlıyor: Otuz yaş üstü evliliklerde boşanma oranı daha yüksek. Evlilik yaşı kırka dayanan bekâr erkek ve bayanlar bilhassa eğitim ve kariyerleri yükseldikçe uygun eş seçiminde zorlanıyor.

İletişim uzmanı Canten Kaya, üniversite mezunlarının evlenme yaşının otuz ila kırk yaş arasında görülme oranlarındaki artışa dikkat çekiyor. "Bu yaşlardaki evlilikler beni endişelendiriyor" diyor. Evliliklerin yirmi yaş öncesinde gerçekleşmesini de kırk yaş kadar sıkıntılı buluyor. Otuz yaş sonrasında evlenen kadınların doğurganlık kalitesi açısından risklerle karşılaşabilme ihtimali, uzmanların bahsettiği geç evlenme tehlikelerinden biri. Canten Kaya'nın bir başka tesbiti ise artık Anadolu gençliğinin askere gitmeden önce evlenmeye yanaşmaması. Kaya, gençlerin hem eğitim ve meslek açısından hem de bilimsel verilere göre, beynin gelişim aşamaları yönünden ideal evlilik yaşının erkekte ve kadında yirmi dört olduğu görüşünde. Kaya, "Bilimsel olarak beynin üç bölgesinin de gelişimi yirmi dört yaşa kadar sürer. Beyinsel ve psikososyal gelişim tam anlamıyla yirmi dört yaşa kadar sürdüğü için evliliğin de bu dönemde olması gerektiğini düşünüyorum. Evliliğin tavı bu yaşlardır" diyor.

## Bazı Talebeler Evlilikten Bir Süre Menedilebilmiş

Eğitimli gençlerden çocuk eğitimi hususunda beklentiler hayli yüksek. Bu gençlerin evlilik öncesinde temelde anne baba, çocuk eğitimi hususunda ise bir muallim ve muallime olabilecek olgunluk ve bilgiye sahip olmaları bekleniyor. Bu konuya ilişkin geçmişte âlimlerin çeşitli uygulamaları da mevcut. İmam Cafer [radıyallahu anh], bazı talebelerinden bir müddet evliliklerini ertelemelerini istiyor. Benzer bir şekilde, İmam Ebû Hanîfe [rahmetullahi aleyh] de talebesi İmam Ebû Yusuf'u bir müddet evlilikten menediyor. Öncelikle talim ve terbiye safhasını tamamlamasını, öğrenmesi gereken ilimleri mutlaka almasını öğütlüyor. "Aksi takdirde tahsil hayatın yarıda kalır. Ayrıca ailenin helâl bir şekilde geçimini temin edebilmen için de bir işin olmalıdır. Böyle bir duruma gelince hayat çizgin daha da belirginleşecektir" diyor. Zira, Ebû Hanîfe'nin [rahmetullahi aleyh] bu talebesi sıradan biri değildir. Hocasının tavsiyeleri neticesinde Abbâsîler döneminde şeyhülislâmlık pâyesine kadar yükselmiştir. Dolayısıyla iki büyük zat olan İmam Cafer ve İmâm-ı Âzam Ebû Hanîfe evlilik yaşını standart olarak yorumlamamış, talebelerinin ilim ve çeşitli hallerine göre beliren şartlar gereği evlilikten onları bir süre menetmişler ve evlilik müessesesinin ciddiyetini vurgulamışlardır.

## Evlenecek Kişilerde Şu Üç Özellik Mutlaka Aranmalı

Bir eşle hayatı paylaşacak görüşe sahipler mi? Çocuk yetiştirmede bir öğretmen gibi davranabilme olgunluğu gösterebilecekler mi? Çocukları manevi değerlere göre yetiştirebilecek donanımları var mı? Eğer evlenecek kişiler henüz çocuk sayılacak yahut daha ileri bir yaşta olsa bile kendini idare etmekten aciz ise ve insanlarla geçinmede zorluk yaşıyor, ortak noktada buluşmakta sıkıntı çekiyorsa, ailesiyle sürekli bir iletişim ve değer çatışması halinde yaşıyorsa evlenme ve çocuk yetiştirme adına henüz kıvama geldiği söylenemez. Böyle bir gençte evlenme yaşı biyolojik yaşla ölçülmeyip olgunluk seviyesi kriter alınmalı. Çünkü evliliğe bilinçli olarak yaklaşan her gencin evliliğe dair belirlediği ideallerden biri de ideal aile ve ideal bir fert yetiştirme amacı olmalı. Bu idealleri gerçekleştirmek için öncelikle kendisinde bu bilinci kazanma isteği bulunması gerekir.

## Romantik Körlük mü, Kendi Kendini Aldatma mı?

Denir ki iyi bir hayalperest olmak, kötü bir evlilik için kâfidir. Hayalperestlik de belki hüsrana çıkan en kısa adres. Evlilik kararı verirken gençlerin dikkate aldığı kriterler evliliğin sağlıklı ya da mutsuz olmasına yol açıyor. Ama gelin görün ki gençlikte bu kriterler hayli abartılı olabiliyor ve evlilik sorunları adına tavsiyesine başvurulan kişiler tarafından çoğu kez espri konusu oluyor. Özellikle yaşı otuz ve üzeri olan erkeklerin ve kızların beklentileri arttığından eşte aranan vasıflar da çeşitleniyor. Kızlar erkeklerin bir eşte aradığı kriterleri eleştiriyor, erkekler de kızların beklentilerinden çekiniyor. İşte hayli gerçek olduğu kadar ironisi yüksek yorumlar:

Kızlar: Erkekler mücahide arıyorum diye konuşuyorlar ama aslında baş örtülü bir artist arıyorlar. Hepsinin kafasında belirli bir artist tipi var.

Erkekler: Kızlar konuşmaya başladığında sanırsınız ki Hz. Âişe gibi dinî bilgilere vâkıf ve Hz. Fâtıma gibi dünyevî hırslardan uzak duruyorlar. Birkaç görüşmede istedikleri ev, araba ve giyim kuşamı öğrenince marka ve kariyer hırsları ortaya çıkar. Kızlar da kendilerine jön arıyorlar.

Bu tip eleştiriler belki de son kırk yıldır genç kızlar ve erkekler cephesinde süregeliyor. Hakikaten evlilik öncesinde Peygamber Efendimiz'in tavsiyesi olan kadında ve erkekte güzel ahlâk ve dindarlık aranması ilkesi evliliğin ilk beş yılındaki boşanma oranlarına bakılırsa yeterince dikkate alınmıyor.

## Evlenecek Gençlere Mutluluk İçin On İpucu

Sağlıklı ve mutlu bir birlikteliğin dolayısıyla sağlıklı ve mutlu bir toplumun devamı açısından evlilik kararını vermek çok önemli bir hadisedir. Bu da daha mantıklı ve uygun karalar verilerek sağlanabilir. İletişim uzmanı Canten Kaya'nın özetlediği, eş seçimine dair ipuçları konuyu her yönüyle özetliyor:

**1.** Sadece mutlu olmayı değil, eşinizi de mutlu etmeyi düşünün.

**2.** Büyüklere danışın.

**3.** Duygularınızı mantık süzgecinden geçirmeyi ihmal etmeyin.

**4.** Birbirini tanıma adına nişanlılık dönemi önemlidir. Nişanlılık dönemi evliliğin vitrinidir. Bu dönemde ortaya çıkan sorunların evlilikte de yaşanma ihtimali çok yüksektir. Evlenince geçer ya da değişir düşüncesine kapılmadan bu sorunlara dikkat edilmeli. Ayrıca nişanlılık dönemi eş adayını tanıma adına önemlidir. Ailelerin de uyumu açısından nişanlılık dönemi uzmanlara göre altı ay- bir yıl kadar sağlıklı bir zemin gözetilerek uzatılabilmelidir. Bu sürenin gereğinden fazla uzaması da doğru değildir.

**5.** Birbirinize samimi ve dürüst davranın.

**6.** Birbirinizi değiştirmeye çalışmadan olduğunuz gibi sevin ve kabul edin.

**7.** Eş adayınızın mutlu bir aileden gelip gelmediğini kontrol edin.

**8.** Kendinizi evliliğe ne kadar hazır hissediyorsunuz?

**9.** Aranızda "denklik" olsun.

**10.** Tanışmalarda beklentilerinizi karşılıklı netleştirin.

# EŞLERİN BEKLENTİLERİ

İkinci • Bölüm

***Eşler arasında bazı açılardan denklik esası gözetilmeli. Öncelikle dindarlıkta, güzel ahlâkta, nezakette, edepte, iffette ve sevgide denklik aranmalı. Ayrıca, Hanefî mezhebinde, erkeğin soy bakımından kadından daha geride olmaması gerektiği de belirtilir.***

# EVLİYİZ AMA DENK MİYİZ?

HÜLYA BALÇIN

Evlenecek olan tarafların özelliklerinde "denklik" aranması erkekten ziyade kadının menfaatine. Bu nedenle evlilikte denklikten bahsederken daha çok erkeğin özellikleri mercek altına alınır. Erkeğin, evleneceği kadına dindarlık, hürriyet, nesep, meslek ve maddiyatta denk olması beklenir. Zira o evliliğin saadet getirmesi ve geçimin devamlılığı için bu yönlerdeki uyum bir nevi zaruri kabul edilir.

Bütün hak mezheplerde ortak görüş, evlenecek kişiler arasında öncelikle dindarlık bakımından denklik bulunması yönündedir. Hanefî mezhebinde ayrıca, erkeğin soy bakımından kadından daha aşağı olmaması gerektiği de belirtilir. Sağlıklı bir evlilik için kadın ve erkek dindarlıkta, güzel ahlâkta ve iffette denk olmalıdır. Eşlerin birbirlerinin maddi birikim ve güzelliğinden ziyade, huy ve ahlâk güzelliğine değer vermesi, aile saadetinin devamlılığına vesile olacaktır. Evlilikte denklik, "bağlayıcılık şartı" niteliği taşır ve ancak aile saadetinin temini ve devamı için aranmalıdır. Resûlullah Efendimiz [sallallahu aleyhi vesellem], *"Üç şeyi geciktirmeyiniz: Vakti gelince namazı, hazır olduğunda cenazeyi, dengini bulunca evlenecek kızı"*[9] buyurur. Ayrıca başka bir hadis-i şerifte, *"Kadınları denkleriyle evlendirin..."*[10] diyerek evlilikte denkliğin önemini vurgular. Zira günümüzde bile eşiyle ekonomik yönden ve eğitim seviyesi açısından denk olmayan bir

9 Tirmizî, Salât, 13; Ahmed b. Hanbel, *el-Müsned*, 1/105.

10 İbn Mâce, Nikâh, 46.

kadın, bu avantajını eşine yansıtabiliyor ve eşinin erkeklik gururu rencide olabiliyor. Ya da kadın, eşini zaman zaman kendisinden daha pasif ve yeteneksiz olarak değerlendirip mutsuz olabiliyor.

Eşler arasında denklikte öncelikli olarak gözetilmesi gereken bazı hususlar vardır: Mensup olunan din birliğiyle birlikte (Müslüman kadın başka bir dine mensup erkekle evlenemez), dini yaşama ve ahireti kazanma arzusu, güzel ahlâk, nezaket, edep ve terbiye, iffet ve namus, haram ve helâllere karşı gereken hassasiyeti gösterme, Allah rızası için hizmet anlayışı ve usulü, Allah'tan sakınma hassasiyeti ... Ayrıca erkek ve kadının ahlâk ve iffet yönüyle de denkliği esas alınmalı. Kur'an'da zina eden erkeğe ancak zina eden bir kadının denk görüldüğü belirtilmektedir.

## Resûlullah Efendimiz'in Denklik Tavsiyesi

Peygamber Efendimiz'in [sallallahu aleyhi vesellem] evlenecek olan gençlere denklik hususunda önemli fikirler verecek nitelikteki bazı tavsiyeleri şu şekildedir: *"Kadın dört özelliği için nikâhlanır: Malı, soyu, güzelliği ve dindarlığı. Siz dindar olanı seçin ki huzur bulasınız"*; *"Kadınları sırf güzellikleri için nikâhlamayınız! Çünkü onların güzelliği, onları böbürlenmek ve kibirlenmek gibi tehlikelere sürükleyebilir. Kadınları sırf malları için nikâhlamayınız! Zira mal üstünlüğü onları azdırabilir veya isyana sevkedebilir. Lâkin kadınları dindarlıkları için nikâhlayınız! Şüphesiz burnunun bir kısmı kesik, kulağı delik ve teni siyah dindar bir câriye, dindar olmayan hür ve güzel kadından daha efdaldir."*

## Uyum İçin Üstün Nitelikler Gerekmez!

Denklik hususunda sevgi faktörü önemli bir yere sahiptir. Eşler arasındaki duygusal yakınlık ne kadar fazla ve karşılıklıysa o evlilik o denli huzurlu ve sağlıklı yürür. Evlilikte uyum ve huzuru yakalamak için kadın ya da erkeğin üstün niteliklere sahip olması gerekmez. İdeal ve dört dörtlük bir evlilik düşlemek de hayalcilik olur.

İnsanlar arasındaki üstünlük ancak Allah korkusu ve takvayladır. Dünya nimetleri, mal ülk, fakirlik, sağlık ve güzellik gerçek anlamda değer ölçüsü olamaz; çünkü her zaman elden çıkabilecek şeylerdir. Gün gelir fakirken zengin, sağlıklıyken hasta veya özürlü olunabilir. Oysaki dindarlık, güzel ahlâk, ilim ve çeşitli fıtrî faziletlerin değişmesi kolay olmaz. Bu asil değerlerde denkliği yakalayabilen eşler, kişisel özellikleriyle hayli farklılık gösterseler dahi zamanla birbirlerine uyum sağlayabilirler.

## Dengini Tutturma Hüneri

Her ne kadar eşler arasında denklik gözetilmeye çalışılsa da zenginlik, güzellik, sosyal ve kültürel açıdan uyumlu olmayan evlilikler hayli fazla. Dindarlık, güzel ahlâk ve iffet denkliği hariç, diğer durumlarda eşlerin huzurlu bir yuvaya sahip olmaları için karşılıklı sevgi, anlayış, sabır ve ilâhî tecelli olan evliliklerine rıza göstermeleri esastır. Dindarlık ve ahlâkta tezat olan evliliklerdeyse sabredilen eş, bu ezelî yazının sahibinden alır mükâfatını.

## Kimler Denk Değil?

Hanefî mezhebine göre evlilikte denklik (kefâet), altı hususta aranır: İslâm dinine mensup olma, dindarlık, hürriyet, soy, mal ve meslek. Dolayısıyla, müslüman kadına, müslüman olmayan erkek denk kabul edilmez. Dinî kurallara bağlı olmayan ve ahlâk bakımından zayıf bir erkek, iffetli ve faziletli bir kadına denk sayılmayacağı gibi bu menfi özelliklere sahip bir kadın da dinin esaslarını yaşayan namuslu ve faziletli bir erkeğe denk görülmez.

***Bunalıma giren, geçimsiz ve mutsuz aileler giderek çoğalıyor. Yapılan araştırmalar, evliliklerin sadece % 30-40'ının mutlu olduğunu gösteriyor.***

# MUTLU BİR EVLİLİK İÇİN EŞİNİZİN İHTİYAÇLARINA KULAK VERİN

AYSUN ÖZPOLAT

Eşlerin birbirlerine karşılıklı fedakârlıkta bulunma gayretlerinin azaldığı bir devirde yaşıyoruz. Bunalıma giren, geçimsiz ve mutsuz aileler giderek çoğalıyor. Yapılan araştırmalar, evliliklerin sadece % 30-40'ının mutlu olduğunu gösteriyor. Uzmanlara göre bunun en büyük nedeni, oldukça dikkat ve emek isteyen bir kurum olan evliliğe çiftlerin gereken itinayı göstermemeleri ve çoğunun evlendikten sonra kendilerini bırakmaları. "Nasıl olsa evlendik!" zihniyetine takılan evliliklerin sonunda, hayal kırıklıkları ve sorunların ortaya çıktığı ise acı bir gerçek. Doç. Dr. Sefa Saygılı, güzel giden evliliklerin daha da güzelleştirilebileceğini, ilişkileri kötü giden ve boşanmanın eşiğine gelen çiftlerin ise karşılıklı gayretle evliliklerini kurtarabileceklerini ifade ediyor. Mutlu evliliğin ön şartı olarak, "Eşler birbirlerinin temel ihtiyaçlarının farkında olmalı" diyen Saygılı, eşlerin karşılanması gereken ihtiyaçlarını ise şöyle sıralıyor:

## Evlilikte Eşlerin İhtiyaçları Nelerdir?

Sevgi ve güven: Eşlerin birbirini şartsız bir şekilde kabul etmeleri ve sevmeleri gerekir. Şartsız sevme, bir eşin davranışlarından dolayı değil de eş olduğu için sevilmesi anlamına gelir.

İlgi ve destek: Eşlerin birbirinin sıkıntılarıyla, başkalarıyla olan problemleriyle, yaptıkları iş ve faaliyetlerle ilgilenmeleri, zorluklarla başa çıkmayı kolaylaştıracak ve eşler arasındaki bağı kuvvetlendirecektir.

Başkalarına sevgi ve güven verme, destek olma: Eşler arasında güvenli bir ilişki kurulmuşsa, kendileri dışında başkalarına (çocuklar, anne baba, kardeşler, akrabalar, komşular vb.) sevgi, güven verme, ilgi gösterme ve destek olma serbestliği arkadan gelir. Yardım severliği önce evimizde, eşimiz ve çocuklarımıza göstermeliyiz.

Cinsellik: Uygun bir çiftin ilişkisinde, cinsel ihtiyaçların ifade edilmesine ve karşılanmasına öncelik verilir. Cinsel hayatta çözülmemiş gizli problemler varsa, bunlar çoğu zaman cinsel uyumu bozar ve cinsel hayata dolayısıyla evliliğe zarar verebilir.

Direkt ve açık iletişim: İletişim yani aile fertlerinin fikir ve duygu alışverişinde bulunmaları, birbirlerini anlamaları, problemlerini, üzüntü ve sevinçlerini birbirleriyle paylaşmaları büyük önem taşır. Özetle aile fertlerinin ihtiyaçlarının giderilmesi için direkt ve açık bir iletişim şarttır.

Beraber gezi ve pikniklere çıkma: "Beni hiç gezmeye götürmüyorsun!" ifadesi, mutlu olmayan eşlerin ilişkisinde öne çıkarılan şikâyetler arasındadır. Eşler sosyal hayatı ne kadar çok paylaşırlarsa aralarındaki yakınlık, arkadaşlık ve dostluğun derecesi o kadar yüksek olur. Bir çift birlikte toplantı ve konferanslara katılmak, yürüyüş yapmak, alışveriş yapmak, dışarıda yemek yemek gibi birçok şeyi birlikte yapabilir.

Eşe maddi destek ve ekonomik güven: Para konusunda eşlerin birbirlerini mağdur etmemeleri, karşılıklı konuşarak iki tarafı da memnun eden bir yol bulmaları gerekir. Ailenin temel bakım ihtiyaçları karşılanmayınca, duygusal ve sosyal ihtiyaçlar da ihmal edilecektir.

Şahsî serbestlik hakkı: Evli olan kişiler kendi kimliklerini unutmamalı, belli ölçüde bağımsız olmalıdırlar. Eşler her an "burun buruna" yaşarsa birbirlerini boğar, birbirinin kişisel gelişimini engelleyebilirler. Pek çok çiftin ilişkisi, masallarda olan, "Her şeyi birlikte yapmalıyız!" efsanesi yüzünden aksamaya başlar. Eşlerin kendilerine göre faaliyetleri arkadaşları olabilmelidir.

Ailenin bir araya gelmesi: Aile bireylerinin aralarındaki olumlu iletişim ne kadar fazlaysa, aile fertleri için ailenin anlamı o kadar büyüktür. Yemek ve sohbet saatleri ailenin bir araya gelmesi için ideal fırsatlardır. Bu nedenle özellikle sofrada tüm ailenin bir arada olmasına özen gösterilmeli.

Manevi değerlere sahip çıkma: Her ailenin ve daha sonra yetişkin olarak her aile ferdinin yaşamın ve kâinatın anlamını bilmesi gerekir. Özgüvenin gelişmesi, ruhi gelişmenin temel niteliklerinden biridir. Çocukların hayata manevi boyut katmaları çok önemlidir. Bu yüzden birlikte yapılan ibadetler, dualar, bayram ve kandillerin kutlanması ihmal edilmemesi gereken fırsatlardır.

“İnsanın en fazla ihtiyacını tatmin eden, kalbine karşılık bir kalbin bulunmasıdır ki her iki taraf sevgilerini, aşklarını, şevklerini birbirleriyle paylaşsınlar. Lezzetlerde birbirlerine ortak, gam ve kederli şeylerde de yardımcı olsunlar.”

Bedîüzzaman

***Evlilikte normal olan pek tabii eşini düşünmektir, fakat ipin ucu kaçınca bir de bakıyoruz ki kadın kocası olmadan hiçbir iş yapamaz olmuş. Ne eski arkadaşları ile görüşüyor ne de kendine bir meşgale ediniyor. Her şeyi birlikte yapmak arzusu ile sürekli eşine söylenip sitem ediyor. Ya da tam aksine, erkek yapıyor aynı şeyi.***

# EŞİNİZİ İLGİNİZLE BOĞMAYIN

RÜMEYSA DURAK

Evlilikte "ilgi" meselesi içinden çıkılması en zor konulardan biridir. Zira ilgi kavramının anlamı kişiye göre değişiyor. Kimi ufacık bir jest gösteren eşinden memnun olurken kimi de bir ömrün her anının kendine ayrılmasını bekliyor. Beklentilerin farklılığı gibi karşılanma şekli de farklı olunca durum tam bir muammaya dönüşebiliyor. Haliyle şikâyetler de türlü türlü oluyor ve ardı arkası kesilmiyor.

Mesela beklentilerinin karşılanamamasından dem vuran kadınların, "Eşim bana hiç değer vermiyor, onun için yaptığım onca fedakârlığa rağmen, 'Sen ne yapıyorsun ki?' diyor bir de üstüne" sözleri pek çoğumuza tanıdık gelir. Yahut beyler eşlerinin bu sitemlerine karşılık hemen savunmaya geçerek başlarlar sıkıntılarını anlatmaya: "Ne yapsam memnun olmuyorsun, hep daha fazlasını arzuluyorsun. Sürekli sevgi, alaka istiyor, her şeyi beraber yapalım diyorsun..." İlişkide şikâyet eden taraf değişse de şikâyetler aynı oluyor çoğu zaman. Bir türlü memnun olamayan karı koca, ne birlikteliklerinden bir tat alıyor ne de ayrı geçirdikleri zamanın keyfine varıyorlar.

## Bağlı mıyız Yoksa Bağımlı mı?

Eşlerin bu tarz tutum ve beklentilerinin birbirlerini hayatın merkezine almalarından kaynaklandığına dikkat çeken psikolojik danışman Fatma Ülger; tek vücut, tek zihin, tek ruh olmaya çalışılan ilişkilerde "bağımlılık" oluştuğuna özellikle vurgu yapıyor. Tüm o zorlu süreçlerin ve stresin ardından birlikte bir hayata merhaba diyen karı koca, bir anda tüm hayatlarını eşlerine adayabiliyorlar. Evlilikte normal olan pek tabii eşini düşünmektir, fakat ipin ucu kaçınca bir de bakıyoruz ki kadın kocası olmadan hiçbir iş yapamaz olmuş. Ne eski arkadaşları ile görüşüyor ne de kendine bir meşgale ediniyor. Her şeyi birlikte yapmak arzusu ile sürekli eşine söylenip sitem ediyor. Ya da tam aksine, erkek yapıyor aynı şeyi. Eve geldiği andan itibaren her işi eşi ile beraber yapmak istiyor. Kadının işi, temizliği, yemek yapma telaşı var mı diye düşünmeden, "Neden yanımda oturmuyorsun, sonra yap, şimdi gitme" vb. nedenler ile eşinin işlerini sürekli erteliyor. Pek çoğumuza tanıdık gelen bu örnekler ne yazık ki ilişkimizi kör eden en büyük hastalığın sinyalini veriyor bizlere; "eşini hayatın merkezine alma" hastalığı...

İnsanın kendine ait bir alanı olması gerektiğinin altını çizen psikolojik danışman Fatma Ülger, eşlerin birbirlerini merkez yapmalarının zamanla saplantıya dönüştüğüne dikkat çekerek ekliyor: "Eşler bağımlı olmaya başladıklarında gölge gibi takip ederler birbirlerini. En küçük kararları alırken dahi eşine sormadan yapamazlar. Bu nedenle bağımlı kişi eşini kendi gölgesine almak, burada tutmak ister. Çiftin baş başa geçirdiği zaman artar, ancak arkadaşlar ve aileler ile iletişim azalır, iletişim çemberi daralır. Bu durum, bireylerin birbirine olan mecburiyetlerini artırabilir. Kişi beynini, 'O benim her şeyim, ben onsuz yapamam, onsuz olmayı hayal edemiyorum' gibi gerçekçi olmayan düşüncelerle doldururken; bir taraftan da yaşadığı ilişkinin bitmemesi için mükemmel eş olmak, her türlü beklentiyi karşılamak, her anını doldurarak başkasına muhtaç olmamasını sağlamak gibi eylemleri gerçekleştirmeye girişir. Hatta onu hemcinslerinden uzak tutmaya da çalışabilir. Ayrılık düşüncesine dahi tahammül edemez."

## Eşler Birbirine Nefes Aldırmalı

Bu durumun neticesi olarak da hem her anı beraber geçirme arzusunda olan hem de birbirinden bunalıp kendine çıkış kapısı arayan mutsuz, huzursuz ve en önemlisi kendine ait "kimlik" özleminde olan eşler meydana gelir. Üstelik merkeze alma düşüncesi çiftlerden her ikisi için de geçerli değilse çok daha vahim bir tablo oluşur. Bir tarafta kendine ait alanın olması için çırpınan kadın yahut erkek, öte yanda "Sen benim merkezimsin" diyen bir eş olursa ilişkiler kopma noktasına dahi gelebilir. Düşünelim bir kere, bazı şeyleri yalnız yapmak isterken eşimizden sürekli, "Ben her şeyimi seninle yapıyorum, sen neden beni dışlıyorsun? Artık beni sevmiyor musun, benden sıkıldın mı?" tarzı cümleler duyuyoruz. Yapmaya çalıştığımız tek şey biraz kendimize zaman ayırmak halbuki. Birlikte geçirilen zamanların kıymetini daha iyi bilmek için ara sıra ayrı işlerle meşgul olmak ... Fakat karşı taraf bu tavrımızı vurdumduymazlık, sorumsuzluk, sevgisizlik olarak algılıyor. Çünkü onun "merkez üssü" tam olarak biziz; biz onun için "her şeyiz." Biz olmadan nefes aldığını dahi düşünemiyor. Her işi bizimle yapmak istiyor ve bu tavrının doğruluğundan öyle emin ki aynını bizden de bekliyor. Hatta öyle abartıyor ki bu durumu, o çok sevdiği, onsuz yapamayacağını iddia ettiği eşini benliğinin içinde boğuveriyor. Böyle bir durumda kalan eşin kaçmaya çalışması da çok normal oluyor. Tek kaygısı birazcık "nefes almak" olan eşe verilen tepkiler ise ne yazık ki kırgınlıkları beraberinde getiriyor.

## Fedakârlıkları Kim İçin Yapıyoruz?

Durumu iyice abartarak eşine olan ilgi ve sevgisinden anne babasını, akrabalarını, sosyal çevresini tamamen dışlayan hanımlar ya da beyler ise eşlerinin gölgesi olma adına kendilerinden ödün verebiliyor. Üstelik de asla böyle bir beklentisi olmadığı halde yaptığımız bu tarz fedakârlıklar (!), bir süre sonra eşimiz için rutin bir hareket olarak algılanmaktan öteye geçmiyor. Normal zamanda eşimizi şımartabilecek yahut mutlu olmasına vesile olacak davranışlarımız, aşırı ilgi ve alakamız sebebi ile değerini yitiriyor. Mesela tüm hayatını sadece ve sadece eşine adamış bir kadın, aynı davranışı eşinden göremeyince, "Ben senin için saçımı süpürge ettim. Bugün arkadaşlar gezmeye gittiler ama ben senin iç çamaşırlarını bile ütülediğim için gitmedim" diye sitem ederken eşinden, "Yapacaksın tabii, bu senin görevin" yanıtını duyabiliyor. Yahut bir erkek, "Yine mutsuz görünüyorsun, halbuki ben maç bile izlemedim birlikte sohbet edelim" deyince hanımından, "İzleseydin" diye bir cevap alabiliyor.

Yani eşler kimi zaman bazı hareketlerinden ödün verirken ve bunu karşı taraf için yaparken eşlerinin bunu talep etmediğini unutuyor. Ardından da davranışları karşısında benzeri bir tutum göremeyince fedakârlılarını dile getiriyor. Halbuki eşini hayatının tam ortasına koyup aşırı ilgi bekleyen ve bunun için de aşırı ilgi gösteren hanım ya da bey bunun eşinin isteği olmadığını, kendi öyle uygun gördüğünden, bağ(ım)lılığından ötürü bunları yaptığını idrak etse yaptıklarına karşılık beklentide de olmayacaktır. Çünkü fedakârlık karşılık beklemeden yapılandır. Yapılan iyiliğin karşılığında beklentiye girmek ise o işi esasında kendimizi mutlu etmek, onore etmek ve en önemlisi eşimizin takdirini kazanarak hayatımızın merkezine doğru insanı aldığımızı kendimize ispat etmeye çalışmak demektir.

*Kimi evliliklerde eşler birbirlerinden, kendi ailelerinde görüp benimsediği davranışların neredeyse birebir aynısını bekler ve beklentileri gerçekleşmediğinde hayal kırıklığına kapılıp mutsuz olurlar.*

# EŞİMİZ ANNE BABAMIZ GİBİ OLAMAZ

CEYDA ARIN

Evlilik hayatına adım atar atmaz ev düzeni, yemek ve temizlik alışkanlıklarından, karşılıklı davranış ve tepkilere kadar birçok noktada, kendi ailemizde gördüklerimizden farklı, yepyeni durumlarla karşı karşıya kalırız. Sevgiyle her sorunun aşılabileceği düşünülse de alışılan düzenden farklı bir yaşam tarzına adapte olabilmek, sanıldığı kadar kolay olmayabilir. Eşlerin bu konuda birbirlerinden karşılanması zor beklentilerde bulunmaları, aile huzurlarına gölge düşürebilir. Zira doğru kabul ettiği davranış biçimlerini hayat boyu sürdürebilmeyi arzular insanoğlu.

Evlilikte, eşler birbirinden her durumda duyarlılık bekler. Her ihtiyacını hemen hissediverecek; her hâlükârda kendisini ikinci plana atıp, daima eşinin düşüncelerine öncelik verecek bir eş... Tıpkı bir anne baba gibi hassas ve düşünceli... Nitekim beyler kendilerine anneleri gibi sabır ve müsamaha ile davranan, onlar gibi leziz yemekler yapan, kişisel özellik ve davranışlar noktasında âdeta annelerinin takipçisi bir eş beklentisinde bulunabilirler. Aynı zamanda, hanımlar da kendi babalarının tüm olumlu özelliklerini taşıyan bir eş hayal ederler karşılarında; kırık bozuk ne varsa tamir eden, akşam erkenden evine gelen, çocuklarıyla limitsiz ilgilenen vb. Buna karşılık, eşlerinin yeterince sorumluluk almadıklarını, babaları kadar koruyup kollayıcı olmadığını düşünebilir hanımlar.

Çiftler, kendi yetiştikleri aile yapılarının birebir kopyasını yeni hayatlarında görebilme beklentisine düştüklerinde hüsrana uğrayabilirler. "Neden annem gibi yapmadın?", "Benim babam bu durumda şöyle davranırdı!" türünden sesler yükseldiğinde, karşı taraf ya eşinin tüm isteklerini karşılamak için binbir zorlukla kendini değiştirmeye çabalar ya da karakter ve davranışlarından ödün vermeyen bir tavırla isyan bayraklarını açar.

## Anne Baba Türevi Bir Eş Beklentisi

Aile ve çift terapisti psikolog Ayşenur Bayraktar, kişinin kendi anne babasının yaşam tarzını kayıt altına aldığını ve doğal olarak, davranış ve beklentilerinin bu yönde şekillendiğini belirtiyor ve bunu şöyle açıklıyor: "Karşılaştığımız davranışlara tepkide bulunurken 'çocuk' benliği, 'yetişkin' benliği ve 'ebeveyn' benliği dediğimiz üç farklı benlik çeşidini kullanabiliriz. Yani bir olay karşısında bazan bir çocuk gibi bencilce davranarak; bazan bir yetişkin gibi karşı tarafı da düşünüp, olaylara gerçekçi yaklaşarak bazan da anne babamızdan ya da büyüklerimizden gördüklerimizi mutlak doğru bilip, kendi yaşantımıza yansıtarak tepki verebiliriz. Doğduğumuzdan bu yana doğruları, düşünceleri, tutumları ailemizin bize öğrettiği şekilde sahipleniyoruz. Anne babamızın birlikteliği, gördüğümüz ilk ilişki ve evlilik biçimidir. Bu yüzden, onları gözlemleyerek kayıt altına aldığımız tepkiler, yaşamın ileriki yıllarında bizim davranışlarımızı şekillendiriyor. Farkında olmadığımız halde onlar gibi davranıyoruz. Öyle sıkı bağlanıyoruz ki alışageldiğimiz yaşam tarzının aynısını evlilikte de arıyoruz."

İnsan, ara sıra kendi annesinin pişirdiği tarzda yemekler yemek ister; hastalandığında kendi annesine nazlanabildiği gibi eşinden ilgi bekler; ya da anne babasının kendisine karşı duyduğu gibi koşulsuz bir sevgi hissetmek ister eşinden. Böyle beklentiler, evliliğin cilveleri addedilir; doğal karşılanır. Fakat kimi evliliklerde eşler birbirlerinden, kendi ailelerinde görüp benimsediği davranışların neredeyse birebir aynısını bekler ve beklentileri gerçekleşmediğinde hayal kırıklığına kapılıp mutsuz olurlar. Oysa eşimiz ihtiyaçlarımızı, duygu ve hassasiyetlerimizi, hayatımızın ortalama ilk yirmi yılını birlikte geçirdiğimiz anne babamız kadar iyi bilip bir çırpıda tanıyamayabilir. Bununla birlikte, onlarla aynı yaşayış tarzına, aynı kültür ve kişilik özelliklerine sahip olmasını bekleyemeyiz eşimizin.

## "Babam Önce Bizim Ne İstediğimizi Sorardı"

Üç senelik evli olan Tuğba Hanım'ın unutamadığı şu anısı, evlilik hayatında ufak hassasiyetlerin es geçilmesinin dahi eşler arası nasıl yadırganabildiğine iyi bir örnek. "Evli olarak geçirdiğim ilk ramazanımdı. İftar saatine birkaç saat kala eşimle birlikte alışverişe çıktık. Markete girer girmez eşimin bana, 'Ne istersin; ne alalım?' diye sormasını beklerken o, yanında olduğumu unutmuşçasına, kendi canının çektiği ne varsa seçip tarttırmaya ve market arabasını doldurmaya başlamıştı. Şaşkınlıkla eşime bakakalmışken, birden kendi ailemi, babamı anımsadım. Markete her gittiğimizde babam, önce benim canımın ne çektiğini sorar, o doğrultuda alışverişe devam ederdi. Biraz durakladıktan sonra, kendimi toparlamaya çalıştım ve yalnız benim değil, eşimin de oruçlu olduğunu, bu yüzden onun bu davranışını mazur görmem gerektiğini düşündüm. Ardından, aldım elime bir poşet ve eşimin yanına gidip ben de alışverişe başladım. Bir baba, elbette bir ebeveyn içgüdüsüyle önce evladını düşünürdü. Fakat eşimden, bana babammış gibi davranmasını beklemem haksızlık olurdu."

## Eşlere Yüklenecek Roller Karıştırılmamalı

Psikolog Ayşenur Bayraktar, beklentilerin her iki taraf için de gerçekçi olması gerektiğini vurgulayarak şu önerilerde bulunuyor: "Eşler rolleri ayırmalı ve birbirlerine anne ya da baba rolü yüklemekten kaçınmalılar. Farklı aile sistemlerinden gelen çiftler, evlilik sürecinde, kendi yaşayış stillerini tek doğru kabul etmek yerine, olumlu yönlerini ele alıp sağlıklı bir süzgeçten geçirebilmeliler. Çiftler, mümkün olduğunca açık iletişimle ilişkilerini sürdürerek, bu konuda orta yolu bulmaya çalışmalılar. Samimiyetten kaçınan çiftler, zihin okuma ya da tahmin yoluyla yanlış anlamalara sebep olabilirler. Farklılıklarının farkında olup, onlarla yaşamayı öğrenmeli, birbirlerine karşı keskin yorum ve yargılarda bulunmaktan kaçınmalılar. Davranış biçimleri ve aile kültürleri kendilerine ters gelse de birbirlerine karşı saygıyı elden bırakmamalılar."

Evlilik hayatına adapte olma sürecinde, "Ben senin annen (ya da baban) değilim!" diye tepki göstermek yerine, eşler birbirlerine karşı anlayışlı ve müsamahalı olabildikleri takdirde, bu sorunun üstesinden gelmek sanıldığı kadar zor olmaz. Yeter ki sağduyumuzla hareket edelim.

## Eşler Anne Kadar Anlayışlı Olamaz

Eşinden aslında annesi gibi tavırlar beklediğini yine eşi sayesinde farkedebilen Serdar Bey'in anlattıkları bu konuda nasıl bir üslup benimsenmesi gerektiğini de gösteriyor. Annesinin küslük yahut anlaşmazlık yerine her seferinde affetmeyi seçen biri olduğunu belirten Serdar Bey, eşiyle tartıştıkları zamanlarda eşinin meseleleri çok abarttığını ve uzattığını düşünür. Ancak bir gün eşi Nilgün Hanım'ın tarafından olayı dinleyince farklı bakabilir yaşadıklarına. "Kırgınlıkları çok uzattığını düşündüğüm eşime bir seferinde, 'Neden geçim değil de geçimsizlik yolunu seçiyorsun?' diye sordum. Uzun zaman bu konuya kafa yorduğunu o an anladım ve eşimin anlattıkları âdeta aydınlanmamı sağladı. Şöyle diyordu: 'Sen kalbimi kırsan da bir şey olmamış gibi davranmamı istiyorsun. Seni de anlıyorum; annen size karşı her zaman çok verici ve anlayışlı, affedici olmuş. Sen de benden aynı şeyi bekliyorsun. Ancak unutma ki o senin annen, yani sen ondan nefret etsen bile o seni sevmeye devam eder. Anne sevgisi karşılıksızdır. Ben de kendi evladıma karşı böyleyim. Ama sana karşı böyle olamam, sen de bana karşı böyle olamazsın. Çünkü bizler eşiz, yani bir hayatı paylaşıyoruz. Birimiz sorumluluğunu aksattığında yahut kırıcı davrandığında her seferinde bunu örtbas edemeyiz; bu doğru da değil zaten. Yoksa zamanla birbirinden beklentisiz eşler haline dönebiliriz. Gün gelir hep kendimizden verdiğimizi düşünerek patlayabiliriz de. Sana küsüyor, kızıyorsam bu sevgimdendir.' O ana kadar farketmediğim bir şeydi bu ve eşime hak vermemem mümkün değildi. Sağ olsun son derece insanî bir biçimde derdini anlattı ve ben de artık ondan beklentimi mâkul seviyede tutmaya çalışıyorum."

***Beş yıllık evliyseniz eşinizden beklentileriniz de onun yaşına göre değil beş yıllık evlilik deneyimine göre olmalıdır.***

# BEKLENTİLERİNİZ EŞİNİZİN DEĞİL EVLİLİĞİNİZİN YAŞINA GÖRE OLMALI

AYZIT ULUAT

"Kaç yaşındasınız?" diye sorsak hemen herkes ne demek istediğimizi anlar ve tek seferde cevap verirdi bu soruya. Ama, "Evlilik yaşınız kaç?" desek muhtemelen pek anlayan çıkmazdı. Evlilik yaşınız belki üç, belki beş, belki de henüz iki aylık. Yani yaşınız kırk beş olsa da Beş yıllık evliyseniz evlilik yaşınız beş demek oluyor. Bu durum eşiniz için de geçerli. beş yıllık evliyseniz eşinizden beklentileriniz de onun kırk beş yıllık hayatına göre değil beş yıllık evlilik deneyimine göre olmalıdır.

## "Koskoca Adam Olmuşsun Ama ..."

Evlilik konusunda eşinin yeterince olgun davranamadığını, bu yüzden de kendi beklentilerini umursamadığını düşünen kişiler için psikolojik danışman Yasemin Yalçın Aktosun "Evli misiniz, Eşli misiniz?" isimli kitabında "evlilik yaşı" kavramını gündeme getiriyor ve konuyla ilgili şunları belirtiyor: "Çoğu evde şöyle sözler tekrarlanır: 'Koca adam olmuş ama hiç incelikleri yok. Bir kadına nasıl davranacağını bilmiyor ...' ya da, 'Koskoca kadın olmuşsun ama bırak böyle şeyler beklemeyi ...' Bu türden şikâyetler evlilik yaşı hesaba katılmadan kişilerin gerçek yaşlarına odaklanan düşüncelere dayanır. Oysa unutulmamalıdır ki eşlerin birbirlerine eş olma konusunda destek olmaları gerekir."

## Suçlamak Çözüm Değil

Her insanın farklı farklı özellikleri vardır. Farklı yapıdaki kişiler hayatlarını birleştirdiklerinde elbette ki çatışmalar yaşanacaktır, ancak buna süreklilik kazandırıp bir evlilik sorunu haline getirmek doğru değildir. Kimse evlenir evlenmez eşinin sevmediği davranışlarını törpüleyemez çünkü. Birtakım beğenilmeyen özellikler başlarda eşlere sıkıntı yaşatsa bile, evlilik rayına oturdukça o davranışlar da evliliğe ayak uyduracaktır. Örneğin, otuz yaşında yeni evlenen bir erkek o güne kadar annesi tarafından kendisine hiç temizlik yaptırılmadığı için erkeklerin temizlik yapamayacağını sanabilir. Bu düşüncesinden dolayı da eşi kendisinden yardım istediğinde onu reddedebilir. Böyle bir durumda erkeği düşüncesizlikle suçlamanın ve bu huyunu değiştiremeyeceğine dair ona olumsuz eleştirilerde bulunmanın bir faydası yoktur. Çünkü evlilik ve hayatı paylaşma konularıyla daha önce karşılaşmamıştır. Bu nedenle uygun bir dille evlilik ve beklentileriniz hakkında eşinizle bu konuyu konuşmanız ve evliliğinizi buna göre şekillendirmeniz sorunların çözümünde yararınıza olacaktır.

Yahut eşinin annesine yeterince ilgi göstermediğini düşünen yeni evli bir erkek, karısını, hemen kayınvalideyi istememekle yargılamamalıdır. Çünkü kadın kayınvalidesinin de ailenin bir parçası olduğunu, onu da arayıp sorması gerektiğini düşünemeyebilir. Kadın henüz eşinin annesi statüsünde gördüğü kayınvalidesini, zamanla evin büyüğü dolayısıyla kendisinin de annesi olarak kabul edecektir. Başka birine anne demek ve ona gerekli ilgiyi göstermek hemen gerçekleşecek bir olay değildir. Yine doğru bir üslupla erkek de karısına evliliğin, aile olmanın bunu gerektirdiğini anlatmalıdır.

## Zaman Her Şeyin İlacı

Eşlerin evliliğe adaptasyon sürecinde küçük şeyler dahi problem olsa da zamanla bu tür anlaşmazlıklarda uzlaşma sağlanacaktır. Eşimizden beklentilerimizi evlilik deneyimine göre ayarlamalı ve ilk başlarda çıtayı çok da yükseltmemeliyiz.

En önemlisi ise eşlerin bu süreçte birbirlerine olan destekleridir; sorunlarını konuşarak halletmeleridir. Unutmayın evlendiğiniz kişi ortalama yirmi beş yıllık bir geçmişin üzerine sizinle evleniyor ve bambaşka bir hayata âdeta yeniden doğuyor. Dolayısıyla yirmi beş yıllık hayat tecrübesini silip yepyeni bir ortama uyum sağlaması, sizin istediğiniz gibi biri olması son derece zor. Bu zorluğu daha da pekiştirmek yerine kolaylaştırma yolunu seçmek her iki eş için de mutluluğun anahtarı olacaktır.

***Okuyan ve çalışan, bu yüzden de, "Aman evladım yorulmasın" korumacılığıyla annesi tarafından sürekli gözetilen bir genç kız için ev kadını olmak, zor ve meşakkatli bir deneyim ve de çok önemli bir değişimdir.***

# OKUMUŞ KIZLARIN EVLİLİĞE ALIŞMA ZORLUKLARI

GÜLCAN TEZCAN

Hayatımızda yeni bir dönemin başlangıcı olan evlilik, kadın ve erkek için pek çok değişimi beraberinde getirir. En önemli değişim, hiç kuşkusuz o güne dek birlikte yaşanılan ailelerden ayrılıp, farklı biriyle hayatı paylaşmaya başlamaktır.

Kimi evliliklerde eşlerden birinin ailesiyle birlikte yaşamaya başlamak, anne babadan farklı insanlara "anne baba" demeye başlamak da evliliğin beraberinde getirdiği köklü değişimler arasında sayılabilir. Evlenen kadının, yeni medenî kanunla kendi soyadını kullanma hakkı olsa da genel kabuller doğrultusunda soyadından vazgeçmesi, mahalle, muhit hatta yıllarca yaşadığı şehirden ayrılıp, başka bir yerde hayatını sürdürmesi de evlilikle birlikte alışılması gereken değişimlerdendir. Çoğu zaman yemek alışkanlıkları ve ev işlerine dair sorumluluklar gibi, ev işleriyle o güne kadar çok fazla ilgili olmayan bir genç kız, evlenince "ev hanımı" olmanın bu yönlerini hisseder. Özellikle okuyan ve çalışan bu yüzden de, "Aman evladım yorulmasın" korumacılığıyla annesi tarafından sürekli gözetilen bir genç kız için "ev kadını" olmak, başlangıçta zor bir deneyim ve değişimdir.

Yrd. Doç. Dr. Süleyman Doğan, mutlu ailenin formülünün tarafların rollerini benimsemesinden geçtiğini belirterek şu ifadelere yer veriyor: "Evlenen genç kızlar kendi cinsel kimliğini, annelik ve eşlik rollerini ne kadar biliyor? Genç erkekler bir eş ve baba olmaya ne kadar hazırlar? Bugün gülümsemeyen, ikram etmekten hoşlanmayan, babasının bir gömleğini ütülemeden ve hiç misafir ağırlamadan evlenen genç kızlar, anne ve eş olmaya hazır sayılamazlar. Yine hiç alışverişe gitmeden, evde tamirat yapmadan, herhangi bir sorumluluk yüklenmeden evlenen delikanlıların mutlu yuvalar kurabileceklerine umutla bakmak mümkün değildir."

Bilhassa büyük şehirlerde sosyal hayatın içinde bulunmaya, kültürel etkinlikleri takip etmeye alışkın bir genç kız için evlilikle birlikte yaşanan "zaman sınırlaması", ev hayatına dair sorumlulukların "öncelik" halini alarak özel ilgi ve sosyal hayatın en aza inmesi, hatta "gelin" rolünün gerekleri, evliliğin getirdiği değişimlerin başında gelir. Tüm bu değişimler, kişinin o güne dek sürdürdüğü yaşamını ve özel alanını tamamen sınırlayan ve daraltan bir noktaya gelmişse çatışmalar da kaçınılmaz hal alır.

## Erkeğin Çevresi Değişmez

Evlilik, erkekleri kadınlar kadar değişime zorunlu kılmaz. Erkek, o güne kadar sürdürdüğü hayatı çok fazla değişikliğe uğratmaksızın devam ettirir. Hatta hayatını kolaylaştıran, düzene sokan yeni bir döneme girmiştir. Erkekler ev geçindirmek gibi bir sorumluluğun yükünü omuzlamakla, ciddi bir rol değişimi yaşarlar. Evlenene kadar babanın koruması ve kollaması altındaki erkek, artık kendi kanatları ile uçmak zorundadır.

Evlilik; gençliğin başına buyruk, deli dolu zamanlarının bitimi, elmanın öteki yarısıyla hayatı daha anlamlı kılmak için yapılan yepyeni bir başlangıçtır. Bu anlamda belki de evliliğin getirdiği en temel değişim, artık iki kişilik yaşamaya başlamak, "ben" değil "biz" düşüncesine kendini alıştırmaktır. Kadın fıtrat gereği "biz" düşüncesine çok kolay adapte olurken, erkek çoğunlukla "ben"liğinden vazgeçmekte zorlanır. Kendi ihtiyaçları, tercihleri, öncelikleri birinci planda olduğu sürece de evlilikte çatışma kaçınılmazdır.

> "Kendi kendini değiştirmenin ne kadar güç olduğunu düşünürsen, başkalarını değiştirmeye çalışmanda şansının ne kadar az olduğunu anlarsın."
>
> Voltaire

# EVLİLİĞİN KAYINVALİDE ile İMTİHANI

Üçüncü • Bölüm

***Gelin ve kayınvalide kalben birbirlerine yakın olamasalar bile ortak sevdikleri erkeğin hatırına olayları alevlendirmekten kaçınmalılar.***

# KAYNANALAR ve GELİNLER

NECLA GÜNAY

Evliliği sarsan manevi hastalıklardan gelin kaynana tartışması, çoğu ailede müzminleşmiş vak'a durumunda liderliğini koruyor. Dünyanın en uzun soluklu savaşlarına taş çıkartacak şekilde istikrarla devam eden bu anlaşmazlığın kaynağını tek bir nedene indirgemek imkânsız. Zira herkesin aile yapısı, hayat tarzı ve kişilik özellikleri birbirinden farklı. Dolayısıyla yaşanan problemler de... Gelin kaynana meselesinde kim haklı kim haksız polemiğine girecek değiliz. Hangi tarafı dinlerseniz yerden göğe kadar haklıdırlar. "Benim çektiklerimi bilseniz..." diye başlayan sözler kitapları dolduracak uzunluktadır.

Hangisine hak vermeli bilemeyiz; ama şurası unutulmamalı ki temeli İslâm ile atılmış yuvaların huzursuz olmaları zor gözüküyor. Her iki tarafın da imanî hakikatlere göre hareket etmesi sorunları en alt seviyeye çeker. Nefsin devreye girmesi, şeytanın onu desteklemesiyle ortaya çıkan fırtınaları dindirecek olan da vicdanî yaklaşımdır.

Eskiden küçük evlerde iki, hatta üç gelin bir arada otururken de bu sorunlar yaşanıyordu. Tartışmalarda bir edep, bir saygı vardı. Dışarı yansıtmamaya, kendi aralarında kapatmaya çalışırlardı. Hakarete varan aşırı kırıcı sözlerden kaçınılarak uyarılar yapılırdı. Gelinler de büyüklere karşı kalpleri kırılsa dahi surat asmaz, görevlerini aksatmazlardı. Şimdilerin çekirdek aileleri, ayrı evlerde, farklı muhitlerde yaşasalar bile tartışmalar bitmiyor. O halde çözüm daha derinlerde olmalı...

## Her Gelin, Kayınvalide Adayıdır

Bugünün gelini, yarının kayınvalide adayı olarak muhasebesini yaparsa sevdiği insan uğruna fedakârlığa katlanır. Gelin ve kayınvalide, kalben birbirlerine yakın olamasalar bile ortak sevdikleri erkeğin hatırına olayları alevlendirmekten kaçınmalılar. Erkeğin ne annesinden ne de hanımından vazgeçemediği herkesin mâlumu. Birini diğerine tercih etmek zorunda kalsa bile kalbinin bir tarafı daima ezik kalacaktır. Bu konuda on beş yıllık evli olan Ali Bey'in söylediği sözler hayli düşündürücü. "Ben annemin tek evladıyım. Bu yüzden birlikte oturuyoruz. İşteyken evim gözümde tütüyor, fakat yemek yiyene kadar zor duruyorum. Eşim bir tarafta, annem diğer tarafta patlamaya hazır bomba misali bekliyor. 'Nasılsınız?' desem bombardıman başlayacak. Soluğu kahvede alıyorum. Yıllardır bir çare bulamadım. Ne anneme yeterli saygı gösterebiliyorum ne de eşime yeterli ilgi..."

## Kayınvalidem İyi Bir İnsan Ama ...

Müzminleşmiş tartışmalar, büyük küçük demeden her ortamda yapıldığı için çocukların beyninde olumsuz izler bırakıyor. Erişkin çağa geldiklerinde bu durumdan kurtulamıyorlar. Beş yıllık evli olan Hatice Hanım yaşadıklarını anlatırken sesi titriyordu: "Küçükken babaannem bize yakın otururdu. Annemle sürekli tartışırlardı. Biz çocuklar çok etkilenir, annemin haklı olduğunu düşünürdük. Kayınvalide imajı çok kötü yer etmiş beynimde. Bana göre bütün kayınvalideler kötüydü. Hatta evlenmeden önce meçhul kayınvalideme karşı cephe almıştım. Beni istemeye geldiklerinde en ufak yakınlık hissetmedim. Evlilik sonrası olabilecek tartışmalara karşı eşimi yanıma çekmenin taktiklerini ezberliyordum. İtiraf edeyim ki kayınvalidem bana hep olumlu yaklaştı. Haksız sözlerimin çoğuna cevap vermediği gibi oğluna da söylemedi. Yine de sevemedim onu. Üç kere çağırsa bir kere gidiyorum ziyaretine. Çocuklarımı severken, kocam ondan bahsederken huzursuzum. Vicdanım rahatsız ama durum maalesef böyle..."

## Anne Babamı Düşünürken Üşüyorum

Eşler anlaşsa bile anne ve eş arasında kalan erkek sevdiği bir insanla olmanın tadını uzun boylu yaşayamıyor. Kalbine gömmeyi tercih ediyor çoğu zaman. Mutlu bir evliliği olan Hüseyin Bey'e şanslı olduğunu söylediğimde önce teşekkür etti sonra, "Ama rahatsız olduğum bir şey var" diye ekledi. "Gerçekten akıllı, becerikli, çocuklarına karşı iyi bir anne olan, dinî konularda da anlaştığım bir eşe sahibim. Annem ve babam köyde oturuyor. Biz yazdan yaza ziyaretlerine gideriz. Şimdiki oturduğum evi aldığımı ve nakde sıkıştığımı duyunca emekli maaşlarını tutup bana yolladılar. Oysa başka gelirleri yok. Her ikisi de gece namazına kalkan iki yaşlı insan. Eşime kaç kere, 'Ne olur kışın soğuklarda yanımıza getirelim, geceleri kalktıklarında üşümesinler' diyorum, şiddetle karşı çıkıyor. Ben doğalgazlı evde sıcak sularla abdest alırken onların soğukta zorlandığını düşündükçe o sular buz gibi üşütüyor yüreğimi. Bu konuda rahat değilim. Eşimi dinlemeyip getirsem bu kez evde huzursuzluk çıkacak surat asıp şikâyet edecek. Çaresiz susuyorum..."

## Bu da Kayınvalide İtirafı

Geliniyle beraber oturan Semiha Hanım'ın bizimle paylaştıkları ise tam bir itiraf niteliği taşıyor: "Oğlum beğendiğim kızı istemediği için seçip evlendiği kıza cephe aldım. Bugün birçok gelin kayınvalideyle oturmaktan cüzzamlıdan kaçar gibi kaçarken benimle birlikte oturmayı kabul etti. Her yaptığında kusur bulduğum halde sesini çıkarmadı. Bir keresinde yemeğe bahane bulup oturmadım. Oğlum kızdı, 'Anne yeter artık! İstemiyorsan ayrı eve çıkalım, çocuk gibi küsmek hiç yakışıyor mu?' dedi. İkisine de kapıyı gösterdim. Oğlumun zoruna gitmiş. Ertesi gün o sinirle ev tutmuş ama neden sonra vazgeçtiler. Doğrusu ben de sevindim. Bu yaşta yalnızlık çekilmiyor. Ah bir de dilimi tutabilsem..." Yaşadıklarını gülerek anlatan Semiha Hanım şöyle devam ediyor: "Sonradan öğrendim ki gelin, 'Annem yaşlı, tek başına zorlanır idare edelim' deyip vazgeçirmiş. Ah evladım kendimden çok utandım; ama huy işte takılmadan duramıyorum. Hâlâ birlikteyiz yine saygılı; eh, bazan da kızıyor tabii. Kalbini kıra kıra sabır taşını çatlattım. Sen yine de geline söyleme bunları emi?"

## Oğlum Elden Gidiyor!

Erkek çocuğun evlenmesi ile birlikte, annelerin kaynana sendromları başlıyor. Oğlunu evlendiren bazı anneler erkek çocuğunu gelini ile paylaşamama davranışları sergilemeye başlar. Sanki evladı gelini tarafından elinden alınmış gibi bir duygu yaşamaktadır. Kayınvalide, oğlunun eşini yaptığı işlerde eleştirmeye, ona karşı farkında olmadan kaba davranmaya, onu kıskanmaya ve dışlamaya başlar. Birçok kadın yaptığı bu davranışların aslında doğru olmadığını bilir. Fakat kendini kontrol etme noktasında frenleyemez. Ne yazık ki aynı tutum gelin için de geçerli olabiliyor, meyvesini kabul ettiği ağacın kökünden rahatsız olurcasına eşinin annesini kendi hayatında istemiyor. Böylece her iki taraf için de sıkıntılı günler bitmek bilmiyor.

Orta yolu bulmak isteyen gelin ve kaynanalar için şu tavsiyelerde bulunulabilir: Yeni evlenen gençlerin birbirlerini tanımaları ve anlamaları için belli bir süreye ihtiyaçları var. Onların hayatlarına müdahale etmemek gerekiyor. Gençlerin yaşayarak öğrenmeleri gereken o kadar çok şey var ki bu konuda gençlere rehberlik yapmak lazım. Anne babalardan yardım talep ettiklerinde, bilgileri varsa destek vermeleri yoksa onları uzmanlara göndererek doğru bilgiyi almalarını sağlamak en iyisi. Gelinin damadın ailesine emanet edildiğinin bilinmesi gerekli. Gelinin de eşinin ailesine karşı saygılı bir şekilde kendisine düşen görevleri yapması lazım. Ayrıca gelin ve kaynananın empati (kendini başkasının yerine koyma) yapmaları problem yaşamamada son derece etkili. Çünkü empatik bakış açısı sorunu kolaylaştırır ve çözüme götürür.

## Ne Ekerseniz Onu Biçersiniz

Özetle, unutulmamalı ki "Ne ekerseniz onu biçersiniz." Öz annenizin bazı sözlerini nasıl duymazdan geliyorsanız kayınvalidenizin sözlerini de duymazdan gelip inatlaşmamanız en güzeli. Fikrinizde ısrarlıysanız saygılı bir ifadeyle, "Sen öyle desen de ben böyle düşünüyorum" diyebilirsiniz. Konuşurken ses tonunuza ve yüz hareketlerinize dikkat edin. İçinizden gelmese bile ara sıra hediye alın. Gidemediğinizde telefonla hatırını sorun. Onlar için değerli olan hususlara dikkat edin. Bunu sırf Allah rızası için yapın. Ben iyilik yapsam bile anlamaz demeyin. Gönüllere ülfeti yayan Rabbimiz'dir. "Balık bilmezse Hâlik bilir." Hem her şeyden önce onlar bizim büyüğümüzdür. Peygamber Efendimiz [sallallahu aleyhi vesellem] bereketin büyüklerimizden olduğunu belirtmiş ve büyüğe hürmet göstermemizi tavsiye etmiştir.

Ailesinde huzur isteyen kayınvalideler de öncelikle gelinini kızı gibi görmeli, her hatasını eleştirmekten kaçınmalı. Varsa hataları oğluna veya bir başkasına anlatmamalı. Böyle davranmak kimseye artı kazandırmaz. Niyet gelini uyarmaksa yalnızken yumuşak bir üslup kullanılmalı. Resûlullah Efendimiz'in, "Allah başkasının kusurunu örten kulunun günahlarını da kıyamet günü örter" sözlerini hatırdan çıkarmamak gerekir. Beğenilen davranışlarını övmek bunu başkalarıyla paylaşmak muhabbet için atılan adımlardır. Böylece dedikodu fırsatçılarına da kapılar kapanmış olunur.

## Çözüm Sizde

Sevgili gelin ve kayınvalideler! Çözüm sizin dilinizde, kalbinizde, sevginizde bitiyor. Her şeyden önce karşınızdakine insan olduğu için değer verin. Ruhundaki eziklikler, yaralar muhtemelen bir başka insanın eseridir. Karşınızdakini bir ayna olarak farzedin. Aynada göreceğiniz ancak sizsiniz. Öyleyse görmek istediğiniz gibi hareket edin. Elinizi vicdanınıza koyup, "Kalbimi kırdı, ben de başka zamanlar ona karşı haksızlık yapmış olabilirim. Şimdi nasıl öfkelendiysem, o da aynı öfkeyi yaşamıştır. Kendi olumsuzluklarımı düzeltirsem, karşımdaki de kendini düzeltebilir. Allah için bunu denemeliyim" diyebilmelisiniz.

Gelin ve kayınvalidelikten öte din kardeşi olduğunuzu unutmayın. Müslümanlar olarak da birbirinize karşı sorumluluklarınız var. Kararlı olup gayret atınıza bindiğinizde çoğu sorunların sabun köpüğü gibi eridiğini göreceksiniz.

## Kaynana Gelin Savaşı Erkeği Vuruyor

Annesi ve eşi arasında kalan erkekler çoğu zaman ne yapacağını bilemiyor, kimi zaman bu sürtüşmeden en çok yarayı o alıyor. Bazıları annesinin, bazıları karısının tarafında olmayı tercih ederken; bazıları da hiç sorun yokmuş gibi davranarak, ailesini bu gerginlikle baş başa bırakıyor. Oysa her iki tarafın da ortak noktası olan erkeğin tavrı sorunun çözümünde son derece önemli. Tıpkı annesi ve eşi arasındaki iş bölümünü kendisi yapan Hz. Ali [radıyallahu anh] gibi erkeğin adaletli tutumu problem yaşanmasını en aza indiriyor. Hz. Ali annesi Fâtıma bint Esed'i [radıyallahu anhâ] su taşıma gibi dışarı işleriyle, hanımı Hz. Fâtıma'yı [radıyallahu anhâ] ise un öğütme ve hamur yoğurma gibi içeri işleriyle mesul tutmuştur.

Çocuklarımıza küçük yaşlarda ileride üstleneceği (babalık ve annelik) görevleri hakkında bilgiler ve eğitimler veremiyoruz. İyi bir eş, iyi bir baba ve iyi bir aile reisi nasıl olunacağı konusunda eğitemiyoruz. Bunların hiçbirini yapmadan, 'Yaşın geldi evlendireceğiz seni' diyoruz. Genç bey evleniyor ama eşine, eşinin anne babasına ve yeni akrabalarına nasıl davranması gerektiğini kestiremiyor. Annesinin olması gerektiği yeri ve eşinin olması gerektiği yeri bilemiyor. Annesini anne ve eşini de eş olarak ayırt etmesi gerekiyor. Rollerin karışmaması ve o şekilde tutum sergilemesi gerekiyor. Erkeğin bu konuda hassas olup anne ile eşinin olumsuz sözleri varsa birbirlerine aktarmaması gereklidir. Kendi aklını kullanarak her iki tarafı da bilinçli idare etmesi gerekiyor. Çünkü annesi de eşi de sevdiği insanlardır. İkisini de incitmeden orta yolu bularak hayatlarını devam ettirmesi gereklidir.

***Çekirdek aile olarak yaşamak, pek tabii ki mahremiyetimiz ve değişen yaşam standartlarımız için daha uygun olmakla birlikte, aile büyükleri ne yazık ki hepimizin "korkulu rüyası" haline gelmeye başladı.***

# EVLİLİK ve AİLE BÜYÜKLERİ SENDROMU

RÜMEYSA DURAK

Evlilik çok bilinmeyenli bir denklem gibidir. Bazan atılan her adımda yeni bir bilinmeyen eklenir denkleme. Mühim olan doğru yolu izleyip çözüme bir an önce ulaşmakken, pek çok çiftin yaptığı, bilinmeyenlerin fazlalığına bakıp umutsuzluğa kapılmaktır. Düğün telaşesi ile tartışmalar yaşanır mesela, "eyvah" der bir soru işareti oluştururuz hemen zihnimizde. Evleniriz, uyuşamadığımız noktalar, fikir ayrılıkları çıkar karşımıza, hemen "yeni bir sorun daha" diyerek panikleriz. Kimi sorunlarımız aynı olur başkalarınınkiyle, kimisi de farklı. Ama ortak yargımız problemi çözmektense büyütüp kendimizi üzmektir çoğunlukla. Hele de sorunumuzun adı "büyükler" olursa işler daha da içinden çıkılmaz bir hal alabilir.

## Yoksa Siz Hâlâ Annenizin Sözünü mü Dinliyorsunuz?

Eskiden büyük evlerde büyük aileler halinde yaşanırdı. Bunun mahremiyet açısından zor yanları olsa da pek çok noktada "birlik" olmak sorunları en aza indirirdi. "Bir bilene danışmak" düsturu ile sıkıntılar sorun haline gelmeden hallolur, büyükler örnek alınarak ilişkiler rayına oturtulurdu. Ninelerimizin, evliliğe dair, "Ben neler çektim ..." diye başlayan bir hikâyesi olsa da birlikte olmanın, büyüklerden nasihat dinlemenin, öneri almanın faydası da muhakkak ki görülürdü. Fakat gün oldu, devran döndü aileler gitgide küçülmeye başladı. Üzücü tarafı ise bu küçülmenin ailelerimizin kemiyeti ile alakalı olduğu kadar keyfiyetini de kapsaması oldu. Çekirdek aile olarak yaşamak pek tabii ki mahremiyetimiz ve değişen yaşam standartlarımız için daha uygun olmakla birlikte aile büyükleri ne yazık ki hepimizin "korkulu rüyası" haline gelmeye başladı.

Eşimizle istişare ettiğimiz herhangi bir konuda anlaşmazlığa düştük mesela. Bir büyüğe sormayı teklif ettiğimizde genelde, "Şimdi eski zaman işlerinden örnek verecek, bizim zamanımızda şöyleydi diye başlayacak, aman ne gerek var!" tarzı cümleler duyarız. Yahut bir bilene danışıp da karar aldıysak, o kararı uyguladığımız vakit, "Aaa, eskinin insanı gibi yapacaksın demek, bu devirde bunlar mı kaldı, tarihin tozlu sayfalarından indirdin bu fikri galiba ..." şeklinde alaylı ifadeler duyarız etrafımızdaki insanlardan. Bu da ikili ilişkilerimizi zora sokar. Kimi zaman eşlerden biri büyüklere danışmak isterken diğeri bunu gereksiz görür; kimi zaman da olaylar bizim kontrolümüz dışında gelişir de büyüklerimizin bir önerisini uygulamak durumunda kalırız. İşte böyle durumlarda büyük sorunlar baş gösterebilir evimizde. "Senin annen baban benim evime, işime, düzenime neden karışıyor?" sorusuyla başlayan tartışmalar "Ya ailen ya ben" boyutuna bile ulaşabilir ne yazık ki.

## Büyükleri Bir Kenara Atıp Kendi Yuvalarımıza Çekildik

Özellikle evlilik gibi ikili ilişkilerin söz konusu olduğu durumlarda, tarafların kontrol altında olma korkusu ile büyüklere danışmaktan uzak durduklarını dile getiren psikolojik danışman Fatma Ülger, kültürümüzden ve ailelerimizden kopuşumuzu şu şekilde özetliyor: "Yaşadığımızın çağın bize en büyük dezavantajı sınırsız özgürlük sunması oldu. Bu özgürlük tanımlaması yanlış anlaşılınca da atılan her adımda bağlılıktan korkup bağlılıklarımızı bağımlılık olarak addeder olduk. Ve bağımlılık diye adlandırdığımız şeylerden kurtulmak için doğu toplumlarının aidiyet duygusunun aksine batı toplumlarındaki gibi, 'Bu dünya benim için var edildi, ben özelim, ben biliyorum, bu dünyaya bir defa geldim, kendim için yaşayacağım' diyerek bizim kültürümüzde de aileden kopuş başladı. Tabii ki bu hemen gerçekleşmedi. Görsel ve yazılı medya da bu kopuşa destek verdi. Sistematik bir şekilde duyarsızlaştırıldıktan sonra büyüklerimizi bir kenara bırakarak kendimize ait, sadece eşimiz ve bizim olan küçük yuvalarımıza çekildik. Netice olarak ise büyüklerini saymayan, önemsemeyen, vefa duygusundan yoksun bencil bireyler olduk. Halbuki unuttuğumuz çok önemli bir nokta vardı: Bugün biz büyüklerimize yüz çevirirken yarın da yetiştirdiğimiz çocuklar bize yüz çevirecek..."

## Ya Tutarsa?

Bir damla mürekkebin koskoca gölü bulandırmayacağı gibi bir büyüğün sözü de bizim ilişkimizi yıpratmaz. Bir sözle parçalanacak gibiyse ilişkimiz, o zaman sorun sözde değil bizdedir. Çocuğumuz oldu diyelim, annemiz yahut eşimizin annesi, "Kundağa sar bebeği" dedi. Hemen, "Eskidendi o âdetler şimdi kundak mı kaldı?" der içten içe de öfkeleniriz, işimize karışılıyor diye. Üstelik bir de bunun sinirini eşimizden çıkarırız.

Büyüklere söyleyemediğimiz sözleri eşimize söyler, ne kadar bunaldığımızdan dem vururuz. Ya da bir büyük, eşimize, "Yavaş sür evladım arabayı, aman dikkat" dediyse bu masum bir uyarı değil, hayata müdahale olur. Hele de söyleyen hanımın bir yakını ise, "İşime neden karışılıyor"a kadar gidebilir mesele. Halbuki görmüş geçirmiş büyüklerimiz art niyet gözetmeksizin yaparlar bu işi. Üstelik de söylenen sözler hayatımızı altüst edecek öneriler değil, aksine pek çoğu işimizi kolaylaştırmak için, iyi niyetle dile gelmiş ifadelerdir.

Tek taraflı değildir elbet danışmak ve öneri almak. En güzeli söylediği sözün, yaptığı davranışın hayata karışmak mı, iyi niyetle öneride bulunmak mı olduğunun ayrımını yapan büyükler ve öneriler karşısında saygılı bir tutum sergileyen, "Büyüğümden aldığım nasihat kulağıma küpe olur" diyen gençlerin var olmasıdır. Ancak bu şekilde niyetler hâlis, amaçlar güzel olursa yuvalarımızda da huzur olur. Birlikte olmak bize sıkıntı değil mutluluk verir. Büyükler korkulu rüyamız değil, yuvamıza güzellik katan cennet anahtarlarımız olurlar.

## Kaynanalar ve Gelinler

Gelin kaynana çekişmesi, fıkraların, şakaların ve bilhassa dedikoduların en zengin malzemesi. Ya damadın annesi geçimsizdir ya kayınvalide enişteye kan kusturur... Günümüzde "Kızımız oğlumuz mutlu olsun yeter!" deyip mesafesini koruyan, saygıdeğer kaynanalar da çok, evlattan ayrı tutulmayan gelinler de... Her nedense böyle uyumlu ailelerin sesi daha az duyuluyor. Genç kız evlilik hazırlıklarına başlarken, "Şimdi bu kadın benim kaynanam, haa! Bakalım ne zaman yiyeceğiz birbirimizi? Hele ben şimdiden gardımı almaya başlayayım. O kadar sıkı fıkı olmayayım. Ne olur ne olmaz. Bu zamanda kimseye güven mi olur, hele ki kaynanaya!" diyor. Ya kayınvalide, " Bu kız oğlumu alınca başıma ne işler açar!" deyip iç geçiriyor. Peki çözüm nedir? Sakin, dengeli, huzurlu bir evliliğe nasıl sahip olunur? Önce kendimizden pay biçelim. Büyüklerimiz, "Ne ekersen onu biçersin" demiş. Kayınvalidenize göstereceğiniz saygınız, yakınlığınız ve içtenliğiniz oranında günü gelince siz de gelininizden muamele görebilirsiniz. İçinde zerre kadar Allah korkusu olan bir kişi, en zor anlarda bile terbiye ve edebini muhafaza etmeye çalışarak, iyiliğinin mükâfatını dünyada huzur, ahirette ebedî saadet olarak alacağını unutmamalı. Bazan küçük şeyler bile yaşlı aile büyüklerinin gönlünü almaya yeter. İçinizden gelmese bile yaşlı aile büyüklerinizle hediyeleşmeyi göz ardı etmeyin. Ziyarete gitmeyi Allah'ın rızasına ulaşmak için hizmet vesilesi addedin. Bilmelisiniz ki sırf sesinizi duyurmanız, varlığınızı hissettirmeniz için bile yaşlılar yolunuzu gözler. Sorun çıktığı zaman, tartışmaya ortam hazırlamamak için yumuşak bir ifadeyle, "Siz de haklısınız" deyin. Ne söylediğimiz kadar nasıl söylediğimiz de önemlidir. Sözlerimizle birlikte tavır ve ses tonumuzun saygılı ve nazik olmasına dikkat etmeliyiz. Niyetiniz hayırsa âkıbetinin de hayır olacağını unutmamalısınız.

***Eşinizin son zamanlarda sizinle ilgilenmediğini ona anlatmaya çalışıyorsunuz: "Benimle ilgilenmiyorsun, hatırımı bile sormaz oldun!" şeklinde suçlayıcı cümlelerle başlayan konuşmalar genellikle tartışmayla sonuçlanır.***

# KAYINVALİDEYE Mİ GİTSEK?

ÖZLEM ŞAHİN EKİNCİ

Hepimizin hayatında sıkıntılı, kırgın, öfkeli ve mutsuz anlar olur. Evimizde, iş yerimizde ya da arkadaşlarımızla zaman zaman sorunlar yaşarız. Çünkü her şeyin her zaman istediğimiz gibi gitmesi mümkün değildir. Beklentiler uyuşmadığında evde oluşabilecek tartışma ortamı, her iki tarafın da zarara uğramasına sebep olur. Çözüm odaklı bir yaklaşım tarzı geliştirerek, hem kendimizin ve ailemizin hem de toplumun huzuru için çevremizdeki insanlarla sağlıklı bir iletişim kurabiliriz.

## Empati Kurun

İnsanları anlayabilmek, beraberinde hoşgörülü olmayı getirir. Empati kurarak yani "Niçin böyle davranıyor, ben olsaydım ne yapardım, ne hissederdim?" sorularını kendimize sorarak insanları anlamamız mümkün.

Mesela, eşinizin annesi yani kayınvalideniz hafta sonlarını onunla geçirmenizi istiyor. Gitmediğiniz takdirde eşinize pek çok sitemde bulunuyor. Siz de doğal olarak tatil günlerinde eşinizle zaman geçirmek, birlikte planlar yapmak istiyorsunuz. Öte yandan, eşinizle tartışmak, evinizin huzurunu kaçırmak da istemiyorsunuz. Ona bu durumdan sıkıntılı olduğunuzu dile getiriyorsunuz ama nafile. O da annesini kırmak istemiyor. Bu durumda yapılacak en iyi şey, her gidişinizde çeşitli bahanelerle kavga çıkarmak değil tabii ki. Birlikte zaman geçirmenin sizin için ne kadar önemli olduğunu eşinize doğru sözcüklerle anlatabilirseniz faydalı olabilir. Fakat değişen bir şey olmuyor; eşiniz annesini kırmamak adına sizin beklentinizi karşılamıyorsa kendinizi hem onun hem de kayınvalidenizin yerine koymaya çalışabilirsiniz. Yaşımız ilerlediğinde çocuklarımızdan beklentilerimiz bugün olduğundan fazla olacaktır. Kendi kayınvalidemize karşı hoşgörülü olursak, bakarsınız bizim çocuklarımız da bize karşı aynı anlayışı gösterir.

### "Ama" ile Başlayan Cümlelere Dikkat

"Ama", bir önceki sözü inkâr eden ve olumsuz düşüncelerin anlatımında kullanılan bir sözcük. "Ama" yerine "ve" kullanırsak daha yapıcı bir konuşma ortaya çıkar. Kızımız, biz evde yokken tatlı yapmaya çalışmış, mutfak karmakarışık olmuş. Üstelik bir sürü malzeme de ziyan edilmiş. Kendi yaptığı tatlıyı beğenmediği için kızımız somurtup oturuyor mesela. "Bana sürpriz yapmak istedin ama mutfak berbat olmuş" dediğimizde çocuğumuzun öğrenme hevesini iyice kırarız. "Bana sürpriz yapman çok hoş bir fikir. Bir dahaki sefere mutfağı daha az karıştıracağını ve çok daha iyisini yapabileceğini biliyorum. Ben de o bayıldığın pastaları ilk seferde değil, pek çok denemeler sonunda öğrendim" dediğinizde kendini affeder ve yeni girişimler için isteği devam eder.

### Suçlayıcı Konuşmayın

Diyelim ki eşinizin son zamanlarda sizinle ilgilenmediğini düşünüyorsunuz. "Benimle ilgilenmiyorsun, hatırımı bile sormaz oldun, aklın hep başka yerlerde!" cümleleriyle başlayan konuşmalar genellikle tartışmayla sonuçlanır. Amacımız kavga etmek değil de sorunlarımıza çözüm bulmaksa, kırgın olduğumuz bir konuda suçlamayı değil, duygularımızdan, kırgınlığımızdan bahsetmeyi tercih etmeliyiz. Bu şekilde, eşimizin ya da karşımızdaki kim olursa olsun dikkatini çekebilir, bizi üzen davranışlarının farkında olmasını sağlayabiliriz.

## Dikkatli Dinleyin

Çevremizdeki insanları dikkatle dinleyelim. Dinlemek, karşımızdaki kişinin duygularını anlatmasına fırsat vermektir. Bir arkadaşımız, çocuğumuz ya da eşimiz bize bir sıkıntısını anlattığında düşüncelerini değiştirmek amacıyla, "Yanlış düşünüyorsun, çok abartıyorsun" gibi konuşursak, ona hiçbir şekilde yardımcı olamayız. Aksine kendisini daha fazla yalnız ve azarlanmış hissetmesine sebep oluruz. Terapistlerin yaptığı gibi; söylenen şeyleri benzer cümlelerle geri aktarmak kişinin bilinç altındaki sorunlarının ifade edilmesini sağlar. Kişi böylece kendi hislerini daha iyi anlayacaktır. Örneğin, çocuğunuz okula gitmek istemiyor olabilir. Ona okulun önemini, herkes gibi onun da eğitim almak zorunda olduğunu anlatmanıza rağmen her gün aynı sıkıntılar tekrar ediyor olabilir. Onu gerçekten dinlemeyi seçerseniz durum değişir. Çocuğunuz, "Okulu sevmiyorum, çünkü öğretmen hiç oyun oynatmıyor" diyecektir. "Öğretmenin oyuna zaman ayırmaması seni sıkıyor o zaman" şeklinde onu anladığınızı ifade ederek konuşun. Çocuğunuz konuşmaya devam edecek ve okuldaki sorunlarını tek tek size aktaracaktır.

## Emirlerle Çevrenizdekileri Yok Saymayın Onlara Fırsat Verin

Çocuklarımızı yetiştirirken, sürekli emirler vererek yeteneklerini, tercihlerini yok saymak haksızlık olur. Onlara düşünme ve üretme şansı verin. Her zaman onların yanında olun. Çocuklarımızı kendi başlarına karar verebilecek bireyler olarak yetiştirelim.

Hatalara karşı tepkisel davranmak bize bir kazanç sağlamaz. Uzlaşmacı yaklaşım geliştirmek, beklentilerimizi dile getirirken sözcükleri, doğru yerde, doğru zamanda kullanmak herkes için çok daha faydalı ve doğru seçim.

Unutmayın; başkalarını değil, sadece kendimizi değiştirebiliriz. Ağzımızdan çıkan sözlerin kölesi, çıkmayanların efendisiyiz.

***Sözün özü her durumda aile büyükleri evimizin emniyet sübabı gibidir. Onlar sayesinde mutlu ve kederli zamanlarımızı, kavgalarımızı, tartışmalarımızı daha ölçülü yaşarız. İçinden çıkamadığımız pek çok problemi onlar yılların verdiği görmüş geçirmişlikle bir çırpıda hal yoluna koyarlar.***

# AİLENİN EMNİYET SÜBABI: BÜYÜKLER

GÜLCAN TEZCAN

Nedense televizyon dizilerinde anneanneli, babaanneli, dedeli, torunlu aileleri pek seviyoruz da iş kendi hayatımıza geldi mi büyüklerle bir arada yaşamayı aklımızın ucundan bile geçirmiyoruz. "Hep böyle miydik, sonradan mı bu hale geldik?" diye düşündüğümüzde cevap belli. Modern hayat kendi gereklerini dayattı bize. Eskiden küçük dünyalarımız içinde üretim, tüketim çarkı doğduğumuz yerden, baba ocağından ayrı düşmeye çok da mecbur etmezdi bizi. Babası çiftçi olan bir genç çiftçiliğe, el sanatlarıyla uğraşıyorsa zanaatkârlığa devam ederdi. Evlendiğinde de hem ekonomik hem sosyal sebeplerle ayrı bir eve gidilmez, baba, oğul, amcalar, halalar, teyzeler aynı evde yaşayıp giderlerdi.

## Hayatımız Daraldı, Ruhumuz Darlandı

Tarım toplumundan modern topluma geçildiğinde eğitim ve başka iş alanlarında var olma ihtiyacı kaçınılmaz hal aldı. Kimisi okumak, kimisi de ekmek derdine düşüp iş aramak için gurbete çıkmaya başladı. Bir kez gurbete çıkıldığında da geri dönmek zordu. Herkes ailesini gittiği yerde kurmaya başladı. "Memleketin doğduğun yer değil doyduğun yerdir" kabulü çekirdek aileleri de kaçınılmaz kıldı.

Dolayısıyla da kalabalık aileler giderek azalmaya başladı. Anadolu'da büyük ölçüde devam ettirilse de şehirlerde artık büyük aile yerini çoktan çekirdek aileye bıraktı. Artık neredeyse annesi, babası, dedesi, ninesiyle birlikte oturanlar yadırganır hale geldi. Üstelik modern hayat bizi öylesine bencilleştirdi, öylesine benmerkezci yaptı ki hayatımızda kendimizden başkasına yer yok. Evlendiğimizde de en fazla eşimiz ve çocuklarımıza yer açabiliyoruz bu daracık alanda. Eşimizin ailesi, yakınları ancak bayramdan bayrama görülmesi gerekenler listesinde yer alıyor. Anneler, babalar yalnız başlarına yaşlanırken, gençler tek başlarına stüdyo dairelerde hayat kuruyor.

Aile büyükleri ile aynı evi paylaşmak istemeyenlerin bahanesi ise hep aynı: Büyüklerin yanında rahat edemiyoruz. Ayaklarımızı uzatıp oturamıyoruz. Televizyonda istediğimiz programı izleyemiyoruz, istediğimiz gibi konuşamıyoruz.

## Büyüklerin Yanında Kontrollü Olmak Kötü mü?

Peki büyüklerin olmadığı evlerde, "rahat" mıyız? İstediğimiz gibi davranabildiğimiz, istediğimiz gibi konuşabildiğimiz, "istediklerimiz"in hâkim olduğu evlerde gerçekten mutlu muyuz? Evet belki bir açıdan rahat edebiliriz ama büyüklerin varlığının sağladığı otokontrol ortadan kalktığında hayatımızdaki ölçüler de kaybolur. Söz gelimi maç izleyen bir baba, aile büyükleriyle aynı evde yaşamıyorsa çocuğunun yanında rahatlıkla küfredebilir. Ya da bir kadın evde bir büyük yoksa yapmayı ihmal ettiği bir iş yüzünden kocasına, "Sen ne biçim adamsın?" diye bağırıp çağırabilir. Ama kendi annesi ya da eşinin annesi ya da babasıyla aynı evde yaşıyorsa öfkesini dizginlemek, belki şikâyetini, sıkıntısını biraz daha sakinleşince ve daha yapıcı bir üslupla söylemek durumunda kalabilir.

Sözün özü her durumda aile büyükleri evimizin emniyet sübabı gibidir. Onlar sayesinde mutlu ve kederli zamanlarımızı, kavgalarımızı, tartışmalarımızı daha ölçülü yaşarız. İçinden çıkamadığımız pek çok problemi onlar yılların verdiği görmüş geçirmişlikle bir çırpıda hal yoluna koyarlar. Dikkat ederseniz son yıllarda ailevî problemler, karı koca arasındaki geçimsizlikler ya televizyonlardaki kadın programlarında tartışma malzemesi oluyor ya da aile bireyleri soluğu danışmanlık şirketlerinde alıyor.

## En Geçerli Bilgi: Tecrübe

Ailesinde bir baba, amca, hala, dayı yahut dede yokmuş gibi aile danışmanından medet umuyor insanlar. Elbette psikolojik danışmanlığa ihtiyaç duyulan durumlar da var. Ancak bu konuda hizmet verenlerin aldığı eğitime bakılırsa Batı kaynaklı psikoloji biliminden beslendikleri ve Batılı bir anlayışla bu ülkede yaşayanlara çözümler ürettikleri görülür. Oysa Batı'da "aile"nin yeri, anlamı ve tanımı farklıdır, bizde çok farklı. Kadın ve erkeğe bakış açılarımız da asla Batılılar'ınkine benzemez, ebeveyn ve çocuk ilişkilerinin oturduğu temel de. Bu yüzden ailevî problemlerimiz için bir danışmana gittiğimizde genellikle aradığımız cevabı alamamanın üzüntüsünü duyarız.

Buna karşılık nedense bir aile büyüğümüze ya da aile dostumuza gidip istişare etmek, akıl istemek hiç aklımıza gelmez. Halbuki yaşanmışlıklar her zaman ciddi tecrübeler olarak hafızalara kazınır. İnsanlar hata yapa yapa doğruyu öğrenir. Bu yüzden bizden önceki kuşakların geçtiği yollardan bir kez daha yürümek yerine onların tecrübe ve yol göstermelerinden istifade etmek daha evladır. Üstelik aile büyüklerinin size ayıracağı zaman sınırlı olmadığı gibi size aktardıkları tecrübeler için de maddi bir karşılık beklemezler. İçten bir "Allah razı olsun" demeniz ve mutluluğunuzu onların koruyucu hakemliği altında sürdürmeniz onlara yeter de artar bile...

Peygamber Efendimiz [sallallahu aleyhi vesellem] buyuruyor ki: *"Herhangi bir genç yaşlılığından dolayı bir ihtiyara hürmet ederse, yüce Allah da yaşlandığında ona hürmet edecek kimseler yaratır."*[11]

11 Tirmizî, Birr, 75.

***Kendimize bile itiraf edemesek de çoğumuzun içinde bir korku var: Kocamız hep annesini dinler, karımız tüm aile sırlarımızdan annesini haberdar eder yahut birbirimize olan sevgimize aileler "ortak" çıkar sanıyoruz.***

# EŞLE AİLE ARASINDAKİ DENGE

RÜMEYSA DURAK

Hepimizin hayatından bir kesittir eşimiz ve onun ailesi ile yaşadığımız sorunlar. Yahut eşimiz ile ailemizin arasında kalıp da bin dereden su getirdiğimiz durumlar. Misal bir koltuk almak isteriz evimize, bir de bakarız ki eşimiz aramış annesine soruyor. Bir öfke kabarır hemen içimizde. Sinirden dönmeye başlarız odanın içinde. Halbuki unutmuşuzdur daha bu sabah, kahvaltıdan sonra aramıştık biz de annemizi. "Anne salona bir koltuk alacağız, ne renk olsun sence? Koyu kahve mi yakışır vitrine, yoksa sütlü kahve bir döşeme mi?" diye soruvermiştik fikrini. Ama işte eşimiz aynını yapınca kızıyoruz birdenbire. Yahut annemizle konuşurken eşimiz birden geliveriyor ve başlıyor söylenmeye: "Ne çok konuşuyorsun, bitiremedin konuşacak lafı bir türlü" diye. Halbuki desek ki: "Senin annen ile konuşuyorum." Her dakikayı kâr bilecek belki de. Mutlu olacak onun annesi ile de konuşacak "çok sözümüz" var diye.

## Kaygımız Sevgimize Galip Geliyor

Kendimize bile itiraf edemesek de çoğumuzun içinde bir korku var. Öyle bir korku ki her an eşlerimiz ve ailelerimiz arasında bir sorun çıkacak sanıyoruz. Kocamız hep annesini dinler, karımız tüm aile sırlarımızdan annesini haberdar eder, yahut birbirimize olan sevgimize aileler "ortak" çıkar sanıyoruz. Yani lafın kısası "güvene-miyoruz" birbirimize. Akledemiyoruz çoğu zaman, aile mahremiyeti konusunda eşimizin de bizim kadar hassas olduğunu.

Tam da bu noktada akılsız başımızın cezasını ayaklarımız değil de yüreklerimiz çekiyor işte: Kalbimiz sıkışıyor, ailelere olan sevgi ve saygı, yerini hafiften bir kıskançlığa bırakıyor; kulağımız telefonda, gözümüz de yolda oluyor. Acaba ne konuşulacak, kim gelecek, ne diyecek diye. İş bu aşamaya gelince de zaten, bir bardak su istese yahut, "Oğlum beni eve bırakıver" dese kayınvalidemiz hemen yeni bir mana çıkarıyoruz bu sözün altından. Kendi kendimizi yiyor, evimizin huzurunu kaçırıyoruz.

Bu durum büyükler için de geçerli tabii. Anneler kaygı duyuyor çoğu zaman, "Oğlum bugün yemek yedi mi, karnı doydu mu?" diye. Ya da, "Damat üzdü mü kızımı, iyi bakıyor mu acaba?" diye bir kuşku ile pır pır ediyor yürekler her daim. Yani anne babalar tarafında da durum evlatlarınkinden farklı değil. Varsayım üzerine kaçan huzurlar, hiç var olmayan sebeplerle duyulan kuşkular, yeni "anne baba" yahut yeni "evlat" ile ilgili oluşan bazı sorular. Halbuki gerek yok tüm bunlara. Çünkü eşler de en az anne babaların evlatlarını sevdiği kadar seviyordur birbirini. Ne aç kalır oğlumuz ne de açıkta kalır kızımız. Ne koltuğun rengini söyleyince eşimizin annesi evimizde hükümran olur ne de annemizle telefonda konuşunca sırlarımız ifşa olur. Yeter ki bilelim duracağımız yeri. Yeter ki görelim eşimizin aynı zamanda "evlat", evladımızın da artık "eş" olduğunu. Artık biz olmadan da bir şeyler yapmaya başladığını.

## İlişkilerinizi Doz Aşımına Uğratmayın

Her iki tarafın da yapacağı şey çok açık aslında: Aile mahremiyetine özen göstermek, samimiyetin dozunu belirlemek ve asla saygısızlık etmemek! Bu reçete uygulandığı vakit nice evlilikler kurtulur "dengeyi tutturtamama" illetinden. Bu konunun önemine oldukça sık bir şekilde değinen uzman psikolog Çiğdem Demirsoy da benzer bir reçete sunuyor bize: "Eşler arasında özel bir ilişkinin, mahremiyet alanının olması gerekir. Eşler arasında yaşanan sorunlar iki kişi arasında çözümlenmelidir. Sorun ailelere yansıtıldığında problemler daha da büyüyebilir.

Aynı zamanda her iki tarafın anne babasının da çiftin evliliğine saygı duyması, çocuklarının evlendikten sonra artık kendilerinden ayrı bir yaşam sürmeye başladığını unutmaması gerekir. Verdikleri kararların hatalı olduğunu düşünseler bile onların hata yapmasına, yaşam tecrübelerini artırmalarına fırsat tanımaları gerekir. Tabii ki bazı konularda anne babaların yaşam tecrübeleri çocuklarından fazla olabilir. Gençlerin de onların bu tecrübelerinden faydalanmaları, gerektiğinde anne babaların fikrini almaları hem onları memnun edecektir hem de genç çiftin yaşamını kolaylaştırma gibi bir yardımı olacaktır. Ama başkalarının fikri alınsa da evliliği ilgilendiren kararlar, nihayetinde evli olan çiftin kendi aralarında konuşup uzlaşması ile alınmalıdır. Eşler arasında evliliği ilgilendiren konulardaki kararlarda fikri alınmayan taraf, değer verilmediği, önemsenmediği ve kendi yaşamı üzerinde denetim sahibi olmadığı duygusuna kapılır ki bu da onun ruh sağlığını etkiler, eşine duyduğu sevgi ve güven bağı zedelenir, evlilik zarar görür."

İşin özü; bilmeliyiz ki hayatta hepimizin üzerine biçilmiş roller vardır ve başkasının rolünden replikler çalıp da "bir adım önde" olmak için çalışmaya hiç gerek yoktur. Çünkü bazan önemsemediğimiz ufak detaylar yahut hatalar bile huzurumuzu kaçırmaya yeter. Armudun sapı üzümün çöpü derken ayrıntılarda boğuluveririz. Yuvamızın bereketi, ağzımızın tadı yitip gider de güzel günleri mumla arar hale geliriz.

## Ailesi ile Eşi Arasında Kalanlara

Evli çiftler ve aileleri arasındaki gerilimlerin zamanla iyice tatsızlaştığını ve huzuru kaçırdığını belirten uzman psikolog Çiğdem Demirsoy herhangi bir sorun yaşandığında bunun kesinlikle tek tarafa mal edilmemesi gerektiğinin üzerinde ısrarla duruyor. Problemler karşısında soğukkanlı ve yapıcı davranmanın önemli olduğunu belirten Demirsoy aileler arası yaşanan gerginliğin çözümü için önemli ipuçları veriyor:

"Herhangi bir sorun ile karşılaşıldığında kişilerin hepsine düşen bir sorumluluk vardır. Büyük ya da küçük herkesin duygusal olarak olgun davranmaları gerekir, davranışa geçerken amaç aile içinde bozulan uyumu yeniden yakalamak olmalıdır. Taraflar kendi egolarını öne çıkarmak yerine kendini haklı görse bile gerektiğinde kendi gurundan fedakârlık edebilmeli, hataları varsa bunu kabul edebilme ve gerektiğinde geri adım atma olgunluğu göstermelidirler.

Karşısındakini 'diğer taraf' olarak görmek çatışmaların çözümünü zora sokar, bu bakış açısında sen ben tarzı bir iletişim vardır, empati eksiktir. Çatışmanın çözümlenebilmesi için soruna ve kişilere karşı objektif bir bakış açısı geliştirmek gerekir. Objektif bakabilmek demek kendi duygularının farkında olmayı ve üstesinden gelmeyi gerektirir. Bu gibi çatışmalarda kırgınlık, üzüntü, kızgınlık, öfke, vb. olumsuz duygular ister istemez yaşanır. Duygunun sorumluluğunu karşı tarafa yüklemek ve yeniden yakınlaşmak için karşının bir şeyler yapmasını beklemek de gerilimi artırır. Dayatmacı yaklaşımlardan kaçınmak ve haklı taraf bile olsanız çatışmanın ortadan kalkması için sorumluluk alarak bir şeyler yapmak gerekir. Şunu unutmamak gerekir ki yaşam devam etmektedir, bir olay nedeniyle aile hayatının geri kalanının sıkıntılı devam etmesine lüzum yoktur.

Erkeğin ya da kadının eşi ve ailesi arasında kalması durumunda yapması gereken iki taraftan birinin yanında olmak değildir. Kişi kendi tarafında durmalı ve her iki tarafa da eşit şekilde sorumluluk yüklemelidir. Unutmamak gerekir ki bir erkek / kadın eşine, evliliğine ne kadar sahip çıkıyorsa ailesi de onu o ölçüde kabul edecektir. Yine eşine sevgi, saygı ve bağlılık gösteriyor ona değer veriyorsa eşi de onun ailesine o ölçüde kabul gösterecektir."

***Farklı kültürden evliliklerde "karşısındakini değiştirme düşüncesi" en çok yapılan yanlışlardandır.***

# BİZ AYRI DÜNYALARIN İNSANIYIZ

AYZIT ULUAT

Evlilikte kültür farklılığı başta kolay aşılabilir gibi görünse de aslında kişilerin yediği yemeklerden giyindikleri giysilere, kullandıkları sözcüklere kadar her şeyi etkilediğinden hiç tahmin edilmeyecek yerlerde eşlerin karşısına sorun olarak çıkabiliyor. Farklı kültürlerde yetişen çiftler gördükleri aynı olaylara farklı tepkiler verebiliyor. Mesela biri yaşanılan olayı olağan bulurken diğeri çok garipseyebilir, birine komik gelen diğerini sinirlendirebilir. Böylesi durumlarda eşlerin karşısındakini onun gerçekliği içinde, yetiştiği şartları göz önünde bulundurarak değerlendirmesi ve kendisine garip gelen davranış ve tutumları uygun bir dille ifade etmesi ortak noktayı bulmak adına hayli önemli bir adım. Aksi halde detaylarda yaşanan fikir ayrılıkları büyüyerek evliliği tehdit edecek düzeye erişebiliyor. Bu nedenle evlenmeye karar vermiş, farklı kültürlerden gelen gençlerin eş adaylarıyla aralarındaki kültür farkını akıllarından çıkarmadan hareket etmeleri gerekiyor.

## Gençlerden Çok Aileler Önemsiyor

Gençler arasında ilk etapta kültür farkının çok fazla öne çıkmıyor çünkü karşıdaki kişinin özellikleri zaman içinde, tanıdıkça ve bilgi aldıkça öğreniliyor. Eş adayları birbirlerinin çocukluktan bugüne kadar gelen süreçte yaşam şekillerini ve beklentilerini konuşarak farkediyorlar. Gençler arasında bazan bu durumlar sorun olmazken bazan sorun olabiliyor. Ama sorun olduğunda da gençler çabuk çözüm üretip olayları tolere edebiliyorlar. Aileler ise bu konuda daha tutucu. Geleneksel yapıdan kaynaklanan alışkanlıklarını aynı şekilde gençlerden de bekliyorlar. Kızlarının / oğullarının evleneceği kişinin kökenini onlardan çok önemseyen aileler radikal kararlar alarak çocuklarının kendi kültürlerine uygun birini bulmalarını bile isteyebiliyorlar. Gençler direnç gösterip istediği kişiyle evlendiğinde ise aile içinde büyük problemler yaşanabiliyor. Bu da haliyle yeni kurulan yuvayı mutsuz ediyor.

## Gençler Güçlü, Aileler Anlayışlı Olmalı

Evliliklerde en önemli şeylerden biri gençlerin birbirlerini kabul etmiş olmasıdır. Büyüyüp bir yuva kurmaya karar vermiş gençler ailelerinden bu konuda destek ve anlayış beklerler. Anlayış göremedikleri zaman hayal kırıklığı yaşayabilirler. Böylesi durumlarda gençlerin güçlü olması gerekiyor. Ailelerin ise anlayışlı olması ve kültür farkına değil, temel dinî ve insanî değerlere önem vermesi gerekiyor. Çocuğunun evleneceği kişinin memleketi yahut ırkı yerine iyi huylu, ahlâklı, sorumluluk sahibi, anlayışlı, merhametli biri olup olmadığını sorgulaması gerekiyor. Zira kültürel normlardaki farklılıklar istenirse pekâlâ idare edilebilir. Gençlerin hoşgörülü davranmaları, kişiliklerini olduğu gibi kabul etmeleri, empati yapabilmeleri, aralarında güçlü bir iletişim kurabilmeleri en önemlisi birbirlerini sevmesi ve her şeye rağmen birbirlerine sahip çıkmayı başarabilmeleri tüm farklılıklara rağmen bir yuvayı mutlu biçimde devam ettirmelerine yeter.

## Karşınızdakini Olduğu Gibi Kabul Edin

Farklı kültürden evliliklerde "karşısındakini değiştirme düşüncesi" en çok yapılan yanlışlardandır. Çünkü tek taraflı bir biçimde karşımızdakinin değişmesini istemek, bize göre şekil almasını beklemek neredeyse imkânsızdır. Sonuçta bizim kendimize göre doğrularımız varsa onun da doğruları vardır. Bunun yerine eşimizi olduğu gibi kabul edip, "O böyle ve ben onu böyle kabullenmeliyim" demek en doğrusudur. Yahut da bizi çok rahatsız eden durumlarda uygun bir dille daha hassas davranmasını istemek çözüm odaklı bir yaklaşım olur.

Ayrıca kültür farkından kaynaklanan tüm problemler bir anda çözülmeye çalışılmamalı. Bunu bir anda halletmeye çalışmak eşleri yorabilir. Bu yüzden çiftler birbirlerine zaman tanımalı. Kaldı ki eşler aynı kültürden bile olsalar ancak zamanla birbirlerini daha iyi tanıyarak daha uygun davranışlarda bulunabilirler.

Son olarak unutulmamalı ki her farklılık illa kaosa neden olacak diye bir kural yok. "Kültür çatışmasını kültür uyumuna" çevirebildikten sonra o farklılıkların hayatımızı nasıl renklendirdiklerini görmek çok da zor olamayacaktır.

# EVLİLİĞİN ÇEVRE ile İMTİHANI

Dördüncü • Bölüm

***Aile içinden ya da dışından evliliğimizle, eşimizle ilgili ya da yuvamıza yönelik söylenen sözler, yapılan telkin ve yönlendirmeleri ihtiyat ve temkinle karşılamalıyız. Kimse eşler kadar yakın olamaz. Aralarındaki olası problemleri çözme inisiyatifi kendilerine aittir, başkasına değil.***

# EVLİLİĞİMİZE YÖN HATTA SON VERİLİYOR

ÖZLEM ŞAHİN EKİNCİ

Evlilik genellikle çocukluk ve ilk gençlik çağları geçince başlayan evredir hayatımızda. Her anlamda belirli bir olgunluk ve ergenliğe ulaştıktan sonra evleniriz. Sadece bu zamanlama zorunluluğu bile evliliğin çok boyutluluğunu ve kişilerden beklediği sorumlulukların çokluğunu gösterir. Bir yuva kurmak ve onun devamlılığını sağlamak sanıldığı gibi kolay değildir. Ancak evli olanlar, tam olarak bunun ne demek olduğunu anlarlar.

Evlilik insanî bir olgudur. Her şeyin çift olarak yaratıldığını görüyoruz hayatta. Tek ve eşsiz olan sadece yaratandır. Evlilik, insana fıtrî ve doğal bir ortam sağlar her şeyden önce. Onu yalnızlıktan ve yarımlıktan kurtarır. Benlikten bizliğe ulaştırarak çoğaltır ruhsal olarak. Bu noktadan bakıldığında, iki kişinin arasındaki çok özel ve şahsî bir bağdır evlilik. Daha çok bu özelliğinden kaynaklanır özerkliği. Evliliğin devamı, eşler arasındaki bu çok özel bağın sağlamlığına dayanır. Bu bağ güçlü durdukça, farklı unsurlar ya da sebepler evliliğe zarar veremez. Problemler, ya bu bağın kopması ya da zayıflaması sebebiyle baş gösterir. Bağı güçlendirerek evliliği sağlamlaştırmak ise sevgi, saygı ve diğerinin haklarına riayetle mümkündür.

## Evlilik Dinî ve Millîdir

Din ve gelenek, evliliği olumlar ve onu sarmalayan bir çerçeve sunar. Evli bir çiftin birbirleri, aileleri ve sosyal çevreleriyle münasebetlerinin niteliği ve biçimi din tarafından vazedilmiş, geleneğimiz tarafından da kabul görmüştür. "Türk aile yapısı" dendiğinde bahsedilen öz budur. Din en iyiyi ve en güzeli, uygulandığı oranda insana sağlar. Genelde kötülük ve çirkinlikler, dini hayatımızdan uzaklaştırdığımızda baş gösterir. Evlilik için de din, temel gibidir. Zeminin tamlığı ve sağlamlığı, yapıyı ayakta tutar.

Türkiye'de sosyal ve bireysel tüm aşınmalara rağmen, aile yapımızın hâlâ çok sağlam durmasını bu bağlamda değerlendirmek gerekir. Dinî ve millî değerlerimiz sayesinde toplumun çekirdeği olan aile ve onun sağlayıcısı olan evlilik kurumu ayakta durmaktadır. Halbuki dinin referans alınmadığı Batı'da, aile ve evlilik çoktan sarsılmış ve yok olmaya doğru hızla yol almış bulunmaktadır.

## Problemler Dış Kaynaklı Olabilir

Ne var ki hiçbir şey dört dörtlük yürümez hayatta. Bu, ülkemizdeki aileler ve evlilikler için de geçerlidir. Çağdaş yaşam tarzları, bireyselliğin ön plana çıkması, kariyer kaygısı başta olmak üzere günümüzde hayata bakış açısındaki değişimler, beraberinde ya hiç evlenmemeyi ya da evliliklerin boşanmayla sonuçlanmasını getirmiştir. Ancak evli çiftler arasındaki problemlerin büyük çoğunluğunun dış kaynaklı olması dikkat çekicidir burada. Çiftlerin aileleri, akrabaları ya da sosyal çevrelerinin evlilik ve yuva üzerindeki etkileri oldukça fazladır bizde. Bu anlamda evliliklerimize dışarıdan çok kolay yön, hatta son verilebilmektedir.

Aile içinden ya da dışından evliliğimizle, eşimizle ilgili ya da yuvamıza yönelik söylenen sözler, yapılan telkin ve yönlendirmeleri ihtiyat ve temkinle karşılamalıyız. Kimse eşler kadar yakın olamaz. Aralarındaki olası problemleri çözme inisiyatifi kendilerine aittir, başkasına değil. Kimse bu mahrem alana gözünü dikmemeli, burnunu sokmamalıdır. Böyle bir durumla karşılaşıldığında eşlere düşen önce birbirlerini dinlemek ve önemsemek olmalıdır. Eşler arasında iletişimin güçlü ve yoğun olması, dışarıdan müdahaleleri etkisizleştirecek ve zamanla yok edecektir.

## İstişare Sünnettir Ama ...

Aile içinde yaşadığımız sorunları başka biriyle paylaşmak, insanî bir durumdur. Özellikle hanımlar, eşleriyle ilgili şikâyetlerini yakın çevreleriyle paylaşırlar. Kendi sorunlarımıza duygusal yaklaştığımız için danıştığımız kişi, kör noktayı görmemizi sağlayabilir. Fakat burada görüşlerine başvurduğumuz kişinin kim olduğu, nasıl biri olduğu büyük bir öneme sahiptir. Bizi nefsî saptamalarla yanlışa sürükleyebilir; ya da evliliğimizi sağlıklı bir şekilde değerlendirmemize katkı sağlayabilir. Çünkü başkalarının etkisi altında kalmak herkes için olası bir durumdur. Bu gibi durumlarda kafamızın iyice karışmaması için, kendi hayat görüşümüze yakın olan profesyonel bir danışmandan yardım almak en doğru yaklaşım olacaktır.

## Her Zaman Biz Bizeyiz

Her ailede zaman zaman sorunlar yaşanabilir. Bu dönemlerde birbirimizi anlamaktan uzaklaşırız. Kimi zaman ekonomik zorluklar çekeriz, birbirimize tahammül edemeyiz. Kimi zaman çocuklarla ilgili kararlar verirken birbirimizle çekişiriz. Gerçek olan şudur ki neyle mücadele ediyor olursak olalım, tüm sıkıntıları birlikte göğüsleriz. En yakınlarımız dahi, isteseler bile bize bizim kadar yardımcı olamazlar. Çünkü bu hayat bizimdir, her türlü keşmekeşi birlikte atlatırız.

## "Her İlişki Biriciktir"

Evliliklerde gelin/damat kaynana çatışması, neredeyse kaçınılmaz gibi. Gelinini sevmeyen kayınvalide, sözleriyle ya da davranışlarıyla oğlunu etkileyebiliyor. Bazı erkekler bu etki altında kalıp karısına düşman kesiliyor, zulüm ediyor. Aile içinde huzursuzluk yaşanıyor. Zamanla eşler birbirinden soğuyor ve evlilikler hüsranla sonuçlanıyor.

Burada asıl problem, paylaşamamaktan ve empati yokluğundan kaynaklanıyor genelde. Çünkü her ilişki biriciktir ve herkes diğerinde, ancak sadece kendisinin doldurabileceği boşluğu doldurur. Yani kişi hem annesine hem de eşine ihtiyaç duyar ve bu ihtiyaçlar birbirinden farklıdır. Kimse bir diğeri olamayacağına ve böyle bir tehlike olmadığına göre burada yarışa hiç gerek yoktur aslında. Aile olabilmek için fertlerin varlığını kabul ve hukuklarına riayet etmek gerekir her şeyden önce. Çünkü aile fertlerden oluşur. Ötekini aileden kabul edip dışlamamak, bu meşhur ve yaygın çatışmayı büyük oranda çözecektir.

## Kıyaslamayın

Evlilikler için diğer bir tehlike, etraftakilerle ya da medyada gösterilenlerle kıyaslanması ve çiftlerin öyle olmaları için baskı görmeleridir. Bir film ya da program izlerken eşlerden biri diğerine sıklıkla döner ve, "Sen beni, şunun onu sevdiği gibi sevmiyorsun" der. Sen bana böyle bakmıyorsun, şöyle davranmıyorsun diye serzenişte bulunabilir. Bunlar görünüşte naif gibi görünse de şuur altı etki ve tepkilerden dolayı uzun vadede yıpratıcıdır. Medyanın parıltılı ama suni yaşam biçimleri, ilişki ve iletişim tarzları; üzerimizde çok fazla etkili olmakta ve eşimizden ve evliliğimizden beklentilerimizi artırmaktadır. Dile getirilsin ya da getirilmesin bu beklentiler karşılanmadığında, zaman içerisinde eşimizle ilişkimiz bundan olumsuz etkilenmekte ve evliliğimiz yıpranmaktadır.

Başkalarıyla kıyas edilirken unutulmaması gereken, herkesin kendine özgü bir hayat hikâyesi ve şartları içerisinde yaşadığıdır. Medya ile etkileşim halindeyken de bir kurgu ile karşı karşıya olduğumuzun bilincinde olmak, olası zararları önleyecektir. Kendimize tarihten ya da çevremizden örnek ve model olarak alacağımız evlilikler elbette olacaktır, olmalıdır da. Bunun, dışarıdan baskı ve telkinlerle değil de özgür seçim ve kişisel inisiyatifle olması sağlıklıdır.

Çevremizde eşimizi başkalarıyla kıyaslayan, bize karşı kötüleyen yakınlarımız olabilir. Bu kıyaslamalar eşimizin fiziksel özelliklerinden tutun da maddi durumuna kadar varabilir. Bunların etkisinde kaldığımızda, eşimize karşı duygularımız hatta davranışlarımız değişebilir. Böyle durumlarda eşimizin olumlu yönlerine bakmalıyız.

Çünkü hiç kimse her yönüyle iyi, ya da her yönüyle kötü olamaz. Fizikî olarak çok daha iyi olan biriyle evli olup sadakatinden emin olmayabilirdik. Maddi imkanlarla donatılmış bir hayatın içinde, kendimizi bir süs bitkisi gibi hissedebilirdik. Hayatımızda hiç kimsenin ya da hiçbir şeyin dört dörtlük olmasını bekleyemeyiz. Kendi kusurlarımız gibi eşimizin kusurlarını da hoşgörüyle karşılamayı bilmeliyiz.

### Danışılan Kişi Biz Olabiliriz

Yakın bir arkadaşımız, eşiyle yaşadığı sorunları bizimle paylaşabilir. Görüşlerine başvurulan kişi biz olduğumuzda, yorumlarımızda çok hassas davranmalıyız. Objektif bir bakış açısıyla, eşlerin sorunu görmelerine yardımcı olmalıyız. Eşleri birbirine yakınlaştıracak bir üslupla konuşmak, herkes için en iyisi olacaktır. Arkadaşımıza, eşinin olumlu özelliklerini hatırlatabiliriz. Kendi evliliğimizden örnekler vererek, sorunları nasıl çözdüğümüzü anlatabiliriz. Fakat eşinden şikâyeti olan birine, kendi eşimizden övgüyle söz etmek yaraya tuz basmak gibidir.

Eşler arasındaki münasebeti bozmaya yönelik her türlü fiil ve söz, dinimizce yasaklanmış, geleneğimizce ayıplanmıştır. Bu münasebeti iyileştirici her girişim de hoş görülmüştür. Öyle ki yalanın meşru görüldüğü üç yerden biridir burası.

***Evliliğimiz hakkında yapılan her yorumdan etkileniyorsak, önce kişiliğimizin, sonra eşimizle ilişkimizin oturup oturmadığına bakmamız gerekir.***

# EVLİLİĞİNİZİ ZARARLI DIŞ SESLERDEN KORUYUN

CEYDA ARIN

Aile, akraba, arkadaş, komşu vb. kişiler, kimi zaman evliliğimizin iç dengesine bilerek ya da bilmeyerek zarar veren tipik etki kaynakları olarak görev yapabiliyorlar. Üçüncü şahıslar, bizim evliliğimizde kendilerine göre eksik veya yanlış olan bazı yönler gözlemleyebiliyor. Bu durumu bize aksettirdiklerinde, istemeden de olsa bu yorumlardan etkilenip, aile huzurumuzun bozulmasına sebep olabiliyoruz. Doğal olarak eşimiz de, "Aramızda böyle bir sorun yoktu, nereden çıktı şimdi bu?" diye sormaktan kendini alamıyor.

## Her Evlilik Biriciktir

Misal, bir arkadaşımız her fırsatta evlilik hayatından bahsetmekten mutluluk duyuyor ve biz de tabir câizse ağzımız açık dinliyoruz onu. Eşinin özel günleri asla unutmadığını, mutlaka değerli bir hediye ile kendisini kutladığını anlatıyor övünerek. Eşimizin bu tür noktalarda pek de hassas olmadığını belirttiğimizde, şaşkın bir ifade ile, "Aman Allahım, buna nasıl göz yumuyorsun; böyle şeylerin ihmal edilmesi affedilemez!" diye olumsuz yorumunu açık ve net ortaya koyabiliyor. Biz de hemen akabinde, evlendiğimizden beri kutlanmamış gün gece, neyimiz varsa hepsinin acısını çıkartırcasına iğneleyici sözlerle incitebiliyoruz eşimizi. Komşunun tavuğu kaz görünür sözünce gıpta edip duruyoruz bu evliliğe. Oysa bir çift tarafından uyumla sürdürülen bir ilişki formatının, başka bir çift için geçerli ve tatmin edici olmayabileceğini unutuyoruz.

Aile ve çift terapisti psikolog Ayşenur Bayraktar, "Evlilikte başkaları tarafından eleştiri ve yargılamalarla kuşatılmış durumda olabiliriz. Bir başkasının evliliği ya da eşiyle ilgili bir yorum yapıldığında bu konuşmanın nerelere gideceği kestirilemeyebilir. Bazan evli kişiler çok mahrem sırlarını dahi çevreleriyle safiyane bir şekilde paylaşabilmektedir. Bu da karşı tarafın gıpta etmesine ve eşler arasında huzursuzluğa sebep olabiliyor. Sıradan bir konuşma esnasında bile paylaşılanların farklı algılanarak istemediğimiz şekillere dönüşebilmesi de muhtemeldir. Çiftlerin evlilikleri hakkında yorum yapıp, ilişkilerine müdahil olmaya çalışmak sağlıklı bir iletişim yolu değildir" diyerek, bu durumun çiftlerin özel dünyalarının kapılarını aralamaya eşdeğer olduğunun altını çiziyor.

## Aile Büyüklerinin Evliliğe Müdahalesi

Çoğu anne baba, gelin ya da damatlarına karşı son derece anlayışlı, ideal birer kayınvalide ve kayınpeder olmayı ümit ederler. Dışarıdan gözlemleyici olup, yalnızca ihtiyaç duyulduğunda, yıkıcı değil, yapıcı bir tavır takınarak evlatlarına destek vermeyi arzularlar. Fakat zamanı gelip de kuş yuvadan uçtuğunda, kendilerini terkedilmiş, ikinci plana itilmiş hissederler. Aileler, fıtratları gereği sahip oldukları koruyup kollayıcı, yönlendirici rollerinden sıyrılmakta güçlük çekebilirler. Çiçeği burnunda aileyi tecrübelerinden faydalandırıp bir yandan da içten içe iç işlerine karışma ihtiyacı duyarlar. Bunun yanı sıra, ekonomik yönden evli çifte yardım edilmesi; evde yaşanan sıkıntıların aktarılıp her şeyden ailenin haberdar edilmesi gibi durumlar, onların bu evliliğe günbegün daha müdahil hale gelmelerine imkân sağlar.

Üsküdar Üniversitesi Feneryolu Polikliniği Uzman Klinik Psikoloğu Çiğdem Demirsoy, toplumumuzda evliliğin sosyal sınırlarını oluşturma konusunun, yani üçüncü kişilerle, özellikle de aile ve akrabalarla ilgili sorunların en sık yaşanan evlilik problemi olduğunu belirtiyor ve ekliyor: "Çünkü bireyselliği değil, bağlılığı önemseyen bir kültür yapımız var. Bizim toplumumuzda çoğunlukla aileden bağımsız ayrı bir birey olma evlilikle başlıyor ve hatta evlilikten sonra bile tam olarak bu ayrılma gerçekleşmiyor. Aileler çocuklarının artık bir yetişkin olduğunu, ayrı bir hayatı ve sınırlarına saygı duyulması gereken bir evliliği olduğunu kabullenmekte zorlanıyor ve onların kararlarında söz sahibi olmak istiyorlar. Ya da evlenen genç, ailesinden ayrı bir birey olarak kendini var edemiyor ve eşinden çok ailesi ile bağını sürdürüyor. Bu durumda evliliğin sınırları ile köken ailenin sınırları birbirine karışıp çatışmalar yaşanması kaçınılmazdır. Bireyin bir bağımlılıktan başka bir bağımlılığa geçmesi değildir evlilik. Birey olarak kendi bağımsızlığını, kişilik sınırlarını oluşturamamış bir insanın, sağlıklı sınırları olan beraberlikler kurabilmesi mümkün olamaz."

## "Neredeyse Eşimden Ayrılmamı İsteyeceklerdi"

Büyük bir fedakârlık ve vefa örneği göstererek, rahatsızlığından dolayı uzun bir süre tedavi görmesi gereken eşinin bakımını üstlenen İhsan Bey, bu zamanda maruz kaldığı sıkıntıyı şöyle anlatıyor: "Elbette ki bu rahatsızlık müddetince eşimden herhangi bir iş beklemem acımasızlık olurdu, bu yüzden çocukların da yardımıyla ev işlerini de idare etmeye çalışıyordum. Bu dönemde tüm sorumluluğu tek başına yüklenmiş olmamdan dolayı halime üzülen annem ve kız kardeşim öyle telkinlerde bulunuyorlardı ki sözlerine biraz kulak kabartacak olsam evliliğimin tehlikeye gireceğinden korkuyordum. Eşimin hastalığı ciddiye alınmıyor, sadece benim içinde bulunduğum durum dikkate alınıyordu. 'Ne zamana kadar sürecek böyle; ömür boyu hasta mı bakacaksın; şu düştüğün duruma bak!' Öyle rahatsız edici boyuttaydı ki bu konuşmalar, neredeyse çok yakında eşimden ayrılıp daha sağlıklı bir eşle evlenmemi tavsiye edeceklerini düşünmeye başlamıştım. Fakat hassas yapımdan dolayı, ters bir cevap vererek onları kırmaktan çekiniyor ve sessiz kalıyordum. Oysa bir gün ben de benzer bir hale düşebilirdim ve böyle bir durumda hanımım benim bakımımı üstlenseydi, ona minnettar kalırlardı. Çok şükür, eşimin rahatsızlığı beklediğimizden kolay atlatıldı ve sağlığına kavuştu da çok geçmeden onların bu müdahalelerinden kurtuldum."

Beş senelik evli olan Nihal Hanım ilk doğumunu yaptığında, kendi evlerine yakın ikamet eden annesinden yeni doğan bebeğinin bakımı için yardım almış. Bir zaman sonra annesi, damadı Umut Bey'i bebekle yeteri kadar ilgilenmemek, bakımına yardımcı olmamakla ve eşine destek vermemekle gıyabında eleştirmeye başlamış. Annesi, bebeğin dedesinin bile babası olan Umut Bey'den daha fazla özveri gösterdiğini söyleyip, kızına şikâyetini dile getirdiğinde, bu sözlerden olumsuz anlamda etkilenen Nihal Hanım, ilk başta eşiyle büyük bir çatışma yaşamış. Fakat daha sonra empati kurmaya çabaladığında, eşinin yoğun çalışma şartlarına rağmen yine de elinden geleni fazlasıyla yaptığını farketmiş. Öyle ki bir gece Umut Bey'in bebeği kucağında gezdirerek uyutmaya çalışırken, yorgunluktan sendeleyip bebekle birlikte kanepeye yuvarlandığına şahit olunca, eşine karşı daha hoşgörülü davranmaya karar vermiş.

## Evliliğimizle İlgili Yorumlardan Neden Etkileniyoruz?

Uzman psikolog Çiğdem Demirsoy, insanların güven duydukları, bağlı hissettikleri kişilerin söz ve yorumlarından etkilendiklerini belirtiyor. Sosyal kabulü hissetmenin, ait olmanın insanın üst düzeydeki ihtiyaçlarından olduğunun da altını çiziyor ve şöyle devam ediyor: "Bağlı olduğumuz kişilerden veya ait olduğumuz sosyal gruptan gelebilecek eleştiriler veya onların kabulünü kaybetmek fikri sıkıntı yaratan bir durumdur ve kişi yeterince güçlü değilse bunlar karşısında direnemez, uyma eğilimi gösterir. Eğer evlilik ilişkisinde eşler arasında bu ihtiyaçlar yeterince karşılanıyorsa, eşler birbirine sevgi, saygı ve güven ile bağlanmış ve ortak değerler oluşturabilmişlerse başkalarından etkilenme ihtimali daha azdır; çünkü sosyal baskılara karşı ilişkilerinden güç alırlar. Bununla birlikte, bağımsız hareket edemeyen, başkalarının kendisi ile ilgili düşüncelerine ve değerlendirmelerine aşırı önem veren, kaybetme korkusu olan, özgüveni düşük kişiler çevrelerinden daha fazla etkilenirler. Evlilikte de kendi ikili ilişkisinin sınırlarını oluşturamamış, birbirlerine sevgi ve bağlığı zayıf olan, birbirine güvenmek ve inanmak yerine başkalarının düşüncelerini, istek ve beklentilerini ön plana alan çiftlerin ilişkisi dış etkilere daha açıktır."

Sekiz senelik evli olan Salih Bey, eşi hakkında ne söylerse söylesin üçüncü kişilerin sözlerinden etkilenmeyeceğini belirtiyor. Zira evlenmek gibi ciddi bir karar alırken, eşini, tüm özelliklerini gözden geçirerek ve her haliyle kabul edip seçtiğini söylüyor ve ekliyor: "Eşim benim istediğim gibi biri olduğu için onunla evlendim, eksikliği olduğunu düşünseydim veya daha fazlasını arasaydım evlenmezdim. O yüzden kim ne yorum yaparsa yapsın, asla dinlemem ve dikkate almam. Bu hassasiyetimi bildikleri için de ilk günden beri, kimse bana eşim ve evliliğim hakkında laf söylemeye yeltenememiştir."

## İlişkimizi Güçlendirip "Biz" Olmayı Öncelemeliyiz

Bazı evlilikler ufak bir huzursuzluk rüzgârıyla bile sarsılabilecek niteliktedir. Zira eşler arasında bir uyum ve bütünlük inşa edilememiştir. İlişkide sevgi ve saygı ile donanımlı bir iletişim dili henüz keşfedilememişse yahut yitirilmişse bir yerlerde ve eşler birbirlerinden uzaklaşmışsa; pek tabii üçüncü kişilerle yakınlaşılması kolaylaşır. Psikolog Ayşenur Bayraktar bu durumu, "Çiftler, problemlerin kısır döngüsünde kaldıklarında, etrafı da bulanık görmeye başlayabiliyorlar ve bu durum kendilerini içten içe tüketen bir sisteme yol açıyor. Çiftler arasında zaten bir sorun varsa ve yapı taşları yerlerine yerleşmemişse, etraftan gelen yorumlar ve çözülemeyen problemlerle birlikte, ilişkileri gittikçe zayıf ve savunmasız hale gelebiliyor. Dışarıdan gelen yorumlar, aynen açık bir yaraya müdahale etmek gibi bir etki ile belki de iyileşmeye yüz tutacak olan yaranın iyileşme sürecini oldukça uzatabiliyor. Sonrasında mutsuzluk, ümitsizlik etraflarını kuşatabiliyor. Sağlıksız bir yapılanmada nasıl sağlıklı bir ilişki kurulabilir ki?" diye yorumluyor.

İlişkimizi darbe almaktan sakındırmak için evliliğimize müdahil olma çabalarına kulaklarımızı tıkayabiliriz. Belirli bir strateji yürüterek net ve ciddi bir duruş sergileyebildiğimiz müddetçe, bu tür zihin bulandırıcı yönlendirmelerden evliliğimizi koruyabiliriz. Aile mahremiyet sınırlarını kontrol altında, aradaki samimiyeti de dengede tutan bir tutum içerisinde bulunursak, diğer kişiler sübjektif atılımlarla ilişkimize müdahale edemez. Evliliğimizle ilgili yorum yapılacağını hissettiğimizde, ilişkimizin bize özel olduğunu söz ve tavırlarımızla hissettirmeye çalışabiliriz. Kararlı ve incitmeyecek bir ses tonuyla fikirlerimizi ifade edip bu konuda ağırlığımızı koymaktan çekinmemeliyiz. Biz dış etkenlere karşı savunmasız durduğumuz müddetçe, her kafadan bir ses çıkması kaçınılmazlaşır. Elbette ki diğer insanların tecrübelerinden faydalanabiliriz, fakat bu yorumlar tecrübe ve yapıcı öneriler değil de sadece aile düzenine müdahil olmaya yönelikse risk olarak görülmelidir. Olası durumlarda da basiretli davranmak ve eşimize her şeyi aksettirmeyip denge unsuru olarak rol almak, eş olarak bize düşen en yerinde görev olsa gerek.

## Dış Çevreye Pencerelerimizi Tamamen Kapatamayız

Uzman Psikolog Çiğdem Demirsoy

"Biz" olmaya çalışırken çiftin kendilerini tümüyle dış yaşama kapatmaları da doğru değildir. Sadece iki kişilik bir dünya oluşturup, çevre ile teması kesmek sağlıksız bir durumdur. Böyle bir durumda ilişki durağanlaşır; bağlılık bağımlılığa döner; bu tarz bir ilişkinin içinde kişiler kendini tekrarlamaya başlar. Kişisel gelişimlerinin de önünü tıkayan bir durum ortaya çıkabilir. İnsan kendi yaşamına her zaman objektif bakamayabilir, çiftin kendi ilişkisinde olup bitene dair bir gözlem veya yaşamları ile ilgili bir öneri bazan yol gösterici olabilir. Çevreden gelen yorum ve müdahaleler olduğunda, bunu yapan kişilerin evliliğin yanında olup olmadığına, eşlerin ilişkisinin sınırlarına saygı gösterip göstermediğine bakmak gerekir. Çevredekiler kendi doğrularını, istek ve beklentilerini mi dayatıyor ya da kendisi için mi bir şey istemekte, yoksa evliliğe katkı sağlamaya mı çalışıyor, buna dikkat edilmelidir."

### Müdahalelerden Nasıl Korunacağız?

Alt metni, "Benim eşim hepinizin eşinden iyidir" olan anekdotlara şüpheyle yaklaşın. Bu gereksiz övünmeler genelde karşıdakini ezmek için yapılır.

Eşinizi asla başkalarıyla kıyaslamayın. Hem siz hem eşiniz bambaşka insanlarsınız ve unutmayın kusursuz kimse olmadığı gibi kusursuz evlilik de yoktur.

Eşinizle ilgili eleştiriler kafanızı karıştırıyorsa aklıselim bir şekilde bu konuyu kendi içinizde yeniden değerlendirin. Eleştirilen konu gerçekten sizi rahatsız ediyor mu? Yoksa çevre baskısının etkisinde mi kalıyorsunuz?

Hak verdiğiniz eleştirileri eşinizle uygun bir dille konuşun. Ancak derdinizi başkalarının yorumları üzerinden değil, kendi hisleriniz üzerinden anlatın.

***Büyüklerimizin dediği gibi "evlilik kapalı bir kutudur" ve öyle kaldığı müddetçe içindeki güzellikler değerli olacaktır.***

# EVLİLİĞİNİZ HAKKINDA KONUŞURKEN SINIRINIZ OLSUN

RÜMEYSA DURAK

Görmüş, geçirmiş; tecrübeleri ile hayat okulunu bitirmiş büyüklerimiz, "Evlilik kapalı bir kutudur" derlerdi eskiden. Altında pek çok anlam barındıran bu söz; yeni evleneceklere karşılarındakinin huyunu suyunu hemen öğrenemeyeceklerini anlatırken, evliliğin mahremiyetine de dikkat çekerdi şüphesiz. En çok da bayanlara hitaben söylerlerdi bu cümleyi ki yaşanılanı paylaşmaya temayülü, erkeklerden daha fazla olan hanımlar, mutluluğu da hüznü de yuvalarının içinde bıraksın; eşe, dosta, konuya komşuya evliliğini anlatmasın. Fakat gün oldu, devran döndü... Ne eskisi gibi "kapalı kutu" evlilikler ne de yuvanın içinde yaşananı "sır" addeden eşler var şimdi. İşin ilginci erkekler de en az hanımlar kadar çok anlatır oldu evliliklerini, evde yaşadıkları iyi kötü günleri.

## Neden Evliliğimizde Olup Biteni Anlatırız?

Evlilik hayatını anlatma isteğinin insanın konuşma ihtiyacı ile bağıntılı olduğunu belirten psikolojik danışman Hacer Gül, bu ihtiyaca binaen bazı eşlerin her yaşananı anlattığına vurgu yapıyor ve ekliyor: "İnsanların sosyal olması, topluluk halinde yaşaması konuşma ihtiyacı duymalarını sağlar. Konuşma ihtiyacı insanların birbirine ne kadar ihtiyacı olduğunu, karşılıklı iletişimin ne kadar vazgeçilmez olduğunu gösteren bir olgudur. Bu sebeplerle sadece bayanlar değil erkekler de yaşanılanları anlatırlar. Böyle yapmalarının öncelikli sebebi ise haklı olduklarını duymak yahut o anki öfkelerini dışa vurarak içlerinde coşan duygu yoğunluğundan kurtulmaktır."

## Sınırsızca Anlatarak "Sınırsız" Kalıyoruz

Evlilikte mahremiyet kavramının anlamını yitirdiği şu günlerde farkına vararak ya da varmadan sürekli olarak eşimizi, yaşadıklarımızı, evimizin içini anlatır olduk. Bunu bilinçli olarak yapıyorsak kendimize "dur" dediğimiz bir yer de olabiliyor muhakkak. Fakat ya bilinçsiz olarak anlatıyorsak? Ya farkına varmadan tüm mahremimizi ortaya seriyorsak? İşte o zaman durum vahim demektir.

## Başkalarıyla Kıyaslanmayı Kim İster ki?

Sebep her ne olursa olsun her iki taraf için de evlilikte yaşananları anlatmak doğru bir tutum değildir. Anlattığımız negatif de olsa pozitif de olsa bu durum böyledir. Evlilik büyüklerimizin de söylediği gibi kapalı bir kutu olmalıdır. Çünkü biz farkında olmasak da anlattıklarımız insanların hayatında çok şey değiştirebilir. Üstelik de bu değişim hem bize dair hem de başkalarına dair olur.

Örneğin sürekli eşimizin ve evimizin iyiliğini anlatmak nazara sebep olabilir. Yahut kendi evinde huzursuz olan bir eş gidip de, "Ahmet Bey bir yediğini ertesi gün yemezmiş, sen de iki gündür önüme pilav getiriyorsun" diyerek eşinin gönlünü kırabilir. Bu tutum karşısında eşiyle arası bozulan hanım, hiç farkına varmadan Ahmet Bey'in eşine öfke duymaya başlar. Ya da bir hanım eşine, "Ahmet Bey her hafta sonu çocukları pikniğe götürüyormuş, bizim dışarı adım attığımız yok" dediğinde, eşinden, "Ben Ahmet değilim, sen de bir daha onun eşi ile görüşmeyeceksin" diye tepki görmesi çok olağandır.

Velhâsıl bazı şeyler bilinmezken daha güzeldir, daha özeldir. Anlatmak kimi zaman bizi çok rahatlatsa da sonunda duyduğumuz pişmanlığın geri dönüşü yoktur. Her insanın ilişkisi "biriciktir", kendine özeldir. Bazı erkekler çok sinirlidir, bazısı da sakin. Bazı kadınlar az yemek yapar, bazısı da çok. Bize düşen başkalarının yaptıklarıyla kendi evimizde olanları kıyaslamak değil, yuvamızı daha huzurlu kılacak sebeplere sarılmaktır. Büyüklerimizin de dediği gibi, "Evlilik kapalı bir kutudur" ve öyle kaldığı müddetçe içindeki güzellikler değerli olacaktır.

### Erkek Evliliğini Anlatırsa

Her iki taraf için de yaşanılanı anlatmak yanlıştır şüphesiz, fakat erkeğin yaptığı daha yanlış. Çünkü erkek mahremini paylaşmıştır. Arkadaşının gözünde eşi için bir kimlik tanımlaması yapmıştır. Üstelik de, "Ahmet ağabey de benimle aynı dertten mustaripmiş" diye düşünen arkadaşı da ansızın kendi hanımını anlatmaya başlayabilir muhatabına. "Ben de sinirlendim geçen gün, yeter be bıktım senden, ne çok konuşuyorsun" dedim, çekip kapıyı çıktım der mesela. Aslında kendini yüceltmeye, "Ben hâkimim, kapıyı çarpar çıkarım" demeye çalışırken eşini ne denli küçük düşürdüğünü düşünmez bile.

# EVLİLİĞİN TELEVİZYON ile İMTİHANI

Beşinci • Bölüm

***Farkında olmasak da diziler hayatımızı bir şekilde yönlendiriyor. Lüks restoranlarda, mum ışığında evlilik yıl dönümü kutlamak dizilerle hayatımıza girdi belki de ya da pırlanta taşlı yüzükler, pahalı hediyeler...***

# BİR DİZİYLE BİN PİŞMANLIK YAŞAMAYIN

CEYDA ARIN

Yaz aylarının gelmesiyle sezon finallerini tamamlar televizyon dizileri. Sıkı takipçiler ise yeni yayın dönemini iple çekerler. Öyle alışkanlık olmuştur ki sezon boyu favori dizilerin yayınlandığı gecelere özel hiçbir program yapılmadığından, dizi tatile girdiğinde bir boşluğa düşer izleyicileri. Ne seyredileceği şaşırılıp, hedefsiz ve keyifsiz halde kanal değiştirilip durulur gece boyu.

Uzun kış gecelerinde daha bir rağbet gören diziler, reklam aralarıyla birlikte neredeyse üç saatimizi alabiliyor. Bir ekrana odaklanmanın meydana getirdiği yorgunluk, dizide cirit atan entrikalara fazla kaptırılmasından kaynaklanan yoğun stres hali ve diziye damgasını vuran zihin bulandırıcı final sahnesi geceyi bîtap bir halde sonlandırmamıza sebep olabiliyor. Devamında dizi karakterlerini nelerin beklediğini izlemek için bir hafta sabredecek olmanın doğurduğu merak halinin, bir sonraki bölümün yayınlanma vaktine dek bize eşlik etmesi de cabası. Diziler öyle bağımlılık yapar ki dizinin kahramanları kimi izleyicilerin günlük yaşantılarında da başrolü oynar vaziyettedirler. Hatta dizilerdeki eşleri kendi eşleriyle, evlilik ve ilişkileri kendilerininkiyle kıyaslama durumu ortaya çıkar.

## Diziler, Eşlerin Birbirleriyle İletişimini Zayıflatıyor

Dizi izlenirken tıpkı sinemada film izler gibi, dış dünyaya kapılar kapatılıp başka bir şeyle ilgilenilmeden ekrana odaklanılıyor. O vakitlerde eve misafir kabul edilmiyor, aile fertlerinden biri kaza ile bir maruzat bildirecek olsa ivedilikle susturuluyor. Böylece âdeta hipnoz olmuşçasına dizilere kilitlenen bireylerin iletişim kurma becerileri zayıflıyor. Bırakın ailece sohbet etmeyi, halihazırda var olan problemlere çare bulabilmek için bile iletişim kurabilmek mümkün olamıyor.

Üsküdar Üniversitesi Etiler Polikliniği Uzman Klinik Psikoloğu Orçun Aykol, televizyon bağımlılığının eşler arası iletişimi olumsuz etkilediğinin altını çiziyor ve şöyle belirtiyor: "Kliniklerimizde çok sık rastladığımız bir durum, günümüzde çiftlerin anlaşmakta zorlandığı bir konu haline gelen, hangi kanal ya da dizinin izleneceği tartışmasıdır. Beyler spor kanallarını, futbol maçlarını izlemek isterlerken, bayanların dizi takipçiliği kavgalara sebep olabiliyor. En nihayetinde çözüm için her odaya bir televizyon alınıyor ve herkes istediği kanal ya da programı 'yalnız' başına izliyor. Evlerimizde, eşimiz ve çocuklarımızla birlikteyken sürekli televizyon ve dizilerle zaman geçiriyor olmak, eşlerin ya da aile üyelerinin birbirleriyle olan iletişimini en aza indirmektedir. Bu, evlilikler için başlı başına bir sorundur. Zira iletişim kurulamayan evliliklerin zamanla daha çok yıpranıp, bir noktada sona ermesi de muhtemeldir. Diğer taraftan var olan sorunların konuşulup çözülmesine engel olur. Yapılan bir çalışmada, aralarında gerginlik olan çiftlerin televizyon izleme sürelerinin diğer çiftlere göre daha fazla olduğu sonucuna varılmıştır."

## İzleyiciler Kendilerini Dizi Karakterleriyle Özdeşleştiriyor

Psikolog Orçun Aykol'a göre, "Ekranlarda izlediğimiz birçok program ruhsal dünyamızda duygusal bir hareketlenmeye yol açabilir. Özellikle televizyon dizilerinde bazan özlemlerimiz, hüzünlerimiz, hayranlıklarımız belki yaşayamadıklarımız çıkar karşımıza; yani kendimizden bir şeyler bulabiliriz. İşte bu noktada, bu sunulanlardan yoğun bir şekilde etkilenmemiz mümkün olabilir. Dizilerde ilgi duyduğumuz karakterler gibi güçlü olmaya ya da hayata onlar gibi tepkiler vermeye başlarız. Bu durum bir noktaya kadar normalken, özdeşleşme ortaya çıktığında sorunlar yaşanmaya başlanır. Oysa diziler kurgudur, tıpkı bizim kurduğumuz hayaller gibi. Gerçek hayatta, kendimizi o dizi kahramanı ile özdeşleştirip, tamamıyla onun gibi davranmaya başladığımızda işler sarpa sarabilir. Bu durumda hem günlük yaşantımızda hem de evlilik ve aile yaşantımızda sorunların baş göstermesi kaçınılmaz olur."

## Kadın da Erkek de Diziden Payına Düşeni Alıyor

Dizi izleyen kadınların, çoğunlukla sağlam karakterli dizi kahramanlarını örnek aldıkları gözlemleniyor. Aldatıldığını bilen ama her şeye rağmen evliliğini sürdürüp eşini geri kazanmaya çabalayan bir eş, eşinden ayrılmış fakat çocukları için hayata tırnakları ile tutunan bir anne ya da fakir ama oldukça güçlü olan bir kadın karakter ile kendini özdeşleştirebiliyor. Ancak izleyici olarak sadece olumlu özelliklere sahip karakterlerden değil, kötü kalpli, hain, kıskanç, ara bozucu vb. özellikteki karakterlerden de etkilenebiliyor.

Erkekler ise duygusal ilişkilerden çok, dizilerdeki erkek karakterlerin delikanlılık, mertlik gibi özelliklerinden etkileniyorlar. Örneğin spor yapan, ata binen, atış talimi yapan güçlü, zengin ve gözü kara erkek karakterler daha fazla ilgi görüp, örnek alınıyor. Otomobillerinin marka ve plakasından, tuttukları takımlara, taktıkları aksesuarlara kadar takip ve taklit edebiliyorlar. Haliyle, bu karakterin dizide sergilediği davranış ve tutumlardan etkilenilmemesi de pek muhtemel olmuyor.

Çoğu zaman izlediğimiz karakterde kendimizden bir parça bulduğumuz için sımsıkı yapışabiliyoruz o karaktere. Özdeşleştiğimiz karakter gibi davranmaya, onun tepkilerini taklit etmeye başlıyoruz. Örneğin dizide geçen bir aldatma vak'asından etkilenip eşimize karşı şüpheci tavırlar takınabiliyoruz. "Dizideki karakterin karşılaştığı bu olay niye benim de başıma gelmesin?" düşüncesiyle ruh dünyamızı ve evliliğimizi karartmaya meylediyoruz.

### Dizide Normal Olan Hayatta da Normal Gibi Geliyor

Dizilerde insanî vasıflardan çok yalan, kıskançlık, ihanet, öfke, intikam gibi olumsuz hasletler öne çıkıyor. Reyting kaygısıyla kurgulanmış evli insanların gayri meşru ilişkileri, evlilik dışı çocuk sahibi olma, aldatma, intikam alma normal görülüyor dizilerde. Maalesef medyadaki rekabet çılgınlığından dolayı, izleyici kitleye sunulan programların ahlâkî yönü ve meydana getireceği toplumsal zarar pek de umursanmıyor. Bu programlardan etkilenen izleyiciler de eşlerine ve evliliklerine karşı zarar verici davranışlar geliştirme eğilimi içine giriyorlar. Hatta ileri durumlarda, hayat acıdan ibaret olarak görülmeye evlilikte mutlu olmanın imkânsız olduğu düşünülmeye başlanıyor.

Farkında olmasak da diziler hayatımızı bir şekilde yönlendiriyor. Lüks restoranlarda, mum ışığında evlilik yıl dönümü kutlamak dizilerle hayatımıza girdi belki de, ya da pırlanta taşlı yüzükler, pahalı hediyeler... Armağan olarak sevdiğine türkü yakanlar çok eskilerde kalmış olmalı. Televizyon ekranına odaklandıkça, kendi değerlerimize bütünüyle zıt olan ilişki ve yaşam tarzlarını normal kabul edebiliyor, hatta hayal edilen ve belki içten içe istenen bir duruma dönüştürebiliyoruz.

***Bir zamanlar iki kişiyi evlilik amacıyla tanıştırırken sebep olmaktan imtina edilir, "İyi olursa kendilerinden, kötü olursa bizden bilirler" diyerek temkinli yaklaşılırdı. Şimdilerde ise her başvuranın kabul edildiği sözüm ona "izdivaç" programlarında neye aracılık edildiği, bu insanların hangi niyetle geldiği bile bilinmiyor.***

# TELEVİZYONDA GÖRÜCÜYE ÇIKAN ALTMIŞLIK NİNELER ve DEDELER

ÖZLEM ŞAHİN EKİNCİ

Son zamanlarda reytingi bol evlilik/izdivaç programları dönüyor televizyonlarda çokça. Hanımlar, beyler, gençler, yaşlılar televizyon aracılığıyla eşlerini arıyor. Sürekli oynayan, zıplayan, aşırı neşeli sunucuların rehberliğinde; eş adaylarıyla tanışıyor, hayat arkadaşlarını bulmaya çalışıyorlar. İlk karşılaşma anı hayli ilginç oluyor. Paravan açılıyor, her iki taraf da heyecanla birbirlerine bakıyor, ayağa kalkıp tokalaşıyor, kaçamak bakışlarla birbirlerini süzüyorlar. Programa katılan her iki taraf da duruma göre, "Çocuklarım evli, çocuğum eski eşimde, çocuk sorunum yok" diye özellikle belirtiyor. Çocuk ne zamandan beri sorun oldu bu memlekette bilinmez ama bu kişilerin çocukları da yıllar sonra, "Annemi arıyorum, babamı arıyorum" diye diğer programların konuğu olmaya aday görünüyor.

Eskiden müzmin bekârlar gazetelerin evlilik köşelerine mektup yazarlardı. Fakat o zamanlar kimlikler teşhir edilmezdi. Rumuzlar örtbas ederdi isimleri. Goncagül, Sevdam gibi rumuzların ardına gizlenen gerçekler, Türk filmlerine ilham olurdu. Günümüzde isimlerin gizlenmesi şöyle dursun, evlenmek isteyenler canlı yayında buluşur oldu. Hem de, "Yanıma yakışsın, otuz yaşında olsun, romantik olsun, beni çok sevsin, evi olsun" gibi beklentiler de alenî bir biçimde dile getirilerek.

## Niyet Evlilik mi, Macera mı?

Farkında olmayabiliyoruz çoğu zaman ama bugünkü seçimlerimiz yarınki hayatımızı oluşturuyor. Her gün bu tür programlarda onlarcasına rastlanılan vak'alardan biri: Konuklardan bir hanım, henüz çocukken on dört-on beş yaşında kaçarak evlenmiş. Kısa süren evliliği kucağında bir çocukla sonlanmış. Şimdiyse çocuğuna annesi bakıyor, kendisi babasıyla yaşıyor. Yani çocuk sorunu (!) olmayanlardan biri. Fakat annesinin bir çocuk sorunu var. Anne, onaylamadığı bir evlilikten vücut bulan torununu büyütürken, konuk hanım yaşadıklarından ders almamışa benziyor ki televizyonda eş arayarak hâlâ macera peşinde koşmaya devam ediyor.

Bir zamanlar iki kişiyi evlilik amacıyla tanıştırırken sebep olmaktan imtina edilir, "İyi olursa kendilerinden, kötü olursa bizden bilirler" diyerek temkinli yaklaşılırdı. Her başvuranın kabul edildiği bu programlarda ise neye aracılık edildiği, bu insanların hangi niyetle geldiği bile bilinmiyor. Yaşlıları malı mülkü için öldürüp, lüks villalarda keyif çatan tapu çeteleri gündemdeyken evlilik gibi bir konuda özellikle hassas olunması gerekiyor.

## "Birbirinizi Tırmalamak Geliyor mu İçinizden?"

Sunucu, bir beyin eşini kaybettiği günün kardeşinin doğum günü olduğunu söyleyerek programa renk katmaya çalışırken, diğer bir sunucu ise aynı hanıma talip yan yana koltuğa dizilen damat adayı erkeklere, "Birbirinizi tırmalamak geliyor mu içinizden?" diye sorabiliyor. Bu güler misin ağlar mısın türü örneklerin onlarcası her gün televizyonlarda boy gösteriyor hem de "izdivaç programı" isimli zeminlerde. İsmin uyandırdığı kutsallık, mahremiyet ve özel olma durumu ile içeriğin sergilediği alelâdelik, yavanlık ve yozlaşma o denli zıtlık gösteriyor ki evliliğin kendisi, toplum ve medeniyetimiz adına hayıflanmamak elde değil.

Bu izdivaç furyası da bir dönem sürecek gibi görünüyor. Seçen memnun, seçilen memnun. Hele seyreden, o herkesten memnun. Ne diyelim onlar ermiş muradına biz çıkalım kerevetine. Ancak yaşadıklarımız gösteriyor ki beyaz camdan yansıyanlar aslında göründüğü gibi değil. Bu yüzden televizyon denen makine bazan çok tehlikeli olabiliyor. Çok sayıda kişi tarafından seyredilme kaygısıyla yapılan programlar istenmeyen sonuçlar doğurabiliyor. Bir gurup gencin evlere kapatılıp, yirmi dört saat izlendiği evlilik programlarını hatırlıyoruz hepimiz. Bu programlar hiçbir özelliği olmayan kişilerin ünlenmesine, tanınmasına sebep olmuştu. Milyonlarca kişi tarafından tanındığı, sevildiği halde parasız olmayı hazmedemeyen, bu yükün altında ezilen ve psikolojik sorunlar yaşayan kişilerin, dağılan ailelerin dramına hep birlikte şahit olduk. Bu tür evlilik programlarının da acı meyvelerini almamız pek uzak bir ihtimal gibi görünmüyor ne yazık ki…

*Esas oğlan Ferit ve esas kız Nalan birbirlerini deliler gibi sever, sonunda zorlukları aşıp genellikle kavuşurlar ve film mutlu sonla biterdi.*

# DİZİ ve FİLMLER AİLE İLİŞKİLERİMİZİ NASIL ETKİLER?

NESLİHAN BEYHAN

Televizyonun çiçeği burnunda günlerinde ekranlarda çoğunlukla yabancı menşeli pembe diziler (soup operalar) bulunuyordu. İlk günler olması ve çok farklı program alternatifi bulunmaması dolayısıyla izleyici, önüne ne gelse merakla ve heyecanla takip etti. Yayınlanan dizilerin başrollerindeki erkekler çoğunlukla romantik, anlayışlı, zengin veya kariyer sahibi iken kadınlar alabildiğine güzel, alımlı, neredeyse hiç yanlışı olmayan iyilik meleği, âşık olunan tipler şeklinde sunuldu. Dizi boyunca bu "ideal" çiftler bazan kayda alınmayacak sebeplerle de olsa asla kavuşamadılar, kavuştuklarında ise film veya dizi sona erdi.

## Evlendikten Sonrası İhmal Edildi

İlk yayın döneminin ardından yavaş yavaş yerel programlarımız gündeme geldi. Bizim filmlerimizde de tipler genelde aynıydı. Esas oğlan Ferit ve esas kız Nalan birbirlerini deliler gibi sever sonunda zorlukları aşıp genellikle kavuşurlar ve film mutlu sonla biterdi. İlginçtir ki merakla izlenen bu programlarda -Batı yapımı olsun, kendi yayınımız olsun- kavuşup evlendikten sonrası pek gösterilmezdi. Oysa asıl mesele evlendikten sonra başlayacaktı. Başrollerdeki kişiler dizide veya filmde kavuştuktan sonra evlilik kurumunu nasıl götürdüler? Evlilikte birbirlerine yaklaşım tarzları, sorunları çözme yöntemleri, karşılaşacakları sıkıntılar, onların bu sıkıntılara nasıl katlandığı olumlu çerçevede verilebildiğinde, kendilerini izleyip model alanların zihninde oluşturulan romantik hava, biraz daha gerçekçi kılınabilirdi.

Günümüz şartlarında program çeşitliliği had safhada. Uydu kanalları da eklenince artık başından hiç kalkmadan yirmi dört saat dizi izleyebilirsiniz. Oyuncuların ise tiyatral yetenekleri yerine ince, uzun, zayıf, yakışıklı ve güzel olması ön plana çıktı. Hal böyle olunca erkekler ve kadınlar ister istemez televizyonun sunduğu bu ideal (gibi görünen) tiplerin etkisinde kaldı ve öyle bir duruma gelindi ki dindar olsun olmasın erkekler bu özelliklere sahip hanım arayışına girdi. Kimisi yıllarca birlikte emek verilerek kurulan mutlu yuvayı dağıtabildi, kimileri ise hanımına zayıflama baskısı kurdu. Diziler eşler arasındaki beklentinin dozunu artırınca hanımlar maddi durumlarına bakmaksızın eşinden daha fazlasını ister oldu. Pahalı ev eşyaları, giysiler, genellikle dışarıda yeme isteği bunlardan sadece birkaçı. Çiçekle eve gelinmesi önceden mutlu etmeye yetecek bir durumken artık sık sık yapılması istenen bir beklenti haline geldi. Sürekli iltifat, iyi sözler, romantik sürprizler evlilikte ihtiyaç olarak algılanmaya başlandı.

Oysa bu programları izleyip aşk evliliği yapabilenler evlendikten sonra o kadar emek sarfettiği eşinden bir çırpıda vazgeçebildi. Mutlu, cıvıl cıvıl, neşeli, aşık geçirilen ve çoğunlukla kısa süren pembe günlerin sonrasından bahseden yoktu. Asıl bilinmesi gereken bu kısmıydı belki de. Ancak "Acaba bu bölümde kavuşacaklar mı?" merakını vermek daha önemliydi yapımcılar için. Zira önemli olan izlettirmek, vakit geçirtmekti; eğitim ve faydalı olma pek fazla kişinin aklına gelmiyordu.

## Televizyonun İdeal Tipleri Bilinç Altına Yerleşebilir

Günümüzde boşanma oranlarının artışı konusunda fikir yürütürken, "Önceden niçin evlilikler uzun sürerdi?" diye de düşünülür. Köklü bir geleneğe sahip olan insanımız sanayi devrimi ve sonrasında yaşanan gelişmeler sonucunda büyük bir kültür kaosuna ve yozlaşmaya doğru sürüklendi. Televizyon bu süreçte etkili olan faktörlerden sadece bir tanesiydi belki de. Ancak en etkili ve yaygın olanıydı şüphesiz. İnsan, özellikle ergenlik döneminde, çevresinde kendisine model olacak kişiler, roman tiplemeleri, film yıldızları arar.

Çoğu izleyici ya da okuyucu da bir eseri okurken veya bir filmi izlerken kendisini başroldeki kişinin yerine koyduğunun farkında bile olmaz. Bu nedenle eşinin ilgisizliğini içinde daha da büyüten hanımlara veya medyada öne çıkarılan albenili kadın tipleriyle hanımını kıyaslayabilen beylere dahi rastlanabiliyor. Yanlış örnekleri bilinç altında kodlayınca daha doyumsuz ve mutsuz eşler gündeme gelebiliyor. Pek çok kimse ise bu olumsuz havayı kontrol edemeyerek ve hayal ürünü dünyanın abartılarına kapılarak boşanmaya kadar durumu ilerletiyor.

Şimdilerde aile içi iletişimi ideal nitelikte vermeye çalışan televizyon programlarına ve dizilere rastlanabiliyor. Fakat bu tarz yapımların sayısı oldukça az ve içerik de bizim kültürümüze pek yakın sayılmayacak nitelikte. Geç saatlere kadar çalışan anne, "modernlik"le geleneksel erkek modeli arasında bocalayan baba ve acayip çocuklarla müslüman kimliğe ters bir aile modeli sunuluyor.

Sonuç itibariyle, eğlence niyetiyle dahi olsa bu programlar izlendiğinde dikkatli olmakta fayda var. En güzeli, eşlerin ortak karar vererek programları eleştiri süzgecinden geçirmeleri elbette. Sanal olan bu yapımları izlerken gerçekler de hatırda tutulursa, tercih edilen iyi yapımlar, hem eşler arası iletişime hem de ailedeki tüm fertlerin birbirleriyle etkileşimine olumlu zemin hazırlar.

### Televizyon Programlarında Abartı Kaçınılmazdır

Dizi filmlerin hanımlara etkisine sosyopsikolojik olarak baktığımızda özenme ve halinden memnun olmama halinin yaygınlaştığını görüyoruz. Dizilerdeki lüks yaşantı ve giyim kuşam hanımları ister istemez daha iyisini elde etme arayışına sevkediyor. Kadın, eşinin elinden geleni yaptığını bilse dahi, içsel bir kanaatsizlik hissinden kaçınamıyor. Bu nedenle televizyon izleme etkinliğinin bilinçli ve kontrollü bir süreç haline getirilmesi hanımlar açısından daha sağlıklı neticeler doğurur. Oradaki hayatın tamamen veya çoğunlukla hayal ürünü olduğunun akıldan çıkarılmaması, kurgulanan dünyanın gerçekle o kadar da uyuşmadığının bilincinde olunması çok önemli.

Dizilerde her an aşkını dile getiren, sürekli romantik ve ilgi dolu davranış sergileyen, hiçbir zaman yanlış yapmayan kahramanlar da yüzüyle, fiziğiyle, giyim kuşamıyla ve davranışlarıyla çevresindekileri etkileyen kişiler de abartılarak verilir. Zira edebî eserlerde abartı yapmak hem gereklidir hem de bir hüner göstergesidir. Böyle kurgulara kapılıp hayatını mutsuz ve kanaatsiz geçirmek ise akıl eksikliğine işaret eder.

Her güzelin bir kusuru vardır. Elinizdeki, size ait olan asıl güzeldir. Diğer beğenilen insanlarda, sizin bilmediğiniz ve öğrendiğinizde kendisi hakkında kanaatinizin değişeceği pek çok olumsuz özellik bulunabilir. Allah Teâlâ kanaatkâr ve şükür ehli kullarının elindeki nimetlerini daima artırır. Elindekinin kıymetini bilmeyenlerden olmak ise kaçınılması gereken bir durumdur.

## Televizyon Aile Düzenini Bozmasın!

Din eğitimi uzmanı Eyyüp Beyhan, bazı televizyon programlarının ailemize ve dinî yaşantımıza olumsuz etkisinin tahmin edildiğinden fazla olduğunu vurguluyor. "Dışarıda kendimizi sakındığımız haram unsurları evimizin içerisinde görmekten rahatsız olmuyorsak ruh bütünlüğümüzün ve iç güzelliğimizin bozulmaması mümkün olmayacaktır. Ailede karı koca arasındaki muhabbetin daha da kuvvetlenmesinin bir şartı da haramlardan sakınmaktır. Eşlerin kanallarda karşılarına çıkan her dizi veya filme hassasiyet göstermeksizin bakması, seçici davranmaması manevi bütünlüklerine, yuvadaki feyiz ve berekete engel olur. Bu konularda belli kriterleri, sınırları olmayan ailelerde yetişen çocukların da çok yüksek düzeyde ahlâkî gelişim göstermesi beklenmez" diyen Beyhan, dizi filmleri çoğunlukla daha sık izleyen hanımların bu konuda daha duyarlı ve kontrollü olmalarını öneriyor. Yayınlarda karşılaşılan şatafatlı görüntülerin ve davranışların, izleyicide kanaatsizlik oluşturabileceği ve kendi yaşantısından mutlu olmayan, tatmini güç kişiler haline getirebileceği konusunda da uyarıyor.

***Özellikle televizyon ve internette geçirilen boş saatler iletişimsizliğe neden olarak aile kurumunu tehdit ediyor. Ancak sihir etkisi yapan bu teknolojik cihazların tehditleriyle mücadele için alternatif etkinlik düzenleyenler sorunu önemli oranda aşabiliyor.***

# TELEVİZYONUN BÜYÜSÜ AİLE İLİŞKİLERİMİZİ TEHDİT EDİYOR

NESLİHAN BEYHAN

Aile içi iletişimimizi daha kaliteli hale getirmeyi, daha mutlu ve olumlu atmosferde yaşamayı arzu ediyoruz. Öte yandan günümüz şartlarında elimizin altında bulunan kaynaklar, teknolojik imkânlar bizi kendisine doğru âdeta vakumluyor. Televizyonu açıp karşısında uyuyakalanlar, bilgisayar oyunlarının başından kalkamayanlar, internette sörf yapalım derken boğulanlar bu çekimin birer kurbanı olmaktan kurtulamayanlardır.

Yeni tanışılan bu sevimli (!) teknolojik kutucuklara karşı koymak zor geldiğine göre toplumumuz bir çare bulmak ve dengeyi tutturmak durumunda. Aksi takdirde aile bireyleri arasında iletişimden ve paylaşımlardan söz etmek gerçekten zor. Ancak sihir etkisi yapan bu teknolojik cihazların tehditleriyle mücadele için alternatif etkinlik düzenleyenler sorunu önemli oranda aşabiliyor.

Aile içi ortak faaliyet yapabilmek ve televizyona alternatif etkinlik bulabilmek zor değil. Biraz düşünmek ve araştırmak yeterli.

"Evde televizyon, bilgisayar olmalı mı olmamalı mı?", "Televizyonu ve bilgisayarı nasıl daha iyi kullanabiliriz?" sorularını bir tarafa bırakarak, uygun vakitlerde aile içi iletişim ve etkileşimi artırabilecek faaliyet örneklerini şöyle sıralayabiliriz:

**Televizyon İzlemeyip Ailece Yapabileceğiniz Dokuz Şey**

**1.** Bilinçli aileler akşamları en az on beş dakikalık dinî ve ahlâkî bir sohbetin veya okuma saatinin evlerine nasıl olumlu yansıdığını bizzat yaşayarak ifade ediyor. Kimi aileler okuma saatinde ya toplu okuma yapıyor yani bir kişi okuyor, diğerleri dinliyor; ya da her fert kendi kitabını kapıp okuma odasındaki yerini alıyor ve sessizce kitabını okuyor.

**2.** İbadetleri cemaatle yapmak aile fertleri arasında manevi bir paylaşıma vesile olacaktır. Bu sebeple en azından namazları cemaatle kılmaya çalışmak ve az da olsa Kur'an kıraati yapmak büyük hayırlara vesile olur.

İbadetlerinde cemaat ve birliktelik şuurunu tesis edebilen eşler yuvalarını manevi bir temelin üzerine bina etmiş olurlar. Böyle bir durum eşler arasında sevginin, sadakatin ve saygının artmasına vesile olur. Ayrıca çocukların manevi gelişimine de büyük katkı sağlar.

**3.** Kitap okuma saatleri her gece için düşünülmediğinde okumaya alternatif bir diğer etkinlik anlatma olabilir. Bazan anne veya baba anılarını çocuklarına güzel ve nükteli şekilde anlatabilir, bazan da çocuklar kendi günlük yaşantılarından hoş paylaşımlar sunabilir. Okunan faydalı eserlerin veya tiyatro, film gibi görsellerin de aileye aktarımı hep birlikte gülmeye, düşünmeye sevkedecektir. Konuşma ve anlatımlar esnasında ebeveynler Türkçe'yi düzgün kullanma inceliği gösterdiğinde, çocukların çevrelerinde dillerde dolaşan argo ve uydurma sözcük kullanımlarından fazla etkilenmeyeceği bir gerçektir. Hal böyle olunca çocukların dolaylı olarak da güzel konuşma becerisi kazanmaları sağlanmış olur. Türkçe'yi doğru kullanma başarısı, güzel konuşma ve etkili iletişim de onlara hayat boyu bir adım önde olma imkânı sağlayacaktır.

**4.** Ailece kısa gezintiler, park, bahçe gibi alanlarda dolaşma veya varsa civarda bulunan tarihî yerleri, müzeleri ziyarete gitme yapılabilecek diğer etkinliklerden. Anne babanın etkinlik planını önceden hazırlamaları ve bunu aile bireyleri ile paylaşmaları olumlu etki sağlayacaktır. Ayrıca gezilecek yerlerle ilgili önceden kısa bilgiler edinmek geziyi daha verimli hale getirir.

**5.** Dinimizde zamanı boşa geçirmeye hoş bakılmaz. Vakit öldüren oyunlar bu nedenle yasaklanmıştır. Eşler arasında oyun oynanması bunun dışında bırakılmıştır. Karı koca arasında paylaşım ve muhabbeti artırma imkânı sağlayan oyunlara dinimiz bir yasak koymaz. Bu da dinimizin eşler arası muhabbeti artırmaya ne denli önem verdiğinin güzel bir işareti. Bu izinden faydalanarak gerek eşler kendi aralarında gerekse ailece faydalı ve eğlenceli oyunlar tercih edebilirler. Oyunlardan güzelce yararlanılabilinirse çocuklara oyun esnasında karakter eğitimi dahi verilebilir. Oyunu kurallarına göre oynama, adil davranma, yenilmeyi hazmedebilme ve hayata, her zaman kazanmak zorunda olmadan bakabilmeyi öğrenme, karşılıklı saygı, sabır eğitimi gibi güzel davranış örnekleri bu yolla çocuklara kazandırılabilir.

**6.** Akraba ziyaretine gidilebilir. Çocuklara önceden akraba ziyaretinin amacı, incelikleri, orada dikkat edecekleri görgü kuralları anlatıldığında bu güzel faaliyet de yine onların ahlâkî gelişimine olumlu şekilde yansıyacaktır.

**7.** Hafta sonu uygun bir vakit "ailece temizlik günü" seçilip, baba da dahil bütün fertler bu zaman zarfında evlerini güzelce temizleyebilir. Bu hem çocuklarda temizlik hassasiyeti ve bilinci oluşturur ve onları tembellik, becerisizlik gibi kötü huylardan korur hem de annenin ev işlerinden artıracağı vakitte daha ilgili bir anne olmak için zaman kazanması sağlanır. Düşünüldüğünde böyle bir faaliyetin getireceği daha pek çok olumlu sonuç kolaylıkla farkedilebilecektir.

**8.** Çocukların okudukları bir eserdeki veya izledikleri faydalı bir programdaki dikkat çekici, eğlendirici, eğitici güzel anekdotları, ailece bir araya gelinen akşamlarda canlandırmaları sağlanabilir.

**9.** Televizyonda karşılaşılan her film olumlu mesajlar içermediğinden, anne ve baba önceden izleyip beğendikleri bir filmin CD'sini edinebilir ve "ailece film izleme günü"nde böyle güzel yapımlar hep birlikte izlenebilir.

En kötüsü ise babanın odasına kapanıp futbol programlarına kendini adaması, annenin de tekrar tekrar gösterilen arkası yarın veya haftaya yayınlanan dizilere kendini râm etmesidir. Böyle bir ortamda çocukların kaliteli ve güzel insan olarak büyümesi neredeyse imkânsızdır.

Ebeveynlerin İslâmî ve ahlâkî kriterlerimize uygun olmayan görüntülerin olumsuzluklarından kendilerini, çocuklarını koruma adına böyle programları izlememeleri en doğru davranış olacaktır. Ayrıca müstehcen görüntülerin, çocukların yanında rahatlıkla izlenmesi de çocukların ahlâkî gelişimlerini, hayâ duygularını son derece olumsuz etkileyecektir. "Reklamlar, şarkı klipleri, duvar panoları dahi müstehcen görüntüler içeriyor; artık çocukların görmediği bir şey kalmadı" diye düşünüp rahat davranmak durumu daha kötüye sevketmekten başka işe yaramayacaktır.

### Aile İlişkilerinde Peygamber Efendimiz

Allah Resûlü ailesi ve çevresi ile güzellikleri paylaşan mümtaz bir kişiliğe sahipti. O evinde sevgi dolu ve vefakâr bir eş, şefkatli bir baba, güvenilir bir muallim konumundaydı. İşlerinin yoğunluğu onun aile ilişkilerini ve iletişimini asla sekteye uğratmazdı. Hemen her fırsatta hanımlarının hal hatırını sorar, onlarla ilgilenir ve her gün onlarla sohbet ederdi. Ailesi ile birlikte ibadet yapar ve buna çok önem verirdi. Saadetli yuvalarında paylaşım hiç eksik olmazdı. Evde bulunduğu zamanlarda, hemen hemen yaptığı bütün faaliyetlere ailesini ortak etmeye çalışır, kendisi de onların yaptığı işlere ortak olmayı severdi.

### Yıllardır Sabah Namazından Sonra Ailece Kur'an Okuruz

Neriman Hanım elli yaşlarında, iki evlat yetiştirmiş güzel annelerden. Şimdilerde çocuklarında gözlemlediği sevgiyle yoğrulmuş dinî hassasiyeti ve güzel yaşantıyı ailece yaptıkları hoş bir ortak faaliyete bağlıyor. "Yıllardır sabah namazından sonra ailece Kur'an okuruz. Böyle bir atmosferde hem çocuklarımız Kur'an ruhuna alışmış, ısınmış, İslâm'ın özünü öğrenmiş oldu hem de aile içi iletişimimiz bu faaliyetten olumlu yönde etkilendi" diyen Neriman Hanım bu tarz yaklaşımların çocuklarımızda din eğitimi açısından daha kalıcı neticeler verdiğini dile getiriyor. Ailece yaptıkları bu ortak faaliyetin evliliklerindeki muhabbeti, birlikteliği ve bilinci artırdığını da ilave ediyor.

***Evlilikten beklentilerinizin karşılığı "sadakat, muhabbet, sevgi" değil, artık bütünüyle çıkar ilişkisine dayalı ve her an elinizden uçup gidecek bir balon gibi ürkütücü!***

# EĞLENMEK Mİ EVLENMEK Mİ?

ÜMMÜHAN ATAK

Evlilik programlarının modası, arz talep ilişkisine paralel olarak, hala geçmedi. Hâlâ, ekranları saatlerce rehin alan bu programlar, “eğlence” ile “evlenme” kavramlarını birbirine karıştırmaya devam ediyor. Evlenmek niyetiyle meşhur olmak hevesini harmanlayanlar da hâlâ bu programlara akın akın başvuruyor. Evlilik programlarının başından beri değişmeyen unsurlarından birkaçı bunlar ve tabii ki en önemlisi, kendini o stüdyoların “talip” koltuğuna atanların, mütemadiyen ve göz göre göre rencide olmaları.

Değişen en önemli şey ise evlilik programları aracılığıyla ekrana çıkma hevesini alan ve hatta bu hevesten haftalarca, aylarca vazgeçmeyenlerin yaş ortalamaları. Daha doğrusu, evlilik programlarına ilk dönemlerde başvurarak ikinci baharlarını bulmaya koyulan teyze ve amcaların, hatta nine ve dedelerin yanına artık mebzul miktarda gençler oturuyor. Gencecik yüzler. Bunlardan birinin henüz on sekiz yaşından epey küçük bir kız olduğunu öğrendiğimde duyduklarıma inanamamıştım. Daha da kötüsü, bu küçük kıza kendisinden otuz yaş büyük bir adamın talip olmasıydı! Bu gelişmenin ardından kopan vaveylaya ise inanacak halim kalmamıştı: “Babası yaşında adamsın, neden talip oluyorsun bu küçük kıza!”

Bu itirazlara aklı başında birinin inanmaması gerekiyor kanaatimce. Zira o küçük kızı, "koca arama" koltuğuna oturtan da sizdiniz! Başvurusunu ciddiyetle (!) değerlendiren ve uygun (!) bulan da... Ekran başında oturanlara "ders" vermek sizin haddiniz değildi. Ama oldu. Mikrofonu kapan, "o adam"a haddini bildirdi.

## İzleyicinin Katkısı

Evlilik programlarında yaşanan garabeti tek tek saymaya ne sayfalar ne zaman yeter. O yüzden izleyiciler şahit oldukları bir hikâyeyi ballandıra ballandıra anlatarak, efsaneleri bu şekilde çoğaltıyorlar. Belki de bu programların pıtrak gibi çoğalmasında, her geçen gün haddini daha da aşmasında, işte bu dilden dile dolaşan hikâyeler etkili oluyor. Yani izleyicinin katkısı!

Herkes hemfikir olacaktır ki izlenme oranlarına paralel olarak bu programlar yayın hayatını sürdürebiliyor. Yani hem başından sonuna kadar şikâyet ettiğimiz hem de oturup izlediğimiz prodüksiyonlardan biri, evlilik programları. Bu durumda (yani izliyorsak eğer), şikâyet etmeye pek hakkımız yok ve itiraf etmeliyiz ki kanallarda çizgi film ararken karşımıza çıktığında bile, oturup izliyoruz. İzliyor ve "evlilik" kavramına dair bildiğimiz inandığımız birçok şeye, irili ufaklı darbeler alıyoruz. Evlilik kurumuna olan saygı, yerini çıkar ilişkisine bırakıyor önce. İki eş adayının birbirine yakışıp yakışmadığına dair kanaatler bile aslında bu ilişkiye dayanıyor: Yakışıyorlarsa (daha popüler anlamda, birbirlerini taşıyabileceklerse) evlenmelerini destekleyen alkışlar alınıyor önce ve gerisi çorap söküğü gibi geliyor.

## Reddeden Sadece Onlar mı?

Daha paravanlar açılıp da birbirlerini görmeden önce merak edilenlerin başında, maddi durum geliyor. Beklentinin altında alınan bir maaş yüzü ekşitmeye yetiyor. Zaten gerisi, yani talip olan kişinin karakteri, sevdiği ve sevmediği şeyler, burcu, yaşı, kilosu, saç rengi vb. laf olsun torba dolsun diye öğreniliyor. Maaşı az olan bu adayla, artık çay içmek bile yersiz! Bu hikâyeleri oturup izleyenlerin, "Görüyor musun bak, parası az diye kabul etmedi" eleştirisinin, çok da yerinde olmadığı o an için farkedilen bir şey değil tabii. Ne zaman ki kendine "gerçek hayatta" bir talip gelecek, işte o zaman kendisi de "maddi durum"a takılıp ilerlemeyecek, işte adı o zaman konulacak tahribatın!

## Her Eve Yeni Bir Stüdyo mu Kuruluyor?

Evlilik programlarını oturup izleyen herkes kolaylıkla görecektir ki bu aşamayı "hasarsız" atlatan, yani maddi imkânsızlık engeline takılmayanlar için "sıradaki" önemli husus, görsellik. Başındaki saç teli sayısından vücudundaki fazla kilolara kadar her şeyin apaçık konuşulduğu bu programlarda, adayların aslında yerin dibine giriyor oldukları üzerine kimse konuşmuyor, hayret! Kimsenin yüzü, "Ama senin kilon fazla... ama boyun kısa ... ama gözlük numaran büyük ..." derken kızarmıyor. Mikrofonu kapan herkes, hiç çekinmeden birbiri ardına kusurları sıralıyor ve evet bu durum, bir zaman sonra seyirciye de sirayet ediyor. Nasıl ki bir zamanlar yemek programlarını izleye izleye, konuk olarak gidilen evlerde -şaka yollu da olsa- kusurlar sıralanıyordu, aynen öyle.

Artık, sıradan ve orta halli bir ailede bile, ekranlarda "öğrenilen" birtakım sorgulama ve savunma taktikleri uygulanıyor. Eş adayları, sadece ekran başında değil, çiçeğini çikolatasını alıp gittikleri evlerde bile, "tedirgin edici" sorularla karşılaşıyor: "Evlilik sözleşmesine karşı mısın?... Ev alacağın zaman kimin üzerine yaparsın?... Eski sevgilimle tokalaşsam n'aparsın?..."

## Kendinizi Test Edin

Oysa bu sorular kısa bir zaman öncesine kadar ayıptı. Eş adayının güzel ahlâklı olup olmadığına bakılırdı önce, güzel olup olmadığına değil. Namaz kılıp kılmadığı konusunu, mühim meselelerin başına koyan dindar aileler bile artık damat adayının maaşını önemsiyor. Ekranlarda her geçen gün biraz daha kısa etek giyen genç/orta yaşlı/hatta yaşlı adaylara, dindar ailelerin "bile" talip olduğunu göre göre, mütedeyyin bir hayat süren evlere gelecek gelinlerin kılık kıyafeti ikinci plana atılıyor. Bütün bunlar, sizin kabul etmediğiniz ve "şu an için" hayretle karşıladığınız şeylerse şayet, kendinize yeniden bakın; evlilikten söz açıldığında, eskiden söylediklerinizle bugün söyledikleriniz arasında ne kadar fark var? Mesela artık, "Bana/kızıma rahat bir hayat yaşatabilecek misiniz?" sorusu dilinizden dökülüyorsa, siz de artık bu sarmalın içindesiniz ve ne yazık ki evlilikten beklentilerinizin karşılığı "sadakat, muhabbet, sevgi" değil, artık bütünüyle çıkar ilişkisine dayalı ve her an elinizden uçup gidecek bir balon gibi ürkütücü!

Prof.Dr. Orhan Doğan/ Psikiyatri Uzmanı

**Evlilik programlarının olumlu bir yanı var mıdır?**

Evlilik programları kapitalist sistemin reyting ve para için yaptırdığı programlardır. Görünürde evlilik kurumuna katkı yapmak amacı olabilir, gerçekte bir şov programıdır. Gerçek anlamda bir yararının olduğunu düşünmem. Kanal sahipleri, program yapımcıları, sunucuları ve katılanlar için olumlu bir yanı olabilir ama toplum için değil. Herkes beğenilmekten hoşlanır, katılanlar övgü alınca gururları okşanır, kendilerini daha iyi hisseder, geçici de olsa güven duygusu yaşarlar.

**İzleyici üzerindeki etkisi ne olabilir?**

İzleyiciler şov izledikleri için memnun olabilirler, sabun köpüğü gibi geçer. Bu tür programların izlenmesi kolaydır, izleyicinin zihnini yormasını gerektirmez. Ancak bazı örnekler olumsuz etkilerde bulunabilir. Adayların (sevgi, saygı beklediklerini söyleseler de) gerçek niyetlerinin ekonomik olarak geleceklerini güvence altına almak olduğu anlaşılıyor. Bunu da konuşmaya başladıktan kısa süre sonra anlıyoruz. "Bana rahat yaşayacak bir ortam sağlayabilecek misiniz?", "Sizin geliriniz bizim kızımızın makyajına yetmez.", "Mal varlığınız nedir?" "Aylık geliriniz ne kadardır?" cümleleri katılanların ve sunucunun cümleleridir. Bu tür bir yaklaşım evlilik kurumuna güveni sarsabilir, karşısındaki insana güvenmemeye neden olabilir. Kişi kendisinin mal varlığı yoksa beğenilmeyeceğini, tercih edilmeyeceğini düşünüp kendini değersiz hissedebilir.

**İzleyici kitlesindeki "evlilik algısı", bu programlar yoluyla değişir mi? Mesela, "evlilikten beklenti" düşüncesi bu programlarla boyut değiştirir ve "mükemmel" aday bulma arayışına yönlendirir mi?**

İzleyicilerdeki evlilik algısı kültürümüzdeki kutsallık, saygı, bağlılık gibi olumlu kavramları zedeler ve onları evlilikten uzaklaştırabilir. Kendilerinin hiçbir zaman mükemmel eş bulamayacakları, evlenemeyecekleri, evlenseler bile eşlerinin sevgi saygıdan değil ekonomik durumu nedeniyle kendisini tercih ettiği düşüncelerine kapılabilirler. Evliliklerin sadece çıkar üzerine kurulduğu düşüncesine kapılıp evlenmekten vazgeçebilirler. Bu yönleriyle evlilik programları evlilik kurumuna olumlu bir katkı yapmadığı gibi, değerini düşürmekte ve evlilik kurumunu tahrip etmektedir.

# EVLİLİĞİN PARA ile İMTİHANI

Altıncı • Bölüm

***Harcadıkça rahatladığını sanan beyler ya da hanımlar ay sonunda faturalar gelince birbirini kırıp geçiriyor.***

# PARA HARCAYACAĞIM DERKEN EVLİLİĞİNİZİ HARCAMAYIN

RÜMEYSA DURAK

Pek çok insan hayata umutla bakar. En küçüğünden en büyüğüne herkesin hayalleri, idealleri, hedefleri vardır. Küçücük bir çocuğa, "Büyüyünce ne olacaksın?" dense, mesela hemen sıralamaya başlar çevresinde gözlemlediği kadarıyla en "istenilesi" olanları. Kimi zaman insanlar büyüdükçe hayalleri küçülse de en az "bir ev, bir araba" şart der herkes. Çünkü ancak bu şekilde rahat edeceğimize inanırız, ancak bu şekilde mutlu olacağımız zannına kapılırız. Bunun tek suçlusu da biz değilizdir esasında, ne yazık ki yaşam şartlarımız bize bunu sunmuştur; istemek, arzu etmek, sınırsızca almak, aldıklarıyla doyuma ulaşamamak.

## Parayla Saadet Olmaz

Halbuki eskilerin ağzından düşmeyen pek güzel sözler vardır; "Aza kanaat etmeyen çoğu bulamaz" gibi... "Azıcık aşım, kaygısız başım" gibi... Üstelik de bu sözler öyle "laf olsun" diye söylenmemiş, yaşanmışlıkların neticesi olarak günümüze gelmiştir. Düşününce mesela pek çoğumuzun bir anısı gelir aklına. Dedemiz ve ninemizi ziyarete gitmişiz bir yaz tatili günü. Şartlar şimdikinden çok farklı. Ne elimizden düşürmediğimiz telefonlarımız var ne de gözümüzü ayırmadığımız bir televizyon. Sofralarda çeşit çeşit yemekler, yemekleri sunduğumuz birbirinden farklı tabaklar da yok. Trend takip etmiyoruz henüz ve henüz, "Bir giydiğimi bir daha giymem" demiyoruz... Ama mutluyuz, huzurluyuz... Şimdi bir türlü ulaşamadığımız bir sükûnet var hepimizde.

Ne ninemiz dedemize kızıyor, "Evin eksiği çok" diye ne de dedemiz ninemize söyleniyor, "Sen ne çok alışveriş yapıyorsun" diye. Gerçekten azıcık aşları, ama kaygısız da başları var. Şimdiki imkânlarımıza bakınca ne denli "kötü" şartlarda olduğumuzu anlamak için, çok değil on beş-yirmi yıl öncesine gitmek bile yeterli oluyor yani. Çağımızı saran alışveriş çılgınlığının yuvalarımızı da kapladığını anlamak için dedelerimiz ve ninelerimiz büyük bir nasihat gibi dikiliveriyor karşımıza.

## Yaptığınız Harcamalar Eşinizle Aranıza Girmesin!

Özellikle de evliliklerin sarsılmasında en önemli etken olan, sinsi bir hastalık gibi sessizce yuvaları saran harcama güdüsü daha ilk tanışmada sirayet ediyor üzerimize. Düşününce pek çoğumuz hatırlarız buruk bir anı olarak kalan nişan ve düğün alışverişi zamanlarımızı. Çünkü çok nadirdir bu dönemi badiresiz atlatmış olanımız. Daha ilk günlerde başlar "Bana şu alınmadı, sana şu yapılmadı" muhabbetleri ve nasıl başlarsa öyle gidermiş hesabı, aynı evin içine girince de bir türlü bitmez alışveriş tantanası. Uzağa gitmeye, eşten, dosttan, ahbaptan örnekler vermeye de gerek yok üstelik bu konuda. Pek çoğumuza âşina gelir eşimizle girdiğimiz harcama mevzulu diyaloglar. "Perdeler çok eskidi, artık değiştireceğim" diye bir mücadeleye girmiştir birçok hanım mesela. Ya da beyler, "Ben almaktan bıktım artık, bitmedi şu evin eksiği bir türlü" diyerek sitem etmiştir laf arasında hanımına.

Bunlar her evin olmazsa olmaz sohbeti iken son zamanlarda, "Çok bunaldım, alışveriş yapmam lazım", "Depresyondayım biraz para harcayayım", "Al şu kredi kartını, biraz harca da dırdırından kurtulayım" muhabbetleri de eklendi aramızdaki ilişkiye. Üstelik de bu cümleler her kurulduğunda evimize soğuk rüzgârları da beraberinde getiriyor. Bir huzursuzluktur almış başını gidiyor. Eşler alışverişin müptelası olmuşçasına ne var dinliyor ne de yok. Paramız olsa da olmasa da harcamak istiyoruz. Bize sunulan cazip (!) seçenekler yaşam şartlarımızın önüne geçiyor. Bütçemiz yeterli mi diye düşünmeden deli gibi alıyor, almasak da alalım diye sürekli söyleniyoruz mesela. Yahut evde var mı yok mu diye düşünmeden, gerekli mi gereksiz mi diye ölçüp biçmeden indirim sitelerini gezinirken buluyoruz kendimizi. Sonrasında da başlıyor kavgalar, gürültüler, sessiz sitemler, söylenmeler ...

## Çarşının Güzeli Bitmez!

Harcadıkça rahatladığını sanan beyler ya da hanımlar ay sonunda faturalar gelince de birbirini kırıp geçiriyor. "Nerde o eski günler" diye sitem ederken, aradığımız o günlerden harcadıkça uzaklaştığımızı akıl edemiyoruz. Bu konuda mustarip olan pek çok çiftin var olduğunu belirten psikolojik danışman Hacer Gül de insanların para harcamalarının birtakım nedenleri olabileceğine vurgu yapıyor. Kimi insanın kendini iyi hissetmek, kimisinin öfke vb. duygularını bastırmak, kimisinin de statü yapmak yahut belirli bir topluluğa dahil olmak için alışveriş yaptığına değinen Gül, alışveriş tutkusu hakkında şunları söylüyor: "İnsanlar para harcama konusunda kendini kontrol edebilmeli ve bu kontrolü dâimî olarak sürdürmelidirler. İnsan kendine yeni bir kıyafet, yeni bir araba, yeni bir eşya aldığı zaman kendini iyi hissedebilir. Fakat bu his kalıcı değildir. Üstelik de bütçe ayarlaması yapmaksızın bir anlık mutluluğa kapılarak yapılan alışverişler insanı bir süre sonra huzursuz etmeye başlar. Harcamalarına kıyasla daha az kazanan çiftler harcamalarından ötürü birbirlerini suçlar ve bu da ev içerisinde sorunları beraberinde getirir."

## Bazan Mutluluk Bir Tas Çorbayı Paylaşmaktan Geçer

Yani problem ayağımızı yorganımıza göre uzatmamaktan kaynaklanıyor. Gönül her gördüğüne meylederken akıl her güzeli almaya güç yetmeyeceğine kanaat getirmiyor. Bizler de yuvalarımızın huzursuzluğunu bile umursamaksızın kendimizi bir alışveriş girdabının içine bırakıveriyoruz. Harcadıkça huzursuz oluyor, huzursuz oldukça harcıyoruz. Büyüklerimizin mutluluğuna gıpta ederken o mutluluğun bir tas çorbayı paylaşmaktan geçtiğini göz ardı ediyoruz. Halbuki her şeye sahip olunamayacağını idrak etsek, var olanın kıymetini bilsek, evliliğin bazan bir dilim ekmeği paylaşmak olduğunu, bilinçsizce atılan her adımın, yapılan her harcamanın bizi sonunda mutsuz kılacağını anlasak, "Nerede o eski günler, eski aileler, huzurlu yuvalar" diye başlayan cümlelerimiz, yerini "Çok şükür yâ Rabbi, bugün de evimde huzurlu uyuyorum" diye başlayan dualara bırakır. Ağzımız tatlı, evimiz bereketli, eşimizle aramız muhabbetli olur.

***Evliliğimizin, alışveriş tutkumuz ve bu tutkumuzun sebep olduğu maddi sıkıntılar yüzünden sarsılmasına engel olalım.***

# ALIŞVERİŞ TUTKUMUZ YUVAMIZIN HUZURUNU BOZMASIN

RÜMEYSA DURAK

Alışveriş tutkusu bağımlılık gibidir. Hele de günümüzün cazip fırsatlarına hayatımıza kolaylık sağladığı iddia edilen kredi kartları da eklenince, bu iş iyice içinden çıkılmaz bir hal alır. Peşin para ödemeyince yaptığı harcamayı farketmeyen çiftler gerçek manada ihtiyaç olanla keyfî olanı ayırt etmeksizin harcamaya başladıysa, faturaların beraberinde gerginlikler getirmesi de kaçınılmaz olur. Bu durumda eşlere düşen elinin ayarını bilmek, ortak bütçeyi iyi hesap etmektir. Ortak bütçeyi iyi hesap etmek ise "benci" bir zihniyeti bir kenara bırakarak her adımda ikili düşünüp "biz" olmanın farkına varmaktan geçer. Ancak bu şekilde, benlikten uzaklaşıldığı takdirde, yapılan bilinçsiz alışverişin sonunun nereye varacağı görülür ve böylece tatsızlıkların yuvamızı çatırdatmadan önüne geçilmiş olur.

### Borçlar Karşısında Nasıl Bir Yol İzlenmeli?

İlk olarak alışveriş salgınına tutulmadan önce frene basmayı bilmek gerekir. Pek çok aile ocağının borçlar yüzünden söndüğünü görüp keskin bir viraja girmeden kendimize ya da eşimize "dur" demek gerekir. Bizlere çok uzak gelse de bu durum, "Biz yaşamayız böyle bir krizi, elimizin ayarı var" desek de zaman bizi buna itiyor ne yazık ki. Her gün yeni bir ürün, yeni bir indirim, yeni bir moda çıkıyor karşımıza. Evliliğimizin, alışveriş tutkumuz ve bu tutkumuzun sebep olduğu maddi sıkıntılar, borçlar yüzünden sarsılmasını istemiyorsak uzmanlara kulak verelim.

Uzman psikiyatr Barış Önen Ünsalver eşlerin borçlar karşısında bilinçli ve yapıcı bir tavır takınması gerektiğini belirtiyor ve ekliyor: "Borç ödeyip, sorun yokmuş gibi davranılmamalıdır. Borç konusunu hiç konuşmamak da sürekli konuşmak da ilişkiyi yıpratır ve sorunun çözümsüz kalmasına neden olur. Borçlara sebep olan eş, suçluluk hisseder ve suçluluk duygusu öfkeyle dışa vurulabilir. Yani suçlu hissettiği için daha öfkeli tepkiler verebilir. Ya da suçluluk yetersizlik hissi ve özgüven düşüklüğüne neden olabilir. Bu duygular alışveriş ya da para harcama davranışını daha da artırabilir. Sorunu farkeden eş, borcun sorunlu para harcama davranışından kaynaklandığını gösterdikten sonra meselenin çözümünde eşine destek olacağını vurgulamalıdır. Yani, 'Bak senin şu şu şu harcamaların bu bu bu borçların oluşmasına neden oldu ve biz bütün bunların sonucunda maddi sıkıntı yaşıyoruz. Para harcama konusundaki davranışlarının sorunlu olduğunu düşünüyorum. Bu süreci atlatıp borçları bitirebilmemiz için birbirimize destek olmalıyız. Öncelikle bütçe yapalım ve harcamalarını nasıl kısacağını bulmaya çalışalım. Ayrıca, para harcama konusunda kendini frenlemende güçlük yaşıyorsun, belki buna sebep olan psikolojik sıkıntılar olabilir. Bunlar için psikolojik danışmanlık alabiliriz' benzeri bir konuşma yapmak hem sorunun önemini vurgular hem de sorunlu kişiyi destekler."

## Alışveriş Bağımlısı mısınız?

Alışveriş bağımlılık boyutuna ulaşan bir hastalığa dönüşebilir, fakat her alışveriş bağımlılık demek değildir. Bu hususta birtakım kriterler belirleyen uzmanların alışveriş bağımlılığını tarif etmek için kullandığı araştırma sonuçları şu şekilde:

• Karşı gelmesi güç, anlamsız gelen ya da zorlayıcı biçimde zihne sokulan sık alışveriş yapma düşüncesi ya da eylemi vardır.

• Sık sık bütçeyi aşacak miktarda alışveriş yapılıyor, ihtiyaç duyulmayan şeyler alınıyor ya da niyetlenilenden daha uzun süre alışveriş yapılıyordur.

• Satın almayla meşguliyet, satın alma dürtüsü ya da satın alma davranışları kişide belirgin huzursuzluğa neden olur; zaman alıcıdır, sosyal ya da meslekî işlevselliği belirgin olarak etkiler ya da malî sorunlara (iflas etmek ya da borçlanmaya) neden olur.

• Aşırı alışveriş davranışı başka bir psikiyatrik hastalık (mani ya da hipomani) sırasında ortaya çıkmamıştır

Ayrıca alışveriş bir hastalık boyutuna ulaşmışsa kişi alışveriş yapmadığı zamanda da alışveriş düşünür, katalogları inceler, alışverişe çıktığında neler alacağını hayal eder. Alışveriş nedeniyle borca batmıştır ve bu borçları kapatabilmek için ya aşırı çalışıyordur ya başka birilerine borçlanmıştır ya da bankalarla sorun yaşamaktadır. Alışveriş bağımlısı alışveriş nedeniyle ailesini ve sosyal çevresini ihmal eder.

Bir iki parça eşyaya sahip olarak elde ettiğimiz mutluluk gerçek değildir; unutmayalım ve bir zaaf uğruna ailemizin huzurunu kaçırmayalım. Ailemizle, çevremizle ve kendimizle barışık bir hayat istiyorsak, harcama dürtümüze bir sınır koymak zorundayız.

***Yıllar sonra ancak bir eve sahip olabilen ninelerimiz, bugün dört dörtlük yuva kurma telaşındakilere mutluluğun "eşya"da değil "huzur"da saklı olduğunu kendi kırk yıllık evlilikleriyle göstermiş olsalar da gençlerin bunu anlamaları seneler alıyor.***

# EVLİLİKLE NEYİN ZENGİNİ NEYİN FAKİRİYİZ?

GÜLCAN TEZCAN

Büyük annelerimizden nasıl evlenip yuva kurduklarını dinlediğimizde, şaşkınlığa uğrarız çoğu zaman. Çünkü onlar zor şartlar altında, Hz. Ali ve Hz. Fâtıma misali sadece bir iki kap kacak, bir ocak, bir iki yorgan, döşekten ibaret en temel ev eşyalarıyla gelin oldular. Uzun yıllar sonra ancak dayalı döşeli bir eve sahip olabilen ninelerimiz, bugün dört dörtlük yuva kurma telaşındakilere mutluluğun eşyada değil o evde soluklanan huzurda saklı olduğunu kendi evlilikleriyle göstermiş olsalar da gençlerin bunu anlamaları uzun seneler alıyor.

Modern zamanlar "görüntü"ye öylesine büyük değer biçiyor ki insanlar var güçleriyle bedenlerinin ve sahip oldukları şeylerin güzel görünmesine emek, para ve zaman harcıyorlar. Genç kalmak, konforlu döşenmiş bir evde yaşamak, son model cep telefonu, araba ya da bilgisayara sahip olmak sade yaşamın insan hayatına kattıklarından çok daha önemli sayılıyor. Bu anlayış evlilik hayatını da doğrudan doğruya etkiliyor.

Eş seçerken yakışıklı, güzel, kariyer sahibi ve modern birini tercih edenler evlenirken de gösterişli, herkesin yıllarca konuşacağı şık bir düğün hayal ediyor. En yeni tasarımlı eşyalar ve mobilyalarla döşenmiş, eksiksiz bir ev mutluluğun şartıymış gibi algılanıyor. Hatta kimi gelenek ve görenekler de bu anlayışı körüklüyor. Aileler çeyiz ve eşya olarak birbirinden olmadık taleplerde bulunuyorlar.

Oysa evlilikte asıl zenginlik dinen, ahlâken ve kalben birbirine denk düşen bir eşe sahip olmak; ruhen ve bedenen sağlıklı ve hayırlı evlatlar büyütebilmektir. Ancak bu iki cümlede özetlenen hazinenin farkında olmayanlar; oturma grupları yenilenmediğinden, falancaların gelinine takılan takılardan kendisine takılmadığından, hanıma bulaşık makinesi değil de evin beyine hobisi olan kamera alındığından günlerce birbirlerinin yüzüne bakmayabiliyorlar. Filancaların taşındığı sitede ev sahibi olamamak, falanlar gibi yaz tatilini beş yıldızlı otelde geçirememek, bu bayramda giysiye uygun ipek başörtü alamamak dünyanın en büyük problemi sayılabiliyor.

Öte yandan tüm bu yaşam kaprislerinden uzakta hayat süren pek çok mesut aile, "Başımızın üstünde bir çatı var çok şükür" deyip derme çatma bir evde, yeni bir günü sevgiyle kucaklayabiliyor. Kim bilir bir gecede kaç yüz kadın ya da erkek, hasta olan eşinin baş ucunda ellerini tutup iyileşmesi için dua ediyor Rabb'ine.

Bir düşünelim gözü görmeyen, ayakları tutmayan ama yuva kurma cesareti göstererek dünyanın en mutlu insanı olabilenleri. Gencecik yaşında eşini toprağa veren ve çocuklarını bir başına büyütmek zorunda kalanları, evladı ağır bir hastalığa yakalanıp derman arayanları...

Sonra dönüp halimize bakalım. Neleri kendimize dert ettiğimizi, eşimizle en son ne için tartışıp kavga ettiğimizi, eften püften şeyler için kalp kırdığımızı... Oysaki evliliğimizde ve ailemizde iyi giden ne çok şey olduğunu ve bunlar için sonsuz kere şükretmemiz gerektiğini. Şükredelim sahip olduklarımıza. Mutluluğumuza da şükredelim, sıkıntılarımıza da ve soralım kendimize neyin zengini, neyin fakiriyiz?

## İnsan İlişkilerinde ve Evlilikte Etkili "10" Söz

Size nasıl yardımcı olabilirim?
Siz ne düşünüyorsunuz?
Size katılıyorum (Haklısınız).
Sizi anlıyorum.
Sizi kutlarım!
Rica etsem, müsaadenizle, lütfen.
Bu konuda hatalıyım.
Özür dilerim, affedersiniz, üzgünüm!
Teşekkür ederim.
İyi günler, saygılar.

***Evden, eşyadan konuşulduğu kadar eş adayının gerçekten doğru kişi olup olmadığı, hangi huylarına ne kadar sabır gösterilebileceği, hangi özelliklerinin yuvalarını kavi kılacağı konuşulmaz.***

# EVLİLİĞE GİDEN YOLDA EŞ Mİ ÖNEMLİ EŞYA MI?

GÜLCAN TEZCAN

Evlilik hazırlığı geleneklerin en yoğun ve olmazsa olmaz biçimde yaşandığı bir dönem. Ancak bütün gelenekler eksiksiz biçimde yerine getirilmeye çalışılırken evden, eşyadan konuşulduğu kadar eş adayının gerçekten doğru kişi olup olmadığı, hangi huylarına ne kadar sabır gösterilebileceği, hangi özelliklerinin yuvalarını kavi kılacağı pek de dikkate alınmaz. Damadın işi gücü yerinde, yüzüne bakılacak biriyse gelin adayı becerikli, oturup kalkmayı bilen, ev işlerini döndürebilecek gibiyse tamamdır. Nasılsa nikâhta keramet var, evlenince birbirlerini tanıyıp severler diye düşünülür. Peki bu ne kadar doğru? Evlilik yolunda işin maddi boyutunun bu kadar öne çıkması evlilik hayatını nasıl etkiler? Biz de evlilik aşamasında sorulması gereken bu en kritik soruya dikkat çekmek, evlenirken "Eş mi önemli eşya mı?" diye sormak istedik.

Genç kızın ve delikanlının evlilik çağı gelmiştir. Bir vesile aileler ya da gençler birbirini bulur. Usulünce kız istenir. Yüzükler takılır. Derken hazırlıklar hız kazanır nişan telaşı, bohça koşturmacası, düğün organizasyonu birbirini izler. Tüm bu süreçte aileler kimi zaman anlaşmazlığa düşer. Sık sık bir araya gelip çözüm bulmaya çalışır. Tarafları sıkıntıya düşüren konular, genellikle yeni evlilerin nerede ya da kiminle beraber oturacağı, nişanın salonda mı, evde aile arasında mı olacağı, mobilya takımının modeli, rengi, halılar ve perdelerin neden falan mağazadan değil de filan yerden alındığı, kimin ne takı takacağı olur.

Aileler kadar evlenecek çiftler de nişanlılık döneminde sıklıkla bu konularda karşı karşıya gelirler. Ancak kuracakları yuvanın uzun ömürlü olması için nelere dikkat etmeleri gerektiği, hangi huy ve alışkanlıklarının ileride problemlere yol açacağı ve bu problemleri aşmak için birbirlerine nasıl davranmalarının uygun olacağına dair uzun boylu konuşmazlar. Bir problem yaşanmadığı sürece de ne kişilik çatışmaları ne huy ve ne de alışkanlıklar gündeme gelir. Evet sabahlara kadar telefonlarda konuşulur, sevgi sözcükleri fısıldanır, evliliğe dair hayaller bıkmadan usanmadan anlatılır. Ama asıl söylenmesi gerekenler söylenmez.

## Müslümanlık İtibar Listesinde Kaçıncı Sırada?

Söz gelimi Allah korkusu var mıdır? Dindarlıktan anladığı cumadan cumaya gitmek midir? Yoksa ramazan müslümanı mıdır? Kimi aileler bu konular üzerinde hassasiyetle dursalar da pek çok aile için görüntüden ibaret bir Müslümanlık ikna edici olur. Damat adayının aldığı nişan yüzüğündeki pırlantanın kıratı, sahip olduğu evin metrekaresi ya da arabasının markası; gelin hanımın mesleği, ailesinin varlığı ne yazık ki artık çok daha itibar edilen ölçüler.

**Dengeyi Bulmak Lazım!**

"Eş mi eşya mı?" şeklinde bir seçime gitmek yerine her iki konuda da ölçülü davranmak gerektiğinin altını çizen psikolog Farika Teymur Artır, "Ailenin çevresiyle uyumu önemli değil dersek de yanlış olur. Dengeyi bulmak lazım. Bir bayan evinin güzelliğinden hoşlanır. Arkadaşlarının yanında ihtiyaçlarının karşılanmış olması onu rahatlatır. En azından çevresindeki kişilerin ortalama yaşam düzeyi kadar ihtiyaçları sağlanmış olmalıdır" diyerek eşyanın da tümden görmezden gelinmemesi gerektiğini söylüyor.

Artır'a göre eşya söz konusu olunca her şeyin birdenbire sağlanması konusunda ailelerin telaşı veya gençlerin bu yönde yönlendirilmesi ailenin tecrübesiyle, gelişim özellikleriyle ve durumuyla ilgili. "Evlilik sürecinde 'eşya'ya gereken önemi gerektiği kadar veren aileler de var ama bu her zaman az olmuştur" diyen Artır'a karşılık yazar Zeynep Sevde Paksu, evlilik söz konusu olduğunda "maddi" kriterlerin daha çok öne çıktığına işaret ediyor. Belki de en doğrusu maddi ve manevi anlamda "hayırlı" olanı isteyerek evlilik yoluna çıkmak. Zira, huzurlu, sağlık ve neşe içinde yaşanan bir yuva ne parayla sağlanabiliyor ne evlilik okuluyla...

## Sizce Evlenirken Öncelikler Ne Olmalı? Ev mi Eş mi?

Zeynep Sevde Paksu (Yazar)

Evlilik bir ticaret, mantık ya da maddi terimlerle açıklanabilecek bir kurum değil. Tam anlamıyla bir gönül birliği. İlla ki sırılsıklam bir aşktan bahsetmiyorum ama gerçekten birbirlerini seviyorlarsa, ya da sevme potansiyeli taşıyorsa iki taraf evlilik gibi ciddi bir kurumun kapısını aralamalı. Çünkü evlilik çok ama çok zor. Hele de günümüzde. Sevgi, saygı olduktan sonra ev de gelir araba da gelir, iş de ...

## Ahlâkî Gelişime Ne Kadar Önem Verilirse İhtiyaçlar Konusunda Daha Dengeli Olunur

Farika Teymur Artır (Psikolog)

İnsan temel ihtiyaçlarıyla bir bütün. Tabii ki yaşanılan mekân, ev ve eşyalar önemli, insanın ihtiyaçlarının karşılanması gerekiyor. Bunları olması gerektiği yerde tutmak lazım. "İki gönül bir olunca samanlık seyran olur" sözünün pratikte çok fazla karşılığını göremiyoruz. Kişinin idealleri ne kadar yüksekse ihtiyaçlara verilen önem de ona göre değişiklik gösterir. Bu durum bireyden bireye de değişir. "Eş mi eşya mı?" derken eş önem vermiyorsa tabii ki eşya ikinci derecede kalır. Eş önem veriyorsa o zaman sorunlar çıkacaktır.

Ailelerin çocuklarını iyi tanıması lazım. Aileler uyum ve denklik noktasında kendilerine düşeni yapmak durumundalar. Burada kuşaktan kuşağa aktarılan bir model var. Bunları çok fazla değiştiremiyoruz. Bunlar zaman içinde gelişiyor. Ama tüketici bir toplum haline gelince insanların bakış açıları da değişiyor.

İnsanların birinci derecede ihtiyaçları nedir? Manevi ihtiyaçlara önem verildiği zaman eşyaya olan ihtiyaç da somuttan soyuta geçecektir. Tabii bu eğitimle ve ahlâk gelişimiyle alakalı olan bir şey. Eğitim derken burada sadece okul eğitimini kastetmiyorum. Manevi eğitim, ahlâkî eğitim... İdeallerin, fikirlerin geliştirilmesi gerekir. Geleneklerin doğru anlaşılması ve geliştirilmesi de hem ahlâkî hem manevi eğitimle alakalı. Anadolu'da öyle aileler var ki bahsettiğimiz ideallere daha çok önem veriyorlar. Onlar da altın gibi; bir ton altın cevheri içinden on gram altın çıkar ya, o kadar az. Ailelerin kendilerini geliştirmeleriyle alakalı bir durum. Bu anlamda evlilik okullarında işlenen konular da çok önemli. Evlilik okullarında sadece iletişim ve sorunlar üzerine yoğunlaşılırsa bunun geliştirici özelliği de bir yere kadar olacaktır. Ama bahsettiğimiz manevi değerlere, ahlâkî gelişime, karakter eğitimine ne kadar önem verilirse bir ailenin ihtiyaçları konusunda bireyler daha dengeli tutumlar içine girerler.

***"Şimdi durup modern çağın sloganını tersine çevirme zamanı: 'imaj hiçbir şeydir, Allah'ın rızası her şey!"***

# EVLİLİKTE İMAJ HİÇBİR ŞEYDİR, ALLAH RIZASI HER ŞEY

GÜLCAN TEZCAN

Devir imaj devri... Görüntü her şeyden önemli. Çünkü artık değerlerin, ahlâkî ölçülerin hiçbir anlamı yok. Önemli olan insanların sana baktıklarında hayranlık duyması, giyiminle, gidip geldiğin mekânlarla, tatil yaptığın yerlerle, arabanın markası, oturduğun siteyle "zengin" bir görüntü vermen... Modern hayat çocukluktan itibaren insanları böyle bir kalıbın içinde yaşamaya zorluyor; iyi ve özel okullarda okumalı, marka giyinmeli, alışveriş merkezlerinin müdavimi olmalı, yediği yemekten çorabına kadar kullandığı ve tükettiği her şey marka olmalı.

Modern insanın işi ve kariyeri de zaten özenilesi imajını desteklemeye yaramalı. Her şey, dışarıdan bakanlar, "Ne kadar zengin, ne kadar güzel, ne kadar bakımlı, ne kadar karizmatik, ne kadar modern desinler' diye yapılıyor. Kimse kendisini Allah'ın nasıl bir kul olarak göreceğiyle ilgili bir kaygı taşımıyor. Böyle bir dayatmanın sonucunda imaj derdindeki insanın yapacağı evliliğin de hayatındaki her şey gibi o mükemmel görüntüyü tamamlaması gerekiyor. Bu yüzden de eş adayının karakteri, ahlâkı, insanî özellikleri değil, imajı önem taşıyor.

### Sanal Birlikteliklerden Sahici Aileler Çıkmaz!

Üstelik dışarıya verilen izlenim ne olursa olsun, evliliğin uzun süreli bir birliktelik olduğu düşünülürse sadece görüntüye bakıp verilecek bir evlilik kararı daha başından aile birliğini dinamitlemek anlamına geliyor. Arzu Cihangir de modern hayatın imaj dayatmasının hepimizi bir şekilde etkilediğine dikkat çekerken, öyle bir bakışla yapılan evliliklerin hiç de sağlıklı olmadığının altını çiziyor.

Eş seçimindeki kriterler değiştiği için evlilikler de uzun ömürlü olamıyor. Edep, ahlâk, sabır, sadakat, özveri ve diğergamlık yerine zenginlik, güzellik, gösteriş, diploma, iyi bir maaş, kariyer sahibi olmak gibi maddi ölçüler konulunca en ufak bir sallantıda evlilik kurumu çatırdıyor. Eşler birbirlerine tahammül edemez oluyor ve görüntünün yerini gerçekler alınca eşler ne kadar yanlış seçim yaptıklarını anlıyorlar. Bu yüzden dinimiz eş seçiminde dindarlığı ve takvayı birinci tercih sebebi olarak tavsiye ediyor ve biz her zaman olduğu gibi modern hayatın tuzaklarına takılıp düştükten sonra yaratanın ikazlarını farkedip "Eyvah!" diyoruz. Şimdi durup modern çağın sloganını tersine çevirme zamanı: "İmaj hiçbir şeydir, Allah'ın rızası her şey!"

## Nefis Terbiyesi Gündemimizde Değil!

Fatma Karabıyık Barbarosoğlu (Sosyolog)

İslâmî kesimin yaşadığı sıkıntı, İslâm'ın ikna metodunun modern hayatın ikna metodu ile yarışamamasından kaynaklanıyor. Modern hayat bizi nefsimizin isteklerini coşturmaya çağırıyor. İslâm'ın nefis terbiyesi hiçbirimizin gündeminde değil. Hiçbirimiz kendimizi manevi olan ile şarj edemiyoruz. Hal böyle olunca Peygamber Efendimiz'in [sallallahu aleyhi vesellem], "Hanımları ahlâkı için nikâhlayın" tavsiyesini duyacak kulak azalıyor.

Şu yaşanan hengamede en masum olan gençler ve çocuklar diye düşünüyorum. Çünkü esas sorun, orta yaşın ve yaşlıların kendi kemalatlarını tamamlayamamalarından kaynaklanıyor. Yeni evlenecek çiftlere yol yordam gösterip hayat tecrübesini paylaşacak, söyledikleri ile yaşadıkları birbiriyle çelişmeyen "büyük"ler gittikçe azılıyor.

Eşlerin "modern görücü"lere ihtiyacı var. Birbirlerini daha iyi görebilmek, anlayabilmek için üçüncü şahıslara ihtiyacı var. Ama sorun şu ki üçüncü şahıslar, hayat tecrübelerini modern hayatın ikna metoduna karşı koruyup kollayamıyorlar.

"Başörtülü kızlarla kim evlenecek?" Bu soru neden soruluyor onun üzerinde duralım. Daha düne kadar kızların başını örttüğü böylece koca bulduğu tezi yaygındı "öteki mahalle"de. Şimdi bu tezlerinden vazgeçmiş görünerek "bizim mahalle"nin kızlarına boşuna başınızı örtmeyin bakın sizin delikanlılar bizim mahalleye dadandı demeye getiriyorlar. Oysa bunlar çok sığ gözlemler. Mesele başörtülü ya da başı açık kızlar kiminle evlenecek meselesi değil. Mesele insanlar evlenirken sıralamalarını nasıl yapmalı.

## İmaj Evlilikleri Maneviyattan Yoksunluğun Sonucu

Serkan Sevinç (Öğrenci)

Maddi olarak kendini geliştirmeye çalışan insanlar maalesef manevi duygularını bir adım ötesine götürmek için aynı gayreti göstermiyor. Bu durum tabii evliliğe bakışımızı da etkiliyor. En basit örnekle eskiden sıcacık bir yuva kurma hayali var iken şimdilerde insanlar evliliği şirket kurmak gibi görüyorlar. Eş seçerken de sanki bir şirketin insan kaynaklarına eleman alır gibi bakılıyor eş adayına. Aile saygı, sevgiden öte başka çıkarların gözetilmeye başlandığı bir yer oldu. Artık eş adayının dürüstlüğü, ahlâkı değil aldığı maaş ve sosyal statüsü daha önemli. Dolayısıyla o ailede yetişen nesil de saygı, sevgi, alakayı ailede bulamıyor ve dışarıdan başka tehlikeli mecralarda aramaya başlıyor. Emo denilen gençlik akımı tam da böyle bir aile yapısının ortaya çıkardığı arazlardan biri. Aile gerçek bir aile olsa neden bu çocuklar bu hale gelsin? Böyle bir ailenin nasıl bir toplum oluşturacağı da ortada.

## Şekil Evliliklerinin Sonu Yok

Züleyha Sarı (Fotoğraf Sanatçısı)

Evlilik bireysel gibi görünse de esasında neslin devamı gibi ciddi bir yükü omuzlarına yüklüyor insanın. Kimilerine göre ailesine uygun, ahlâkî değerleriyle örtüşen bir eş profili önemli ise de şu çağda gençlerin yavaş yavaş ailelerinden kopma, bireysel hareket etme arzusu yüzünden bu çizgiden epey uzaklaşıldı. Toplumun sürüklendiği noktada bir giyim aksesuarı, bir mekâna girip çıkma, bir söz kişiyi etiketleyebilirken insanların üzerinde inanılmaz bir baskı oluştu. Her davranışları bir ideolojiye yoruldu.

Evliliğin esasları içerisinde nikâhı tüm topluma duyurma da olduğu için haliyle evlenen kişi yuva kurmayı bir basamak atlama, kendini ispatlama fırsatı gibi görebilir. Çevremizde bu tarz evliliklere ve kısa süreden çatırdayan ailelere sık sık şahit oluyoruz. Hırs ve şekil evlilikleri mutsuz bir toplum olmamıza neden olacak.

## Bu Tarz Evlilikler Sahtedir

Bülent Şahin Erdeğer (Editör)

İmaj evliliklerinin sebebi modernizmin insana yüklediği anlamdır. Modernizm insana, sadece kendisinden sorumlu olduğunu ve nefsinin istediği her şeyi yapmasının bir "hak" olduğunu telkin ediyor. Serbestliği özgürlük sanan modern insan ise toplumda var olabilmek için belirli bir anlam arayışı kaygısından uzaklaşıyor. Hayatının anlamını, ahlâkı, erdemleri, insanı insan yapan şeyleri araştırmak yerine toplumda cinselliğiyle, gücüyle, parasıyla var olmaya çalışıyor. Toplumda var olabilmeyi, bir kişilik sahibi olabilmeyi ancak böyle sahte şeylerle başarabilen kişiler bunun için imaj sahibi olmaya çalışıyorlar. Sahte kimliklerini güçlendirebilmek için de "güzel bir kadın" ya da "zengin bir erkek" olarak görünmeye ve bu tiplerle evlenmeye çalışıyorlar. Bu tarz evlilikler evlenen tarafların sahteliği kadar sahtedir. Kendi şahsiyetlerini insanı insan yapan değerlerle inşa edemeyen kişilerin sanal birlikteliklerinden ortaya çıkacak aileler de sahici olmayacaktır. Oysa evlilik ahlâk toplumunun yapı taşıdır. Evliliği sahici olmayan bir toplumun kendisi de ancak imajdan yani bir yanılsamadan ibaret olacaktır.

İslâmî hayat tarzında kişinin eş seçiminin kriteri öncelikli olarak güzellik ya da dış görünüş değildir. Kur'an ve sahih hadislerde bu kriterler gayet açık biçimde önümüze konmuştur. İnsanı bir başka insan için öncelikli tercih sebebi kılacak olan şey, onun erdemli biri olup olmamasıdır. Büyük günahlardan kaçınıp kaçınmaması, Allah'a, çevreye, topluma ve kendisine karşı yeterli sorumluluk bilincine sahip olup olmadığıdır. Kur'an bu duruma "takva" diyor. Bir insanın sırf dış görünüşünden dolayı eş olarak tercih edilmesi geçici bir yanılgıdan ibaret. Çünkü bir ömür boyu o insanla beraber yaşayacaksanız karşınızdaki şahsın dengeli bir kişiliğinin olup olmadığına bakmalısınız. Dengeli bir eş, karşısındakine saygılıdır. Tevazu ve sade yaşamı öne çıkartmalıdır. Tüketim çılgını bir eş demek ömür boyu işkence demek. Ama maalesef bugün insanlar bu denli önemli bir tercih için güzel yüzlere, ipek eşarplara, markalara, makyajlara, jölelere, altı doldurulmamış uçuşkan cümlelere kanmaktalar. İslâmî dava bilincinin kaybolup modern insan gibi yalnızlaşan dindar gençlerimizin önüne konan rol-modeller sorumsuz ve bireyci bir örneklik vaat ediyorlar. Böyle bir vaat de imajın takvaya karşı tercih edilmesine yol açıyor.

### Evlilik Kriterleri Değişti

Arzu Cihangir (Satış Pazarlama Uzmanı)

Eskiden evlilik için aranan kriterler efendi olmak, kötü alışkanlığı olmamak, çalışkan ve dürüstlük gibi özelliklere sahip olmaktı. Ancak son yıllarda durum biraz değişti. Kriterler ne iş yapıyor, ne mezunu, arabası var mı, tipi nasıl, eğlence alışkanlıkları ne gibi sorulara kaymaya başladı. İmaj yeni dünyanın en büyük özelliği. Ama sırf imaj için yapılan bir evliliğin saadet getirmediğini bilecek kadar da çok vak'a gördüm. Bir anda evlenen arkadaşlarım bir anda boşandılar. Bir-üç ay arası evli kalıp boşanan arkadaşlarım var. Zoraki devam eden evlilikleri saymıyorum bile. Peki toplum bu durumdan ne kadar etkileniyor? Bunu sosyolojik olarak gözlemlemek için bir yirmi yıla ihtiyacımız var sanırım. Ancak umutsuz değilim.

*Evlenmek üzere olan gençler müstakbel hayat arkadaşının namaz kılıp kılmadığından, ne kadar dürüst ve ahlâklı bir insan olduğundan çok, gelir düzeyini merak ediyorlar.*

# PARAYLA SAADET OLMAZ

GÜLCAN TEZCAN

Her anne baba çocuğu evlenecek yaşa geldiğinde, "Acaba kendi kanatlarıyla uçabilecek mi?" endişesi taşır. Kız tarafı damat adayının evlatlarını rahat ettirip ettiremeyeceğini düşünür, erkek tarafı oğlumuz aile sorumluluğu taşıyabilecek mi derdine düşer. Eskiden daha masum ve anlaşılabilirdi bu kaygılar. Ama asıl mesele iki gencin birbirine huy, ahlâk ve karakter olarak uygun olup olmadığıydı. Gençler birbirini beğenmişse, aileler birbirine uygunsa gerisi teferruattı. Ancak son zamanlarda kız istemeye gidildiğinde tanışma faslında "Oğlumuz ne iş yapar?" sorusu artık geleneğin ötesinde sahici bir merakla soruluyor. Eş adayının maddi durumu, aylık kazancı giderek birincil kriter olmaya başladı.

## Evlilikler Maddi Değerler Üzerine Bina Ediliyor

Evlenmek üzere eş adayıyla tanışan gençler müstakbel hayat arkadaşının namaz kılıp kılmadığından, ne kadar dürüst ve ahlâklı bir insan olduğundan çok, gelir düzeyini merak ediyorlar. Tüketim toplumunda her şey gibi evlilikler de maddi değerler üzerine bina ediliyor. "Düğünde ne kadar çok takı takabilecek, kendine ait evi var mı? Arabası hangi model?" sorularına alınan cevap, "Bu adamla ya da bu genç hanımla bir ömür geçirebilir miyim?", "Bu hanım iyi bir anne olabilir mi?", "Bu genç, yuvasını her şart altında ayakta tutabilecek kadar güçlü mü?", "Bu kişiyi eş olarak seçersem beni imanî ve itikadî noktada nereden nereye taşıyabilir?" sorularına alacağı cevaplardan daha önemli hale geldi. Bu yüzden de her gün boşanma oranlarının son yıllarda ne kadar arttığıyla ilgili haberler okuyoruz. O halde, "Evlenirken maddiyatın bu kadar önemsenmesi 'aile'yi nasıl etkiler? Sağlam bir yuva bina etmek için esas olan nedir?" diye merak ettik ve işin uzmanlarına, aile danışmanlarına ve terapistlere sorduk.

"Evlilik kararı insan hayatında önemli kararlardan biri ve tüm önemli kararlar gibi mantıklı düşünerek karar vermek gerekir, sadece duyguların etkisine kapılıp hareket edilmemelidir. Tabii ki evlenecek çiftin arasında sevgi ve aşk olması artı bir unsurdur, sevgi olduğu zaman karşılaşılacak güçlükleri aşmak da daha kolay olacaktır. Ama sevgiden de önemli olan eşler arasında saygılı bir ilişkinin olması ve eşlerin evlilik için ortak bir ideale sahip olmalarıdır" diyen Memory Center aile terapisti psikolog Çiğdem Demirsoy, "Her evlilikte kaçınılmaz olarak bazı sorunlar, çatışmalar ortaya çıkar, zorluk dönemleri olabilir, eğer eşler arasında duygusal bağlar kuvvetli ise bu zorluklar evliliğe zarar vermez; ama sevgi, saygı ve güven gibi bağlar zayıfsa, evlilik sadece maddi çıkarlar temelinde işleyen bir şirket gibi yürüyorsa çıkacak en ufak bir sorun da zaten temelinde eksiklikler olduğu için evliliğin yıkımına yol açacaktır" uyarısında bulunuyor.

Psikolog Mehmet Dinç de evliliği şirket olarak gören insanların şirketin işleri iyi gittiği sürece o ortaklığa devam edeceğine dikkat çekiyor. "Şirketin işleri bozulduğu zaman ya da evli olmanın bir tek maddi anlamda bir şeyler paylaşma olmadığının anlaşıldığı günler geldiğinde ortaklık resmî ya da gayri resmî olarak biter" şeklinde konuşan Dinç, "Toplumumuzda yakın zamana kadar resmî boşanmalar yaygın değildi ancak gayri resmî boşanmaların oldukça yaygın olduğunu söyleyebilirim. Gayri resmî boşanma derken, aynı evde fiziksel olarak yaşayan ancak duygusal anlamda hiçbir şeyi paylaşmayan insanların evliliklerini kastediyorum. Bu anlamda şayet evlilik maddi sebepli olursa eninde sonunda resmî ya da gayri resmî boşanmayla sonuçlanması mukadderdir" diyor.

Evlilik iki insanın birbirine sevgiyle bakabildiği sürece sağlıklı devam ettirilebilen bir birliktelik. Başka hiçbir değer ölçüsü o "sevgi" ve "muhabbet" kadar bağlayıcı olmaz. Hele "para" ve "maddiyat" hiç... Dünya ve ahirette eş olacak birini seçerken ise zaten "maddiyat" söz konusu bile olamaz. Belki de bizler artık her şey gibi evliliği de sadece bu dünyayla sınırlı düşündüğümüz için aileyi de fazlasıyla dünyevîleştirdik. En iyisi evliliğe bakışımızı gözden geçirmek; o zaman nerede hata yaptığımızı daha kolay anlayabiliriz, kim bilir...

## Evlendiğiniz Kişinin Maddi Gücü Değil Kişiliği Önemli

Psikolog Çiğdem Demirsoy (Aile terapisti)

Evlilikte, eş seçiminde maddi değerleri manevi değerlerin önüne almak büyük bir hata olur. Evlilik sevgi, saygı ve güven temelinde işleyen bir ortaklıktır ve sadece iyi günde, refah içinde değil, zorluklar karşısında da iş birliği ve dayanışma içinde olmayı gerektirir. Bu açıdan evlenilecek kişinin maddi gücü değil, kişilik olarak ne gibi özelliklere sahip olduğu ve evlilikten beklentilerin birbirine uyumlu olup olmadığı önemlidir. Maddi değerleri ön plana almanız, sadece fiziksel rahatlığı düşündüğünüz ve bunu da kendi sorumluluğunuzu yadsıyarak karşı tarafın sağlamasını beklediğiniz anlamına gelir. Halbuki evlilik iki kişinin de sorumlulukları paylaştığı bir ortaklıktır. Üstelik bir insanın zengin olması kişilik olarak olumlu özelliklere sahip biri olduğunu veya iyi bir eş olacağını göstermez. Eş seçiminde parasal değerleri ön plana alan bir kişinin evlilikle, yaşamla ilgili gerçekçi beklentiler içinde olmadığını ve hayata çok dar bir açıdan baktığını söyleyebiliriz. Beklenti seviyesi yüksek olan kişiler en ufak bir sorunda da hayal kırıklığına kapılacak ve evlilikte sorunlar yaşanacaktır. Oysa yaşamın iniş çıkışları olabilir, hayat insana olumsuzluklar da getirebilir; insan parasını, varlığını yitirebilir. Bu nedenle evlendiğiniz kişinin maddi gücü değil, ne denli sağlam bir kişiliğe sahip olduğu önemlidir.

Evlilikte eşlerin birbirine denk özelliklere sahip olması, farklılıklardan doğabilecek sorunları önlemesi açısından maddi denklik tabii ki iyi olur, ama iki insanın da birbirine her açıdan denk olması zaten mümkün değildir. Bizim toplumumuzda geleneksel olarak evlilikte erkek evin reisi olarak kabul edildiği ve "güçlü olma" rolü atfedildiği için bazı açılardan, örneğin eğitim, maddi seviye gibi özelliklerde erkeğin biraz daha önde olması sorun yaratmaz hatta alışılmış olan, tercih edilen bir durumdur. Erkek maddi açıdan kadının gerisinde olduğunda, bu durum kişilik olarak yeterli olgunluğa sahip olmayan bir erkekte eksiklik duygusuna yol açabiliyor ve kendini yetersiz olarak algılayan erkek, hiç böyle davranmasa bile alınganlığa kapılarak eşinin, çevresinin kendisini eksik gördüğünü, değer vermediğini hissederek kendini savunma ihtiyacıyla eşini başka açılardan kısıtlama veya ezici davranma yoluna gidebiliyor. Veya maddi açıdan önde olan kadın, geleneksel alışkanlıklarla eşini kendisinden önde olmasını beklerken bu beklentisi karşılanmadığında hayal kırıklığı yaşayıp eşini kişilik olarak da yetersiz görme, eleştirme, aşağılama gibi rencide edici davranabiliyor. Bu gibi içsel çatışmalara ve iletişim çatışmalarına meydan vermemek açısından eşlerin alışılmış sosyal rollere ve kişisel beklentilere çok da ters düşmeyecek özelliklere sahip olmaları birtakım güç çatışmalarını önleyecektir.

## Maddi Duruma Bağlı Evlilikler Bitmeye Mahkûm

Psikolog Mehmet Dinç

Hiç şüphesiz her evlilik için geçerli olmamakla beraber evliliklerde genellikle eşitliğin gözetilmesinde fayda olduğu söylenebilir. Bu maddi anlamda da geçerlidir. Ancak hayat öngörülebilir, planlanabilir, ayarlanabilir bir hayat olmadığı için temel motivasyon maddiyat olursa o zaman maddiyat herhangi bir sebeple olumsuz etkilendiğinde evlilik de bu durumdan etkilenir. Dolayısıyla maddi durumun diğer özelliklerden daha çok dikkate alındığı evliliklerde, mutluluk ağırlıklı olarak maddi durumun iyi olmasına paralel gider ve maddi durum bozulduğu zaman evlilik de bozulur.

Maddi denklik kişinin kültürümüzdeki ifadesiyle "gördüğünden geri kalmaması" açısından önemlidir. Çünkü fakir olanın zengin olmayı veya fakir kalmayı kaldırabileceği ancak zengin olanın fakir olmayı kaldıramayacağı şeklinde kültürel bir kabul vardır. Bununla beraber esas önemli olan birinci olarak evlenecek kişilerin kişilik özellikleri ve yetişme tarzları, ikinci olarak da evliliğe yükledikleri anlamdır.

Son asırda kapitalizm bütün dünyayı sardı ve sarstı; dolayısıyla insanlar da temel önceliği kapitale vermeye başladılar. Bu, evlilik için de böyle oldu, arkadaşlık için de. Bunun yanında bizim toplumumuzun son otuz yılda yaşadığı maddi refahın önceki yıllara göre yükselmesiyle de maddiyatın daha bir değer kazanması söz konusu. Ancak yine bu sadece bizim toplumumuz için geçerli değil. Mesela Çin'in son yirmi yılda ticarî açıdan patlamasıyla da aynı sorunlar bugün orada tartışılıyor. Temelde bu bir bakış açısı, dünya görüşü. Her türlü ideolojiden, dinden ve kültürden bağımsız bir dünya görüşü. Kapitalist olup maddiyat motivasyonlu olarak mı hayatı düzenleyeceksiniz yoksa başka bazı kriterleriniz olacak mı? Yoksa dediğim gibi sadece bizim toplumumuza has bir durum değil. Oldukça sınırlı bir tarihe sahip Amerikalılar bile "eski güzel günler" ifadesini bir kalıp olarak kullanıyorlar. Zaman değişiyor, şartlar, imkânlar, tarzlar değişiyor, dünya değişiyor ve dolayısıyla biz de değişiyoruz; hem toplum hem birey olarak. Mesele dönüşmeden değişmek.

***Ahlâkı kötü, dinî terbiyesi zayıf, aile hukukuna uymamasından korkulan kimselere kızını vermemeli.***

# KIZIMI KİME VEREYİM?

SİRACEDDİN ÖNLÜER

Genelde evlilik, mutlu ve huzurlu olmak için yapılır. Kuşkusuz mutluluk, güzel geçime bağlıdır, sevgi ve saygıya dayalıdır. Güzel geçimin temeli ise takva ve güzel ahlâktır. Diğer şartlar daha sonra gelir. Kadında olduğu gibi evlenecek erkeklerde de aranacak özellikler, huylar ve hasletler vardır.

Her şeyden önce aile reisi, damat adayını ve çevresini tanımalı, onun ahlâk, fıtrat, sıhhat ve iş yönlerini araştırmalıdır. Ahlâkı kötü, dinî terbiyesi zayıf, aile hukukuna uymamasından korkulan kimselere kızını vermemelidir. Kızını zalim, fâsık, bid'at ehli, büyük günahlara dalan, din terbiyesi almamış ahlâksız birine veren kimse, hem dinî açıdan hem de evladının saadeti açısından büyük bir hata yapmış olur. Ayrıca kötü ahlâklı kimseyi tercih ederek Allah katında sorumlu olur.

Bir kimse Hasan-ı Basrî hazretlerine [rahmetullahi aleyh] gelerek, "Efendim! Kızımı isteyen birçok kişi var; hangisine vereyim?" diye sordu. Hasan-ı Basrî, "Sen kızını ahlâkı güzel, Allah'tan korkan birine ver! Zira böyle bir kimse kızını severse ona iyi bakar, ikramda bulunur; sevmezse zulmetmez, haksızlık etmez!" diye cevap vermiştir. Evet, evlenmek isteyen bir kimse, mal, soy, güzel ve şöhret sahibi olanı değil; din ve takva sahibi olanı tercih etmelidir. Unutmamak gerekir ki para ve güzellik, mutluluk sebebi değildir. Sırf güzellik ve zenginlik saadet için yetmez. Hatta bunlar çoğu zaman aile için saadet yerine felaket sebebi olmaktadır. Kadın da erkek de dini için, takvası için, edebi için tercih edilmelidir. Bunun için Allah Resûlü yuva kuracak gençlere, mutluluk için dindar, akıllı ve dengeli kadını tercih etmelerini tavsiye etmiş; bazan güzelliğin, zenginliğin ve nesebin âfet sebebi olacağını hatırlatmıştır.[12]

Akıllı, dürüst, doğru sözlü, takvalı, terbiyeli ve sevimli bir erkek fakir olsa bile, bir zararı olmaz. İnsan kısa zamanda maddi fakirliğine bir çare bulabilir, fakat ahlâk fakirliğine çare bulmak, dengeli insan olmak çok zordur. Bunun için hadis-i şerifte, akıllı ve ahlâkı güzel bir erkeğin evlenme teklifinin geri çevrilmesi cemiyet için çok zararlı görülmüştür. Bir diğer hadiste ise şöyle buyrulmaktadır: *"Kadın; malı, güzelliği, asaleti ve dindarlığı için nikâh edilir. Sen dindar olanı seç ki elin toprak tutsun (evin bereketlensin)."*[13] Hadiste, erkeklere dindar kadını tercih etmeleri tavsiye edilirken, aynı tavsiye kadınlara da yapılmaktadır. Ayrıca şu hadiseye de kulak verelim:

## Kölesi Damadı Oldu

Merv şehrinde Nuh adında bir adam vardı. Bu adam şehrin reisi ve kadısı/hâkimi idi. Geçim düzeyi yüksek olup zengin bir kimse idi. Kendisinin oldukça güzel ve olgun bir kızı vardı. Şehrin ileri gelenleri onu istemişlerdi; fakat hiçbirine evet diyememiş, kızını kiminle evlendireceğine karar verememişti. Kendi kendine, "Şayet kızımı filan kişiye versem filan kişi kızacak, filana versem filan darılacak" diye düşünüyordu.

---

12 bk. Bezzâr, *el-Müsned*, nr. 1404; Heysemî, *Mecmau'z-Zevâid*, 4/255.

13 Buhârî, Nikâh, 16.

Bu hâkimin Mübârek isminde Hintli, takva sahibi bir kölesi/hizmetçisi vardı. Bir gün hizmetçisine, "Benim filan yerde, meyveleri güzel bir bağım var; senin oraya gidip onu korumanı istiyorum" dedi. Hizmetçi de bahçeye giderek bekçilik yapmaya başladı. Aradan bir ay geçmişti ki efendisi bahçeye gitti. Zaten ara sıra gider ve meyvelerin nasıl olduğuna bakardı. Bir gelişinde ona, "Ey Mübârek, bana bir üzüm salkımı getir" dedi. Mübârek, hemen bir üzüm salkımını koparıp getirdi ve efendisine uzattı; efendisi üzümü çok ekşi buldu. Ondan başka bir salkım koparıp getirmesini istedi; ancak o da ekşi çıktı. Bunun üzerine efendisi, "Bağda bu kadar güzel ve tatlı üzüm varken neden bana doğru dürüst, tatlı bir üzüm getirmiyorsun?" diye sordu. Mübârek, "Efendim! Ben hangisinin tatlı, hangisinin ekşi olduğunu bilmiyorum!" diye cevap verdi. Efendisi, "Hayret! Tam bir aydır buradasın da hangisinin tatlı, hangisinin ekşi olduğunu bilmiyor musun?" diye çıkıştı. Mübârek, "Efendim, tadına bakmadığım için tatlı mı, yoksa ekşi mi olduğunu bilemiyorum!" dedi.

Mübârek onları yemekle değil korumakla vazifeli olduğunu biliyordu. Efendisi "Peki, neden hiç yemedin?" diye sorduğunda; Mübârek, "Zira siz, sadece bana bağınızdaki meyveleri korumamı emrettiniz, yememi değil! Bu sebeple size ihanet edemezdim!" dedi. Bunları duyan kadı çok şaşırdı. Ayrıca onun bu haline hayran kaldı. Çünkü böyle bir hadiseyle ilk defa karşılaşmıştı. Hizmetçisine dönerek "Allah, sendeki emaneti korusun!" diye dua etti. Kadı, kölenin çok akıllı biri olduğunu anladı ve ona şöyle dedi: "Ey genç! Senin bu halin çok hoşuma gitti; senin kölem olman hasebiyle bana itaat etmen gerekir!" Hizmetçi, "Önce Allah'a sonra size itaatim sonsuzdur!" diye karşılık verdi. Kadı "O halde iyi dinle! Benim oldukça güzel bir kızım var. Malı, makamı yüksek pek çok kimse onu istiyor; fakat ben hangisiyle evlendireceğimi bilemiyorum. Bu hususta bana bir yol göster" dedi. Genç hizmetçi şöyle dedi: "Efendim! Câhiliye dönemindeki kâfirler evlenme şartları arasında asalet, nesep/soy, ev ve para ararlardı. Yahudiler ve hıristiyanlar güzellik ve zarafeti tercih ederlerdi. Hz. Peygamber [sallallahu aleyhi vesellem] devrinde ise din ve takva üstünlüğü aranırdı. Zamanımızda ise insanların tercihi mal ve mülk olmuştur. İşte bu dört şıktan dilediğini seç!"

Bunun üzerine kadı, "Ben din, takva ve emanet sahibi olanı tercih ediyorum ve seni kızımla evlendirmek istiyorum. Çünkü sende dine bağlılık, iyi hal, emanet ve güvenilirlik gördüm. Senin iffeti ve emaneti korumaya ne kadar sahip çıkabileceğini imtihan ettim" dedi. Hizmetçi, "Efendim, ben basit bir Hintli köleyim; siz beni paranızla satın aldınız! Nasıl olur da beni kızınızla evlendirebilirsiniz? Hem kızınız benden razı olur mu?" diye sordu. Ancak kadı kararlı idi, şöyle dedi: "O zaman kalk eve gidelim, bakalım sonuç ne olur?"

Eve varınca hanımına, "Hanım, beni iyi dinle! Bu genç hizmetçimiz dindar ve takva sahibi biridir. Ben onun halini ve istikametini çok beğendim. Onu kızımızla evlendirmek istiyorum, bu konuda sen ne dersin?" diye sordu. Hanımı, "Söz sizindir; fakat ben kızımızın yanına gidip bu konuda bilgi vereyim, daha sonra sana cevabını getiririm" dedi. Kadın kızının yanına varıp babasının teklifini anlattı. Kız, "Anneciğim, siz bana ne emrettiyseniz ben onu yaptım; sizin sözünüzden çıkmamaya gayret ettim.

Bu konuda da size karşı gelmem; bilakis hoş karşılarım" dedi. Kızının böyle söylemesinden sonra kadı onların nikâhlarını kıyarak evlendirdi; ayrıca onlara birçok mal verdi. Mübârek'in bir çocuğu oldu, adını Abdullah koydu. İşte bu çocuk, İslâm aleminde Abdullah b. Mübârek [rahmetullahi aleyh] diye bilinen; ilim, zühd ve takva sahibi, büyük hadis râvisi, meşhur âlimdir. Dünya devam ettikçe insanlar ondan ilim ve hadis nakledeceklerdir.

# EVLİLİĞİN ÇOCUK ile İMTİHANI

Yedinci • Bölüm

***Hamilelikte östrojen hormonun marifetiyle anne adayında görülmeye başlanan alınganlık, asabiyet, stres ve kontrolsüzlük gibi hallerden -annenin en yakınındaki kişi olarak- baba adayı da hatırı sayılır miktarda payını alıyor.***

# HAMİLE KADINLARIN DERT KÜPÜ KOCALARI

AYZIT ULUAT

Gebelik dönemi deyince akla ilk gelen kadınlar olsa da bu süreç baba adayları için de tam bir "imtihan" olabiliyor. Hamileliğin getirisi olan fizyolojik ve hormonal değişimlere bağlı sıkıntıların yanında "annelik" kimliğine geçiş de kadının psikolojisini allak bullak ediyor. Östrojen hormonunun marifetiyle anne adayında görülmeye başlanan alınganlık, asabiyet, stres ve kontrolsüzlük gibi hallerden -annenin en yakınındaki kişi olarak- baba adayı da hatırı sayılır miktarda payını alıyor.

Eşinin hamileliğinin kendileri için çok zor bir dönem olduğunu belirten Murat Bey işte bu imtihanı yaşamış erkeklerden biri. Eşi Zehra Hanım'ın gebeliğinin ilk zamanları kendisini hayli yorduğunu, her yaptığına alındığını, sürekli gönül kırgınlıkları yaşadıklarını belirten Murat Bey yaşadığı süreci şöyle anlatıyor: "Onun için yapmak istediğim iyi şeyler dahi aramızda problem olmaya başlamıştı. Kilo almaya başlaması sorunlarımızın iyice artmasına neden oldu. Bana sürekli kilolarıyla ve dış görünümüyle ilgili bir şeyler soruyor, aldığı cevaplara kendine has yorumlar getiriyordu. Bozulmaması için nasıl cevap vereceğimi şaşırıyordum. Aramızda her şey problem olmaya başlamıştı. Birbirimizi çok yıpratmıştık. Artık gebeliğin altıncı ayında bir uzmana başvurmaya karar verdik. Uzmanın önerdikleri ile birbirimizi daha iyi anlamaya başladık."

## İlgiden "Huzur" Doğar

Anne baba olmaya hazırlanan tüm çiftler bu süreci Murat Bey ile Zehra Hanım kadar zor geçirir mi bilinmez, ama eşlerin bu dönemde daha huzurlu olmak adına bazı noktaları dikkate alması gerekiyor. Hamilelikte anne adaylarının alınganlıklarından kaynaklanan sorunlara ve "hamilelik depresyonu"na işaret eden psikolojik danışman Fatma Ülger bu süreçte es geçilmemesi gereken noktalara şöyle temas ediyor:

"Hamilelik, kadını hem fiziksel açıdan hem de psikolojik anlamda etkileyen bir süreçtir. Hamilelik kadının yaşamında kalıcı değişikliklerin başladığı bir dönüm noktasıdır. Sonunda, annelik misyonunu yüklenecek ve bunu yaşam boyu sürdürecektir. Bu köklü ve kalıcı değişikliğin, fiziksel farklılaşmaların yanı sıra psikolojik anlamda bir kadın için çok önemli etkileri vardır. Bunlardan biri de alınganlıktır. Hamilelik sürecinde kadın her zamankinden daha hassas bir duygulanım içerisine girer. Hatta bu süreçte ağır kaygı ve korkular yaşar. 'Hamilelik depresyonu' dediğimiz bu durum kadınlarda yalnızlık hissine sebep olabilir. Hamilelik dışı zamanlarda üstünde durmayacakları olaylara oturup ağlayabilen, çok eleştiren, çabuk kızan ve gün içinde duygusal dalgalanmalar gösteren bir kişilik yapısına bürünebilirler.

Hamilelik süreci sadece kadını değil, eşini de farklı şekillerde etkileyen bir süreçtir. Bu süreçte hamile kadın, eşinden ve çevresindeki diğer insanlardan eskiye göre daha çok ilgi ve özen bekler. Özellikle eşinin bu süreci kendisiyle birlikte eşit yaşaması beklentisi içindedir. Bu dönemde anne adayının hassaslaştığını, alıngan davrandığını bilen eş bu durumun geçici olduğu bilinciyle anlayışla yaklaşmalıdır. Hamilenin duygusal dünyasının ne kadar duyarlı olduğu eşi tarafından hiç unutulmamalıdır. Korkuları ve endişeleri eş tarafından anlayışla karşılanmalıdır. Bu desteğin sadece hamilelik sırasında değil, bebek doğduktan sonra da devam ettirilmesi gerekir."

Ayrıca eşler bu dönemde sevgi dolu ve şefkatli yaklaşımlarıyla birbirlerinin duygu dünyasına girmeli. Konuşmalarında sahiplenme ve birlik beraberlik sözcüklerine sıkça yer vermelidirler. Baba adayları eşlerinin günden güne büyüyen karnını, hem fiziksel hem ruhsal değişikliklerini iyi gözlemlemeli. Bu gözlemler sonucunda bazan çok iyi bir arkadaş, bazan iyi bir sırdaş, kimi zaman baba, kimi zaman ise eşine aşık bir eş olduğunu hissettirmelidir. Anne adayları da bu süreci mutlu ve huzurlu geçirmek için eşine anlayış göstermeli, kendi alınganlığının normal düzeyde olmadığını değerlendirebilmelidir.

## Eşinize Yardımları Artırın

Anne adaylarının eşlerine; onun yardımlarına, muhabbetine, ilgisine, sevgisine en çok ihtiyaç duydukları zaman gebelik dönemidir. Hem şahsî işlerine hem ev işlerine hem de dışarı işlerine yetişemeyen müstakbel anneler bu zamanda en büyük desteği eşlerinden görmek isterler. Bu sadece yorgunluğu azaltmak amaçlı bir destek beklentisi değil, aynı zamanda duygusal anlamda "yalnız olmadığını hissetme" isteğidir. Erkekler tüm bunları düşünerek hamile eşlerine yardımcı olmalılar. Gerektiği zaman toz almalı, pazara çıkmalı ya da mutfakta hünerlerini sergilemelidir.

### Şükretmek Dururken...

Anne baba adaylarının gebelik süresince istedikleri tek şey vardır, o da "sağlıklı bir evlat" dünyaya getirmek. Yüce Rabbimiz A'raf sûresinin 189. âyetinde, "Allah sizi bir tek nefisten yaratan ve kendisi ile huzur bulsun diye eşini de ondan var edendir. (İnsan) eşiyle birleşince eşi hafif bir yük yüklenir (gebe kalır) ve (bir müddet) onu taşır. Gebeliği ağırlaşınca her ikisi de Rab'leri Allah'a, 'Eğer bize iyi ve sağlıklı bir çocuk verirsen elbette şükredenlerden olacağız' diye dua ederler" buyurmuştur. Bir canın içinde yeni bir cana hayat veren yüce Rabbimiz bize birçok güzellikleri nasip etmiştir. Bu güzelliklerden belki de en kıymetlisi olan çocuklarımız bizlerin sorunu değil, şükür vesilesi olmalıdır.

### Stresten Uzak, Hoşça Vakit Geçirmeli

Bilindiği üzere anne karnındaki bebek henüz birkaç aylıkken dış dünyayı hissetmeye başlayıp ve annesinin üzüntüsüyle üzülüp, streslenebiliyor. Hamilelik döneminde yaşanan stres, baskı, sorunlar, anne karnına düşmesiyle beraber çocuğu etki altına alır. Bu nedenle anne ve babaların o süreçlerde doğru kararları alıp, daha itinalı, kontrollü yaşamaları gerekir. Hamilelik döneminde yaşanan her şey çocuğun hayattaki mizacını, sağlığını etkileyebilir. Çocuğun içe kapanık, asabi, saldırgan, kıskanç olması, duygularını ifade edememesi, hırçın olması, sürekli hastalanması, yavaş kilo alması ve yavaş büyümesi gibi olumsuzlukların hepsi anne karnında yaşanan stres nedeniyle meydana gelebilir. Bu yüzden eşlerin bu dönemde stresten uzak, hoşça vakit geçirmeleri önemli bir unsurdur.

***Hep çocuklar birbirini kıskanacak değil ya! Bazan ebeveynler de çocuklarını kıskanabilir. Peki bu durumda ne yapılabilir?***

# ÇOCUĞUNU KISKANAN BİR EŞ MİYİM ACABA?

NESLİHAN BEYHAN

Nilay Hanım eşinden sıkça güzel söz işitmeyi, yeri geldiğinde eşi tarafından bir çocuk gibi sevilmeyi isteyen bir hanımdır. Eşi Kenan Bey ise hanımının bu beklentisi karşısında çok verici olamamaktadır. Kendisine göre bunun nedeni yetiştirilme tarzıdır ve babasından öyle görmediği için eşine tatlı hitaplarla, şımartan sevgiyle yaklaşamadığını söyler. Hanımı bu durumdan dolayı üzüntü yaşasa da, "Eşimin yaratılışı böyle, ne yapalım" diyerek durumu iyi kötü idare etmeye çalışır.

Ancak ilk çocukları dünyaya geldikten sonra o donuk erkek gitmiş yerine yavrusunu, "agucuk, gugucuk"larla seven, bebeğini öpücüklere boğan, ilgi dolu bir baba gelmiştir. Bu durum aslında pek çok hanım için imrenilir bir hadisedir; fakat eşinden ilgi beklentisi içinde bulunan Nilay Hanım, onun süper babalığından memnun olsa da bu mutluluğu kana kana yaşayamaz. Çünkü sevgisini açıkça göstermeye müsait bir yapıda olmadığını söyleyen eşi, aslında hiç de o kadar soğuk mizaçlı olmadığını göstermiştir. Çocuğunu içtenlikle seven eşini gözlemleyen Nilay Hanım, onun tarafından bebeği kadar önemsenmediğini düşünür. "Yoksa artık çocuğunu kıskanan bir anne miyim?" diye de endişelenmekten kendisini alıkoyamaz.

## “Eş Olma” Duygusunu Her Zaman Farkettirin

“Önce eşiniz mi gelir çocuğunuz mu?” türünden sorulara pek çoğumuz muhatap olmuşuzdur. Çoğu eş bu soruya kendince bir mantık geliştirerek “Önce eşim”, “Önce çocuğumuz” türünden cevaplar verir. Böyle bir öncelik belirlemek ister istemez ikisinden birini geri plana almayı ima eder. Oysa dengeli davranıldığında, aile bireyleri arasında herkesin hakkı verilebilir. Aile fertlerinin duygusal durumu göz önünde bulundurulur. O an için kimin daha fazla sevgi ve ilgiye ihtiyacı varsa ona göre davranış geliştirilmelidir. Her hâlükârda öncelikle kaliteli karı koca ilişkisi geliştirilmeli ve burada oluşan olumlu hava yuvanın diğer fertlerine yansıtılmalıdır. Aksi halde Nilay Hanım’ın yaşadığı sıkıntıya benzer durumlar pek çok eşin başına gelebilir.

## Bir Taraf Daha Fazla İlgi İhtiyacı Hissedebilir

Evlilikte taraflardan biri diğerine göre daha fazla ilgi istiyor olabilir. Beklentisi giderilmeyen eş, çocuk doğduktan sonra eşinin bebeğe gösterdiği sevgi ve ilgiyi kıskanabilir. Bu sebeple aile bireylerinin duygusal iniş çıkışlarını da göz önünde bulundurmak yerinde olur. Daha fazla ilgi bekleyen kişiye eşi, sevgisini belli etmeye özen gösterir. Eşinin ne yaptığında sevildiğini hissettiğini öğrenmeye çalışır ve onun sevgi anlayışını tesbit eder. Eşinin beklediği dilden ona sevgisini hissettirir.

Hikâyenin devamına gelince... Kafası karışan Nilay Hanım bir gün eşine duygularını açar. Kendisini anlaşılır bir şekilde ifade etmeyi başarır. Eşi kırılmadan onu dinler, büyük oranda da hak verir. Sonraki dönemde hanımına karşı da çocuk sevecenliği ile yakınlaşmaya çaba gösterir. İlk etapta bunu tamamen başarabilmesi mümkün olmamıştır. Fakat Nilay Hanım eşinin küçük gayretlerini dahi farkedip mutlu olabilecek olgunluğa sahip olduğundan, sorunlarını eş olarak büyük oranda hallederler.

## "Eşiniz Çocuğunuzla Aranızdaki İlişkiyi Kıskanabilir"

Evlilik ve aile terapisti Yasemin Yalçın Aktosun, çocuğun dünyaya gelmesinden sonra eşlerden birinin kıskançlık duygusuna kapılabileceğini bildiriyor. "Eşiniz çocuğunuzla aranızdaki ilişkiyi kıskanabilir. Kıskançlık, çoğunlukla eşlerin yanlış tutumundan kaynaklanır. Bunun nedenlerini şöyle sıralayabiliriz:

- Eşlerin anne baba olduktan sonra, eş olma rolünü arka planda tutması veya unutması, her durumda önceliği çocuğa vermesi ve eşi ihmal etmesi.
- Çocuk bakımıyla ilgili konuların eşler arasında tartışmaya yol açması, çocukla ilgili bir konuda eşe kırıcı konuşmak.
- Çocuğu bahane göstererek eşin isteklerine cevap vermemek.
- Eşlerin, birbirleri hakkında sürekli, "Annemiz, babamız" şeklinde bahsetmesi (Eşiniz yalnızca çocuğunuzun annesi veya babasıdır; sizin değil!)

Bunun gibi sebeplerden dolayı eşiniz çocuğunuzla aranızdaki ilişkiyi kıskanabilir ve hatta bu nedenden ötürü ebeveynlik rolünü ihmal edebilir." Eşinizin, çocuğunuza olan sevgisini ve ilgisini kıskandığını düşünüyorsanız kaybedecek vaktiniz yok demektir. Bir an önce harekete geçmeli ve eşinizin sevgi hanesini doldurmalısınız.

## Çocuk Sahibi Olduktan Sonra Yapılan Sekiz Hata!

Bazı babalar çocuklarına karşı daha verici davranırken eşlerine saygıda ve nezakette ihmalkâr davranabilir. Bu durumda eşiyle arasında sevgi boşluğu gündeme gelebilir. Sevgi ve saygı konusunda ihmal edilen eşlerin, çocuklarının sevgisini kıskanması çoğunlukla bu tür davranışların sonucunda ortaya çıkar. Dengeli davranmak ve rolleri karıştırmamak bu noktada önemli.

Çocuk eğitilirken eşler arası ilişkide denge bozulabiliyor, iyi anne baba olmayı başaramayan çift, uyumlu eş resmi de çizemiyor. Bu durum çocuğun karakter gelişimini de olumsuz yönde etkiliyor. Kaliteli ebeveyn olmak için bol okuma yapmak, çeşitli eğitim aktivitelerine katılmak ve gerektiğinde uzman desteği almak eşlere yardımcı olacaktır.

Çocuklara yaklaşımda bulunurken eşler birbirlerini rakip gibi algılama hatasına düşebiliyor. Çocuğun olumsuz özellikleri hakkında, "Babasına çekmiş, annesine çekmiş" gibi sözlerle, eşler birbirlerini incitebiliyor. Bunun yerine çocuğun iyi huyları için eşe iltifatta bulunulduğunda, "Annesi gibi becerikli, babası gibi akıllı" şeklinde ifadeler kullanılırsa hem çocukta ebeveynlerine saygı artar hem de eşler arası sevgi ve saygı bağı güçlenir. Eşler nefislerini öne çıkarmak için çocukların özelliklerini kullandığında, hem çocuklarına hem de evliliklerine kötülük etmiş olur.

Kendisini herkesten akıllı gören eş, "Çocuklar benim istediğim gibi yetişecek", "Sen ne anlarsın bu işlerden" yaklaşımında bulunabiliyor, kendisinin önceden haber verdiği olumsuz sonuç meydana geldiğinde ise, "Bak gördün mü, benim dediğim gibi oldu" tarzında iğneleyici sözlerle eşini incitebiliyor. Biz bir aileyiz fikrini her zaman canlı tutmak ve eşinin iyi bir ebeveyn olacağına inanmak bu noktada önemli.

Eşlerden birinin olur dediğine, diğeri olmaz diyebiliyor. Çelişkili anne baba tutumu çocuklarda yuvaya güven eksikliği ve suistimali gündeme getiriyor, eşler arasında ise aile bağlarına duyulan inancı azaltıyor. Bu durum çoğunlukla eşler arasındaki iletişim eksikliğinden kaynaklanıyor. Ailede ortak tutum geliştirmek için eşlerin sürekli iletişim halinde olması ve istişare yapmaları problemin çözümünde etkili olacaktır.

Eşlerden birinin çocuğa kazandırmaya çalıştığı güzel davranışı, diğeri sekteye uğratırsa uğraşı veren taraf eşine karşı kötü duygular besleyebiliyor. Örneğin çocuğun yalan söylemesi durumunda baba hassas davranır, anne ise müsamahakâr yaklaşırsa arada gerginlik olması kaçınılmazdır. Burada da eşler birbirlerine saygılı yaklaşmalı, çocuğa verilmeye çalışılan değerin farkında olarak aynı tepkiyi göstermeye dikkat etmelidir.

Çocuk anne babayı birbirlerine karşı kullanabilir, aralarının açılmasına neden olabilir. Çocuğa, anne babanın aynı kanıda olmadığı konularda dahi eş olarak bir ekip ruhuna sahip olunduğu hissettirilmeli. Çocuğa söylenecek, "Bu konuyu annenle halledersen daha iyi olur", "Babana bu saygısızlığı yapmana izin veremem", "İkimizin de görüşünü alman gerekiyor" gibi yaklaşımlar eşleri birbirlerine daha sıkı bağlayacaktır. Çocuk eğitimi konusuna kafa yoran eşler kendilerine ve ilişkilerine daha bir çeki düzen verirler.

Anne baba birbirlerine iyi eş olamadığında, saygılı davranmadığında çocuk da hor görülen ebeveynin rolünü küçümseyecek, sağlıklı bir kişilik gelişimi gösteremeyecektir. Sevgi ve saygı duygusu aile bireyleri arasında her vakit kendisini gösterirse böyle bir sıkıntı çoğunlukla gözlenmez. Evlilikte eş olmanın yanında anne baba sorumluluğu, ebeveyn olmanın yanında eş olduğu bilinci unutulmamalıdır.

***Taze anne babaların bebeğin bakımı konusunda birbirine destek olması gerekiyor. Karşılıklı anlayış ve hoşgörü yoksa o bebek yuvanın mutluluk vesilesi olmaktan çıkıp kavga sebebi olabiliyor zira.***

# ÇOCUKLAR AĞZINIZIN TADINI KAÇIRMASIN

RÜMEYSA DURAK

İstisnasız her evde ufak tefek de olsa sorun yaşanır, fakat bazan bu sorunların sebebi öyle bir şey olur ki insan durup baktığında, şükür vesilesinin adına "sorun" deyip de her defasında nasıl bir şükürsüzlük ettiğini anlar. Eve geç gelmeler, temizlik, ütü, para, mal, mülk ve hatta yemeğin tuzu bile sorun olur ve olması da normal karşılanır ilişkilerde. Fakat bazan bir bakarız ki sorun diye ortaya koyup da bir türlü çözüme kavuşturamadığımız konu, çocuğumuz ve sorumluluklarımızdır!

Evet, ne yazık ki canda can olan, cana can katan evlatlar sebebiyle de yuvada soğuk rüzgârlar esebilir. Evladı adına yeterli sorumluluğu yüklenemeyen, yahut yüklenilmediğini düşünen eşler, "Sen baktın, ben yattım, sen yedirdin, ben giydirdim" derken aslında yok yere incinmiş, incitmiş, kırgınlık ve kızgınlıklarına evlatlarını da alet etmişlerdir.

## Çocuklar Dert Değil, Şükür Sebebidir

Pek çok hanım en az bir kez sitem etmiştir eşine, "Çocuğun tüm yükü bende, biraz da sen ilgilensen, yoruluyorum" diye. Ya da beyler eşlerine, "Neden bakmıyorsun çocuğa, bak ağlıyor, karnı acıkmış, altını kirletmiş" vb. diyerek kızmışlardır. Taraf tutmuş gibi olmayalım ama böylesi durumlarda -istisnalar olsa da- pek çok sorun babaların sorumluluklarının sınırını bilmemesinden kaynaklanmaktadır. Allah Teâlâ tarafından kadına verilmiş olan annelik içgüdüleri kadınların çocuk konusunda çoğu sorumluluğu almasını kolaylaştırır. Hatta halk arasında söylenen, "Kadın anneliği, hamile kalınca, erkek ise babalığı, çocuğu kucağına alınca bilirmiş" sözü de bu durumu doğrular niteliktedir. Hal böyle olunca yeni bebek sahibi çiftler her ne kadar bocalasa da annenin bu durumu atlatması daha kolay olur. Fakat karşılıklı anlayış ve hoşgörü yoksa o bebek, yuvanın mutluluk vesilesi olmaktan çıkıp kavga sebebi olabilir.

## Çocuk Bakımı Eşlerin Her İkisinin de Sorumluluğudur

Bu konuda pek çok zorlukla karşılaştığını dile getiren Nihal Hanım ilk çocuğunu kucağına aldıktan sonra yaşadıklarını şu şekilde anlatıyor: "Oğlumuz doğduğunda eşim de ben de çok mutlu olduk. İlk çocuğum olduğu için tamamen acemiydim ve bebeğimi incitmekten çok korkuyordum. Bebeğimin kırkı çıkana kadar annem ve kayınvalidem beni yalnız bırakmayarak o ilk şaşkınlığı ve yorgunluğu atmamı sağladılar. Fakat onlar gittikten sonra tam anlamıyla dibe vurdum. Çok gazlı bir bebek olan oğlum geceleri ağlıyor ve eşim de sürekli, 'Neden ağlıyor bu çocuk, sabah erken gideceğim, işim var' gibi söylemlerle benim daha çok gerilmeme neden oluyordu. Gündüzleri de sürekli tetikte bekler gibiydi. 'Nihal karnı acıkmış, Nihal altı kirlenmiş' şeklinde cümlelerle sadece bana bebeğimizin o anki ihtiyacını bildirip gidermemi istiyordu. Bebek huzurlu olduğu zamanlarda onunla oynuyor, fakat ağladığı an yeniden bana veriyordu. Bu ne kadar devam etti bilmiyorum, fakat sonunda öyle çok yorulmuşum ki bir gece ağlama krizine girerek, 'Bu çocuk yalnız benim mi, sürekli bana ne yapacağımı söyleyene kadar neden yardım etmeyi denemiyorsun? Karnını doyurmak dışındaki tüm işleri sen de yapabilirsin' diyerek eşime bağırdım ve kendimi salona kilitledim. Bu ağlama krizi ikimizin de toparlanmasına neden oldu. Eşim yaptığı hatayı anlayarak daha fazla sorumluluk almaya başladı, ben de kendimi daha az yıprattım. Yine de bu olayı her hatırladığımda, 'Keşke bu aşamaya gelip de yıpranmak yerine eşimle duygularımı paylaşsaydım da bu kadar üzülmeseydik' diyorum."

## Çocuk Bakımı Konusunda Eşimize Talebimizi Doğru İletmeliyiz

Belki birçoğumuzun yüzünde buruk bir tebessüm bırakan bu olayın benzeri evlerimizde cereyan ediyor ne yazık ki. Böylesi durumlarda erkeğe çok iş düştüğünü, fakat eşimizi yapmadıklarından dolayı suçlamamamız gerektiğini dile getiren aile danışmanı psikolog Çiğdem Demir, "Erkekler çocuklar konusundaki tüm sorumluluğun kadına ait olduğunu düşünüyor. Bu bilinçli yapılan bir davranış değil. Onlara göre bebeğin altını temizlemek, doyurmak, uyutmak, gazını çıkarmak ve daha pek çok iş annenin sorumluluğunda. Çocuk sakinken onunla yarım saat geçirip bebeği severek kendilerine düşen görevi yerine getirdiklerini düşünüyorlar. Bu tutumdan dolayı onları suçlamamak gerekiyor; çünkü başta da belirttiğim gibi bu bilinçli yapılan bir hareket değil. Öyle olması gerektiğini sanıyorlar. Bu sebeple annelere çok iş düşüyor.

Her şeyden önce babaya bebeğin sorumluluğunun ortak yüklenilmesi gerektiği anlatılmalı" diyor ve babanın çocukla zaman geçirebilmesi için uygun durumlar oluşturulmasını öneriyor. Örneğin markete bazan sizin gitmeniz ve bebeği babasına emanet etmeniz gibi ...

Psikolog Çiğdem Demir'e göre üzerinde durulması gereken bir nokta da annelerin tutumu. Yeni bebek sahibi kadınların genelde çok evhamlı olduklarına ve bebeklerini kendilerinden dahi sakındıklarına dikkat çeken Demir, bu durumun annelik psikolojisi ile alakalı olduğunu söylüyor ve, "Pek çok kadın bu dönemde kendi annesinin sözlerine bile itimat etmez. O an kendini büyüten kadının da annesi olduğunu unutur. İşte bu sebeple özellikle bebeğin ilk aylarından itibaren anneler kendilerini zorlayarak bebeği babaya emanet etmeyi öğrenmelidir. Değişen alt mükemmel olmayabilir ya da bebek normalden daha uzun sürede uyuyabilir babası ile. Fakat zamanla bu durum normal düzenine döner. Üstelik de bu sayede babalar sorumluluk alırken anneler de rahatlamış olur. Bebeğin sadece anneye değil, anne ve babaya ait olduğu fiilen de kavranmış olursa sorumluluklar yük olmaktan çıkarak tatlı anılara dönüşür" diyerek bebeğin yükünü yüklenmeyen baba kadar ona bu sorumluluk alanını oluşturmayan annelerin de hatalı olduğunun altını çiziyor.

## Eşler Çocukları İçin Didişmemeli Onlar İçin Didinmelidir

İşin özü her meselede olduğu gibi karşılıklı anlayıştan ve sessiz kalarak eşimizin müneccimlik yapmasını ummak yerine ona beklentimizi ifade etmekten geçiyor. Ancak bu şekilde sorunlar çözüme ulaşır. Hele de sorun dediğimiz çocuğumuzsa zaman kaybetmeden harekete geçmek gerekir. Unutmayalım ki çocuklar "can"dır. Eşimize olan sitemimiz ile istemesek bile çocuğumuza tavır yapmak, kalp kırmak hakka girmek demektir. Her anne baba çocuğunun dününü özler; çünkü bilir ki çocuklar her gün bir önceki günden farklı bir şey öğrenir, farklı tutum seyreder. Öyle ise kucağımızda tuttuğumuz ilâhî ikramın her anına sevgi ile ortak olmamız gerekir, fuzuli bir sitem ile onu kendimize yük kılmamız değil ...

# MUTLU BİR YUVA İÇİN

Sekizinci • Bölüm

***Ailece yapılan seyahatler, eşler arası iletişime ve çocuk eğitimine ciddi katkılar sağlıyor. Aile bütçesine göre akıllıca düzenlenmiş geziler, fertlerdeki aidiyet duyusunu pekiştiriyor, aileye kimlik kazandırıyor ve neticede ortaya daha mutlu ve uyumlu bir aile çıkıyor.***

# BİRLİKTE ÇIKILAN TATİLLER AİLEYİ YENİLER

NESLİHAN BEYHAN

Evlilik çiftlere hayatı her alanda paylaşma imkânı tanır. Gün geçtikçe "benim söylediklerim, benim tercihlerim" gider, bunun yerine "bizim tercihlerimiz" anlayışı hâkim olur ailede. Tatiller, birlikte yapılan seyahatler, gezintiler "biz" anlayışını daha fazla pekiştirme ortamı oluşturur. Geride konuşulacak hoş anlar, hatıralar bırakması da cabasıdır.

Seyahatin insan hayatındaki olumlu etkileri Peygamberimiz'in [sallallahu aleyhi vesellem] *"Yolculuk yapın, sıhhat bulursunuz"*[14] hadisinde veciz bir şekilde dile getirilmiş. Bu sıhhat beden sağlığımız açısından olabileceği gibi gönül ve ruh dünyamızdaki olumlu değişimler olarak da zuhur edebilir. Evli çiftlere danışmanlık yapan psikiyatr Sefa Saygılı tatillerin aile birliğini artıran önemli fırsat anları olduğunu vurguluyor. "Tatil ve yolculuklarda eşler hem fizikî olarak hem de duygusal, ruhsal ve fikrî boyutta bir arada olma imkânını yakalarlar. Duygusal ve ruhsal birliktelik ise asıl vurguladığımız niteliktir. Eşler sosyal hayatı ne kadar çok paylaşırlarsa aralarındaki yakınlık, arkadaşlık ve dostluğun derecesi o kadar yüksek olur. Bir çiftin birlikte yapabileceği pek çok şey vardır: Pikniğe gitmek, alışverişe çıkmak, birlikte yürümek, deniz kıyısına gitmek, seyahat etmek, seminer, konferans,

14 Ahmed b. Hanbel, *el-Müsned*, 2/380.

fuar, sohbet türü organizasyonlara katılmak, hacca veya umreye gitmek, manevi atmosferi olan mekânları ziyaret gibi ...

Seyahatlerde yakınlık ve sıcak sevgi atmosferini temâşâ eden elbette yalnızca eşler olmuyor. Çocuklarda da ailece yapılan etkinliklerden özellikle de tatil ve seyahatlerden sonra çok önemli pozitif sonuçlar görülüyor. Yolculuklar çocuklarımıza kazandırmayı hedeflediğimiz yardımlaşma, paylaşma, dürüstlük, tefekkür, geçmişini tanıma, çevre duyarlılığına sahip olma gibi olumlu davranışları edindirmek için de önemli fırsatlar sunar. Ailece yaptıkları geziden sonra Elif'in hissettikleri bu bilgilerimizi pekiştirir mahiyette. Birlikte yaşadıkları en kaliteli anların tatillerde gerçekleştiğini söyleyen Elif, "Aynı arabanın içinde günlerce yapılan gezilerde, hoşlanmasam da başkalarının sevdiği parçaları dinlemeyi, bacaklarımın üzerine konan ayaklara tahammül etmeyi, her şartta kitap okunabileceğini, yedi kişinin dört yataklı bir karavana nasıl sığdığını, kısacası paylaşmayı, fedakârlığı ve belki de en önemlisi sevginin yeryüzündeki en büyük güç olduğunu öğrendim" diyor.

## Yolculuğa Çıkmadan Önce Bunlara Dikkat Edin

Her ne kadar yolculuğun neticesi sıhhat olacaksa da bazı sıkıntılarının olabileceği de göz ardı edilmemeli. Planlı, programlı ve bilinçli olarak davranmak seyahatlerimizden daha fazla fayda elde etmemizi sağlayacaktır. Diyelim ki memleketinize, akraba, eş dost, annebaba ziyaretine gideceksiniz; güzergâh üzerinde gezmeye, görmeye değer bulunan doğal ve tarihî güzelliklerimizi, manevi mekânlarımızı da ziyaret etmeden geçmeyin. Gideceğiniz istikametin özelliklerini önceden araştırın ve bir plan çıkarın. Böylece yolcuğunuz daha çok renklenecektir. Yolda okumak üzere kitap almayı ve gördüklerinizden çarpıcı olanları not almak üzere küçük bir defter bulundurmayı ihmal etmeyin. Ailenizle hatıra fotoğrafları çektirin ya da video kaydı alın.

Tüm bunlar aile kimliğinizi daha da güçlendirecek, hem çocuklar hem de anne baba açısından olumlu etkileşim alanları oluşturacaktır. Anne babalar yolculukta çevreyi kirletmemeye özen göstermek, ihtiyaçlar esnasında birbirlerine öncelik tanımak, saygı, sevgi ve nezakette birbirlerine her zamankinden daha itinalı davranmak suretiyle, öncelikle kendi iletişimlerine güç katmış olsalar da çocuk eğitimi noktasında da önemli mesafeler katedeceklerdir. Böyle bir ortamda çocuklar ruhen ve bedenen daha sağlıklı, insana ve çevreye karşı duyarlı fertler olarak yetişme imkânı bulurlar. Bu durum ise pozitif bir döngü içerisinde, bu sefer de iyi anne baba olmanın mutluluğu olarak, tekrar anne babaya döner ve onlara başka bir nimeti daha yaşatmış olur.

Büyüklerimiz bir insanı iyi tanınmanın üç şekilde mümkün olduğuna dikkat çekmiştir: Komşuluk yapmak, alışveriş etmek, birlikte yolculuk yapmak. Evlilikte kaliteli iletişimin temelinde, eşlerin birbirlerini iyi tanımaları yatar. Dolayısıyla, birlikte yapılacak seyahatler özellikle yeni çiftlere birbirlerinin kişiliğini daha yakından tanıma ve anlama imkânı sağlayacaktır. Seyahatin evliliğe olumlu etkileri çok olmakla birlikte yol masrafı, ihtiyaçlar vb. düşünüldüğünde dikkatli olmakta yarar var. Kaş yapalım derken göz çıkarılmamalı ve aile bütçesini sarsacak, ilişkileri negatife dönüştürecek harcamalardan kaçınılmalı. Ayağımızı yorganımıza göre uzattığımızda, herkese yetecek kadar yaratılmış dünya nimetlerinden nasibimize düşeni alabilir ve ailemizle huzurlu vakit geçirmiş oluruz. Şimdiden iyi yolculuklar...

***Bencilliğin fazlasıyla beslendiği bir ortamda aileyi bir arada tutmak gerçekten çok zor ama imkânsız değil. Sorumluluklarının bilincinde olan çiftler olumsuzluklara rağmen mutlu aile olabilmeyi sürdürebiliyor.***

# MUTLU AİLE OLMANIN SIRRI PAYLAŞMAYI SEVMEK

HURİ YAZICI

Günümüzde evlenmek zor, evliği devam ettirmek ise daha da zor. Boşanmaların gittikçe arttığı toplumumuzda, ömür boyu aynı yastığa baş koymak niyetiyle evlenenler bile ilk zorlukta pes eder oldu. Genç kuşaklar birlikte yaşlanmayı seçtikleri eşlerine bir süre sonra tahammül edemez hale geldi. Hal böyleyken, evlenmek isteyenler de bu olumsuz tabloları gördükçe kendi başlarına aynı şeylerin geleceği düşüncesiyle mutlu bir yuva kurmaktan ümidini kesiyor.

## Mutluluğu Sokakta Tüketiyoruz

Eskinin ve yeninin, mutluluğu yakalamış ailelerini bir tarafa bırakırsak tablonun geneline yansıyan verilerin pek de iyi olmadığını görüyoruz. Artan boşanmalar, aile kavgaları, mutsuz ebeveynler, mutsuz çocuklar ve mutsuz bir toplum... Hep beraber ödediğimiz bu ağır faturanın daha da ağırını gelecek nesillere miras bırakma gerçeği de oldukça acı. Sosyolog Nevin Meriç, giderek artan boşanmaların ve mutsuz çekirdek aile tablosunun en göze çarpan nedeninin "aynı evde ama yalnız" yaşayan, "biz" olamayan bireyler olduğunu ifade ediyor. Meriç'e göre modern insan, şehir hayatında her konuda büyük emek sarfederken ailesiyle birlikte olmaya vakit ayırmıyor. Ayıranlar ise bu vakti kaliteli kullanamıyor. Meriç "dış mekân" kavramına dikkat çektiği açıklamasında şunları söylüyor: "Şehir hayatında her konuda emek sarfedilirken ailelerde birlikte zaman geçirme ihmal ediliyor ve bu zamanı kaliteli birlikteliklere dönüştürmek de kişilerin es geçtikleri bir durum. Bunun en önemli nedeni şehir insanının bütün enerjisini dış mekânda tüketiyor olması diye düşünüyorum. Erkek olsun kadın olsun dış mekânda harcanan emek ve enerjiden sonra evde sadece görüntü olarak televizyon karşısında oluyorlar. Böyle bir aile birlikteliği de kısa süreli oluyor. Hanımların en çok şikâyeti erkeğin evine vakit ayırmaması; konuşmanın, muhabbetin özlemi duyuluyor, ihtiyacı hissediliyor ailelerde. Evdeki aile fotoğrafı genelde; kadın ve çocuk bir aile, erkek de ikinci bir kişi şeklinde olabiliyor. Böyle bir durum zamanla kişilerin tahammül sınırlarını zorluyor ve ailede birliktelik sonlandırılabiliyor."

Meriç, boşanmamış ama "sorunlu" devam eden ailelere de dikkat çekiyor. Yani, dağılmayan her aile de sanıldığı gibi güçlü ve dengeli bir birliktelik demek değil. "Sorunlu aile birlikteliğinde ayrılmayı erteleyen durumlar genelde kadının kendi ayakları üstünde durma imkânının olmaması, eğitim ve ekonomik gerekçeler, baba evinin özgürlüğünü engelleyeceği düşüncesi, çocuğundan ayrı kalmak, eğitimlerine ket vurulması, çocukların olumsuz etkilenmesi endişesi, toplumsal kalıp yargılardan ürkme/boşanmış kadın algısı vb. diyebiliriz. Bu ve benzeri gerekçelerle aile birlikteliği devam ettiriliyor."

### "Eskiden Yaşam Tarzı 'Hız' Merkezli Değil 'Tabiat' Merkezliydi"

Meriç, eski ailelerin neden günümüzdekilerden daha sağlam, uzun ömürlü ve mutlu olduklarını ise şu şekilde açıklıyor: "Eski ailelerin uzun soluklu olması toplumsal kabullerin aile değerlerine sahip çıkmasıyla olmuştur diye düşünüyorum. Boşanma sadece kadın için değil erkek için de olumsuz bir değerdi ve aile büyükleri boşanmayı engelleyen en önemli mekanizma idi. Diğer bir neden olarak da hayat tarzının kişileri karşı karşıya getiren yönü azdı veya yoktu diyebiliriz. Erkek ve kadının rolleri kesin sınırlarla ayrılmıştı. Bir rol karmaşası yaşanmıyordu. Bunun yanı sıra aile büyükleri, komşu, yakın ilişkiler hep insan insana ilişkileri içeriyordu. Muhabbet de üzüntü de dalga dalga yayılıyordu. Bu da insanı ferahlatıyordu. Ayrıca yaşam tarzı hız merkezli değil tabiat merkezliydi. İnsan tabiatın sınırları içinde hayatını şekillendiriyordu. Daha doğal ve anlaşılabilir, anlamlandırılabilir bir hayat ikame ediliyordu. Gençler yaşlılardan tevarüs ettiklerini önemsiyorlar ve devam ettiriyorlardı, bir süreklilik söz konusuydu. Bu da insana neyi nasıl yapacağı bilgisini veriyordu ve hepsinden önemlisi dinî değerlere saygı vardı. İnsanlar kul olduklarını unutmuyor ve hesaplarını yakın ilişkilerinin nasıllığına katkıları bağlamında da ele alıyorlardı."

## Aileyi Bir Arada Tutmanın Yolu Fedakârlıktan Geçiyor

Semanur Yaman

Oysa ilk bakışta karamsar görünen bu resmin içinde "mutlu ve dengeli yuva" idealini gerçekleştirebilenler de mevcut. Kanal 7 editörlerinden Semanur Yaman bu şanslı annelerden biri. Yaman on beş yıllık evli ve üç çocuk annesi. Yani hem çalışıyor hem de evinin huzurundan mahrum kalmıyor. Başarılı televizyoncuya göre bu mutluluğun sırrı; fedakârlık. Ancak bu "fedakârlık" ölesiye fedakârlık değil. Yaman on beş yıllık evliliğinden edindiği deneyimlerden süzülen hayat birikimini şu şekilde açıklıyor:

"Aileyi bir arada tutmanın yolu fedakârlıktan geçiyor. Fedakârlık derken, eşlerin fedakârlık adı altında mutlak tavizler vermelerini, kendi hayatlarını tamamen bir kenara bırakmalarını kastetmiyorum. Karı kocanın birbirlerini ve çocuklarını mutlu etmek için karşılıklı ve birinin kendini diğerinden değersiz hissetmesini önleyecek oranda fedakârlıkta bulunması önemli. Bu oranı belirlemede elimizdeki en değerli rehberin 'empati' olduğunu söyleyebilirim. Eşinin duygularını, sırtındaki yükün ağırlığını doğru okuyan kadın ya da erkek, olaylar karşısında doğru tepkiler verecek, eşinin herhangi bir konuda maddi veya manevi desteğe ihtiyacı olup olmadığını kolaylıkla anlayacaktır."

## "Evliliğimi Sevgi Üzerine Kurdum"

Uğur Kartal

İşletmeci Uğur Kartal da Semanur Yaman gibi "mutlu yuva" kurabilenlerden. Otuz sekiz yaşında, yedi yıllık evli ve halen ilk günkü kadar mutlu. Bu mutluluğun formülünü şu şekilde anlatıyor: "Evliliğimi sevgi üzerine kurdum. Ben dışarıda bir yerde alışveriş yaparken eşim aklıma muhakkak gelir. Aldığım veya yediğim ürünün aynısı hatta daha iyisini eşime de alırım. Çünkü onun yüzündeki ifadeyi görmek beni mutlu ediyor. Küçük şeylerden mutlu olmayı çok sevdiği için ona devamlı sürprizler yaparım. Ayrıca ikimiz de birbirimizin ailesine çok saygı gösteriyoruz. Aramızda hiçbir zaman 'senin ailen, benim ailem' tartışması olmadı, olmaz da. Evlilik Peygamber Efendimiz'in [sallallahu aleyhi vesellem] sünnetidir. Onun aile hayatını kendime örnek almaya gayret ediyorum. Eşimle bazan birbirimize, dedelerimiz anneannelerimiz gibi 'bey-hanım' sözcüklerini kullanırız."

## "Kırk Yıllık Evliyim Ama Daha Kırk Dakika Bile Dargın Durmadık"

Muhterem Demirer

Geleneksel Türk ailesinin mutluluk sırrını da günümüzdeki ailevî sıkıntılara hayretler içinde bakan, Bolu'nun Göynük ilçesinde yaşayan Yaşar Engin ve Muhterem Demirer anlattı. "Kırk yıllık evliyim ama daha kırk dakika bile dargın durmadık" diyen elli dokuz yaşındaki Muhterem Teyze yeni evlilerin geçimsizliğine hayret edenlerden. Eski ailelerle yeniler arasındaki büyük farkı kendi yaşamından yola çıkarak şu şekilde açıklıyor: "Eskiden kadınlar erkeklerin ayaklarını bile yıkardı. Ama karı koca her derdi beraber aşardı. Omuz omuza sıkıntılarla baş ederdi. Eskiden saygı vardı. Şimdilere saygı diye bir şey kalmadı. Kadın erkek eşit diyerek aile yaşantısını bozdular. Eskiden bir sabunu dörde böler bir parçasıyla idare ederdik. Çocuklarımızın çamaşırlarını o sabunlarla yıkardık. Şimdi çamaşırlar makinede yıkanıyor, her iş rahat yapılıyor ama gene de evliler mutsuz. Bizim zamanımızda boşanmak yoktu. Kırk yıllık evliyim daha kırk dakika bile dargın durmadık. Çocuklarımız da bizi örnek aldığından onların evlerinde de aynı saygı ve sevgi devam ediyor. Eskiden kaynana denmez 'hanım anne', kaynananın annesine 'hanım nine' denirdi. Kayınpederlere de 'beybaba', 'efendi baba' denirdi. Eşlerimize 'bey' diye hitap ederdik, birbirimize hep güzel sözler söylerdik. Kaç aile bir arada yaşardık. Evler dört beş oda olurdu. Evlerde ocaklar vardı, yemekler pişerdi, herkes aynı tasa kaşık salardı. Sevgi de yenilen yemek gibi ortaktı."

## Sorunlar Karşılıklı Sabır ve Anlayışla Çözülmeli

Yaşar Engin

Elli sekiz yaşındaki Yaşar Engin ise on sekiz yaşında evlenmiş, yani kırk yıllık evli. İki çocuğundan dört torun sahibi. Çocukları evlenince evde eşiyle baş başa kalmış. Can sıkıntısından Halk Eğitim'in açtığı el sanatları kursuna başlamış. Tıpkı bir genç kız gibi heyecanla kursu takip ediyor. El emeği, göz nuruyla dokuduğu yöresel örtüleri satıp eve kazanç sağlıyor. El sanatlarının yanı sıra bahçe işleriyle de uğraşmayı çok seviyor. Yaşar Teyze, kavga eden ailelere hayretle bakıyor. Çünkü ona göre her ailede üzüntü ve sıkıntı olabilir. Önemli olan karşılıklı sabır ve anlayışla sorunları çözmek.

### "Aileyi Din Korur"

Nevin Meriç

Aile öncelikle sorumluluk demektir. Gençlere de en az verilen hatta verilmeyen bu sorumluluk duygusu oluyor. Modern dünyada bireye yapılan aşırı vurgu insanın paylaşmaya açık ve sorumlu olması gereken yanını köreltiyor. Şehir hayatının renkli, hızlı ve cazip imkânları da aile ilişkisini gençlerin ayak bağı gibi algılamasına neden oluyor. Bunda kadın ve erkek aynı düşüncede oluyorlar diyebilirim. Modern dünyada hayatın haz merkezli inşası da kişileri paylaşım ve tahammülden uzak, bencil hale getiriyor. Dolayısıyla gençlerin aile hayatına hazırlanmaları için öncelikle sağlıklı bir ailede büyümeleri ve modern dünyanın kişi için olumsuz etki yapacağı yönlerinden uzak tutulmaları gerekiyor. Sağlıklı bir din eğitimi de -öncelikle ailede olmalıdır- gençlere olumlu motivasyonlar sağlayacaktır. Dinin dünya ve ahiret dengesini tavsiye eden yönü gençlere iyi verildiğinde gelecek hayatları da sağlıklı şekillenecektir.

***Televizyonun gündüz kuşağı yayınlarının girdiği bir ev, hiçbir zaman o özlediğimiz sosyal hayatın kirlerinden korunmuş, evinin direği kadınlar olmamızın teminatı olan bir alan değildir artık. Bu nedenle evi, kadın için de erkek için de yuva haline getirmek zorundayız.***

# EVİ YUVA HALİNE GETİRMEK ZORUNDAYIZ

GÜLCAN TEZCAN

Zaman değişti. Artık ne eski aileler kaldı ne de o aile ilişkileri... Şehirleşme, modern hayat, kadını da erkeği de anne babalarından ve kendilerinden önceki kuşaklardan çok farklı konumlandırmaya başladı aile içinde. Aile reisliği neredeyse el değiştirdi. Ancak bu fıtratı zorlayan farklılaşma evlilikleri de sarsmaya başladı. Yazdığı kitaplarla modernizmin toplumsal hayatımıza etkilerine dikkat çeken sosyolog Nazife Şişman'la kadın ve erkeklerdeki bu değişimi ve aile hayatına yansımalarını konuştuk.

**Modern hayat geleneksel kadın ve erkek rollerini ne ölçüde değiştirdi?**

Geleneksel kadın erkek rolleri dediğimiz şey toplumun farklı kesimleri için farklılık arzediyordu. Mesela erkek dışarıda çalışıyor, kadın evde çocuk bakıyordu gibi bir açıklama yapılır geleneksel toplumlar için. Halbuki tarım toplumunu göz önünde bulundurursak, kadın erkek hatta yaşlı ve çocuklar da dahil hep beraber çalışılıyordu. Tarlada, hayvan bakımında herkesin gücüne göre bir katkısı vardı. Aile bir üretim birimiydi. Evet kadınlar çocukların ve evin bakımını da üstleniyorlardı. Ama bütün mesaileri evle sınırlı değildi. Şehirde de üst sınıfların, yani paşaların haremleri hariç kadınlar dokumadan, bostancılığa pek çok işle uğraşıyordu.

Kadın ve erkeklerin aile içi rollerinde değişime yol açan en önemli gelişme sanayi devrimidir. Üretim fabrikalara taşınınca, kadınlar üretim sürecinden tamamen dışlandılar, ev içi roller çok fazla vurgulanmaya başlandı. Okullaşma çocukların eğitimini de ev dışına attı. Böyle olunca ya tüketici kimliğine hapsolmak ya da evin tamamen dışında bir mesai harcamak arasında seçim yapmak zorunda kaldılar. Ki her ikisi de kadınlar için dezavantajlı.

**Kadının ev dışında daha çok var olmasının fıtrattan kaynaklanan dengeleri olumsuz yönde etkilediğini söyleyebilir miyiz? Kadınlar sosyal ve toplumsal hayatta pek çok alanda 'hak'larını aldılar. Peki mutlular mı?**

Bu dengeler sadece kadınlarda değil, erkeklerde de bozuldu. Çünkü günümüzde kapitalist ekonominin mecbur bıraktığı iş hayatı erkekler için de yeterince fıtrat bozucu. Kadınlar için biraz daha katmerli hale geliyor sorun. Ev dışında mesaiye mecbur kalmak, kadının çocuk dünyaya getirmek, onları belli bir yaşa kadar büyütmek şeklindeki döngüsünü dikkate almıyor. Ya işinde başarılı olmak için çocuklarını ihmal etmek, ya da çocuklarına bakmak için sosyal hayatın dışında yer almak gibi bir seçeneğe mahkûm ediliyor. Emanetten Mülke adlı kitapta bu fıtrat bozumunun kadınları nasıl bir mücadeleye sevkettiğini ele almaya çalışmıştım.

Günümüzde meseleyi içinden çıkılmaz hale getiren husus, ekonominin en temel insan faaliyeti haline gelmesi. Diğer bütün faaliyetlerden daha önemli görülüyor ekonomik faaliyet. Kimsin sorusunun cevabı bu sebeple kişinin yaptığı iş, meslek ve kazandığı para üzerinden veriliyor. Böyle bir durumda bir kadının kendini ev ve çocuklar ile tanımlaması hiç de prestijli bir durum olmuyor. "Çalışmıyorum, ev hanımıyım" cevabı yeterince ironik ve pek çok kadın için onur kırıcı oluyor. Çünkü kadını sadece bir tüketici olarak kodluyor bu cevap.

Fakat bunun tam aksi noktadan baktığımızda nasıl bir fotoğraf çıkıyor? Kadınlar "haklar"ını kullanma iddiasıyla ya da ekonomik zorunluluklar nedeniyle daha fazla dışarıda bulunduklarında, bu onlara iki katı yük olarak dönüyor. Çünkü hem ev dışında hem ev içindeki sorumluluklar kadınların çekemeyeceği kadar ağır hale getiriyor hayatı. Bu aşırı yüklenme hem kişisel huzuru hem aile huzurunu muhafaza etmeyi güçleştiriyor.

Bu noktada kadınlar evlerine geri dönseler bütün problemler çözülürdü gibi bir klişe önerinin de çok anlamlı olmadığını ifade etmeliyim. Çünkü ev bizim bildiğimiz manada korunmuş bir alan değil artık. Televizyonun, gündüz kuşağı yayınlarının girdiği bir ev, hiçbir zaman o özlediğimiz sosyal hayatın kirlerinden korunmuş, evinin direği kadınlar olmamızın teminatı olan bir alan değildir artık. Bu nedenle, evi kadın için de erkek için de yuva haline getirmek zorundayız. Öncelikler sıralamasını buna göre yapabilmek için de daha esnek mesailerin olması gerekiyor.

**Şehirleşme ve modern hayatla birlikte erkeklerin önceki kuşaklara göre aile hayatında daha az sorumluluk aldığı, alışılageldik erkek rolünden uzaklaştığına dair tesbitler var. Daha feminen erkekler, daha erkeksi davranan kızlarla karşılaşır olduk deniliyor. Siz bu tesbitlere katılıyor musunuz?**

Erkeklerin aile sorumluluğunu üstlenme konusunda daha önceki dönemlerden farklılık arzettiği kesin. Kadın ve aile hep yan yana kullanılıyor. Sanki aile kadının meselesi imiş, erkeğin sorumluluğu dışındaymış gibi. Ataerkillik, erkeğin baskısı geçen yüzyılda en çok tartışılan konulardan biriydi. Kadın özgürlüğü bu otoriteye isyan üzerinden güç devşirdi. Baskıcı otoriterlik tabii ki hiçbir zaman onaylanabilecek bir tavır değildir. Ama erkeklerin bu otoriterliğine karşı çıkılırken sorumluluk duygusundan da kurtulmaları sağlanmış oldu. Maçoluk eleştirilirken erkeğe koruyuculuk kollayıcılık atfeden olumlu özellikler de hedef tahtasına yatırıldı. Böyle olunca kentli görgülü erkeğin daha efemine özellikler göstermesi gerekir gibi bir anlayış oluştu. Diğer taraftan bu erkeklerin koruyuculuk kollayıcılıktan vazgeçmeleri ve daha az sorumluluk duymaları gibi bir sonuca da yol açtı.

Son birkaç yüzyıl kadınların daha fazla sosyal hayatta yer almalarına yol açan iktisadî ve kültürel değişmelere sahne oldu. Kadınlar yeni bir toplumsal kategori olarak kendilerine alan açma mücadelesi verdiler hep. Onların bu mücadelesi erkeklerde bir geri çekilme ve yerini kaybetmişlik hissi ile karşılık buldu. Bu nedenle kadınların dişleriyle tırnaklarıyla hayata tutunduğu - ki bu anneliğin verdiği koruma içgüdüsünden de güç alıyor- bir ortamda erkeklerin yarıştan çekildiği, vazgeçtiği bir dönemi tecrübe ediyoruz. Şu an bunları çok net göremiyoruz, ama önümüzdeki yıllarda daha bariz hale gelecek. 21. yüzyıl kadın yüzyılı olacak derken kastedilen de bu.

**Özellikle büyük şehirlerde evlilik yaşının yükselmesi ve boşanma oranlarının artışında kadın ve erkek rollerinin yer değiştirmesi bir etken olabilir mi?**

Evlilik yaşının yükselmesinde kadın erkek rollerinin yer değiştirmesini tek etken olarak göremeyiz. Genel olarak evliliğin bağlayıcı bir kurum olarak görülmesi de bu sonucu etkiliyor. Nil Karaibrahimgil'in "Evlenmek Gerek" şarkısında ifadesini bulan baskın popüler kültür evliliği bağlayıcı, kısıtlayıcı bir kurum olarak görüyor. Hatırlarsınız beş-altı yıl önce hit olmuş bir parçaydı. "Anne benim koşmam gerek, istemiyorum çocuk yapmak" diyordu. Bu sunum, gençlerin evlilikten uzak durmalarını belli oranda etkiliyor. Diğer taraftan gençlik denilen yaş döneminin gittikçe uzaması da etkiliyor geç evlilikleri. Çünkü okulun bitmesi, bir meslek sahibi olunması vb. artık yirmili yaşların sonlarını buluyor. Beklentilerin artması, ekonomik yetersizlikler pek çok farklı faktör etkiliyor evlilik yaşının yükselmesini.

Boşanmalara gelince ... Bu konuda kalıp bir yargı var. Kadınlar iş hayatına atıldı, aile sorumluluklarını yerine getirmiyor, ekonomik güvence de olunca kolayca boşanma talep ediyor diye. Ben bunun doğru olmadığını düşünüyorum. Kadınların çalışması çok zor durumda olduğu halde geçim yüzünden evliliğe katlanan kadınların boşanmasını kolaylaştırmıştır belki. Ama boşanmalarda erkeklerin çekip gitmesinin daha etkin olduğunu görüyoruz. Erkekler arasında, çocuklarla kadınları bırakıp kendilerine yeni bir hayat kurmak üzere sorumluluklardan kaçma şeklinde bir eğilim gittikçe yaygınlaşıyor. Yani erkeğin evlilik ve aile yükünden kaçma isteğinin, özgürlüğünü yaşama gibi hedonist isteklerinin boşanmaları daha kolay hale getirdiğini söyleyebiliriz.

**Kadının çalışıyor olması erkeği ailevî sorumluluklarından âzâde kılar mı?**

Fıkhî olarak soruyorsanız, ben bu konunun uzmanı değilim. Ama bildiğim kadarıyla erkeklerin kavvam oluşu, ailenin maişetini temin etme şartına bağlıdır. Yani erkeklere ayrıcalık ya da üstünlük gibi gelen yetki, aslında sorumluluğun yerine getirilmesi için bir teşviktir. Bu nedenle kadının çalışıyor olması, erkeklerin bu sorumluluktan kurtulmalarını onların nezdinde belki meşrulaştırıyor. Fakat Allah nezdinde durum nedir? Asıl sorulması gereken bu.

**Kadın ve erkeğin yaşadığı değişim ve dönüşüm aile kurumunu nasıl etkiliyor?**

Bir önceki soruyla da bağlantılı olarak cevaplayabiliriz bu sorunuzu. Günümüzde kadınlar özgürlüklerine kavuştukça (!) erkekler sorumluluklarını bir kenara bırakmakta daha rahat hissediyorlar kendilerini. Mesela birkaç yıl önce medenî kanunda bir değişiklik yapıldı. "Evin reisi erkektir" ibaresi kaldırıldı kanundan. Hiçbir erkek buna itiraz etmedi. Sanki üzerlerinden büyük bir yük kalkmış gibi sevindiler. Çünkü yetki gibi görünen bu ifade aslında erkeklere sorumluluk yüklüyor. Modern erkekler ne Şam'ın şekeri ne Arap'ın yüzü dercesine, ne yetki ne sorumluluk diyorlar her halde. Bu da aile kurumunun devamı açısından çok ciddi bir soruna işaret ediyor.

**Bu yeni dönemde karı koca ve anne baba tariflerini yeniden yapmak gerekecek mi?**

Toplumsal roller her dönemde değişim gösterebilir. Bir toplumda kadının yaptığı işleri bir başka toplumda erkekler yapıyor olabilir. Aile yapıları da toplumdan topluma farklılık gösterebilir. Bunlara bizâtihi değer yüklemek pek anlamlı değildir. Ama insan fıtratını korumayı temel bir mesele olarak gören İslâm dininde bazı ahlâkî ilkeler vardır ki bunlar hangi çağda yaşıyorsanız, hangi toplumda yaşıyorsanız yaşayın değişmez. Mesela anne babaya üf bile dememek, akrabalığı korumak ... Kadınlar çocuk dünyaya getirdikleri için erkeklerin adalet gereği ailenin geçimini temin etme sorumluluğu da bu değişmez ahlâkî ilkelerdendir. Dikkat edilirse kadının çocuk dünyaya getirmesi biyolojisinin bir sonucudur. Ama erkeğin "babalık" yapması daha ahlâkî bir sorumluluğu gerektirir. İşte bu nedenle bugün bizim anneliği değil, babalığı daha ziyade vurgulamamız gerekiyor. Çünkü modern hayat zaten anneliği aşırı vurguluyor.

**Dindar aileler modern hayatın getirdiği benzer açmazlardan ne ölçüde etkileniyor?**

Dindar aileler toplumun dışında yaşamıyorlar. Onlar da aynı atmosferi soluyor. Bu nedenle toplumsal bir olayı anlamaya çalışırken "ama imanlı insanlarda böyle bir problem olmaz" şeklindeki kalıp yargı pek işlevsel değildir. Çünkü içinde yaşadığımız dünya hem teknik hem toplumsal hem de kültürel olarak bir atmosfer sunuyor bize. Bu nedenle buraya kadar konuştuğumuz genel gidişat dindar insanlar için de geçerli. Fakat bir fark var. Ki o da dindar insanların "hayatın gerçekleri" deyip var olana teslim olmama şansına sahip olmalarıdır. Çünkü öncelikler sıralamasını farklı bir noktadan bakarak yapar dindar insan. O nedenle de şartlara teslim olmaz. Daha doğrusu, ne yapalım bugünün gereği bu deyip realiteyi gerekçe olarak kullanmaz. Ama çevre şartları onu da etkiler. Bu nedenle sahip olduğumuz dinî değerleri nasıl hayata geçirebileceğimizi, kadınların daha fazla sosyal hayatta yer aldığı, kapitalist üretim ve tüketim sürecinin bizi çevrelediği bir ortamda yaşadığımızın farkında olarak düşünmek zorundayız.

## Geçmiş ile Gelecek Arasındaki Sıkışma Hissi Bizi Ümitsizliğe Sevketmemeli

Geleneksel hayatın kadın ve erkeğe biçtiği roller ile modern hayatın öngördüğü kadın ve erkek tarifi arasında sıkışıp kalan günümüz insanı için bir çıkış noktası var mı?

İspanyol düşünür Ortega Gasset, "Yaşamak bir ortamın çaresiz tutsağı olmaktır. İnsan ancak burada ve şimdi yaşar" der. Yani geleneksel hayatı tekrarlama şansımız yok. Aksi takdirde nostaljiye mahkûm oluruz. Ama bu geçmişi bir tecrübe kaynağı olarak istifade etmemize de engel değil. Elbette ninelerimizin ve dedelerimizin hayat tarzı bizim için yürünmüş izler olarak yol gösterici olacaktır. Ama biz bugün ve burada yaşıyoruz. O yüzden bugünün gerilimlerine ve şartlarına muhatabız. Günün Kısa Tarihi'nde hep böyle bir izlek üzerinden anlamaya çalıştım çağdaş problemlerimizi. Geçmişten istifade eden ama nostaljiye mahkûm olmayan ve bugünün içinden konuşan bir analiz çerçevesi oturtmaya çalıştım.

Geçmiş ile gelecek arasındaki sıkışma hissi bizi ümitsizliğe sevketmemeli. Unutmayalım ki her zaman için bir çıkış vardır. Çünkü biz dünya ile baş etmek üzere gönderildik. Meleklerin, "Yeryüzünde fesat çıkaracak bir beşer mi yaratacaksın?" itirazına rağmen halife kılındı insan. Bir eliyle toprağa bir eliyle semaya uzanan berzahtaki bir varlık olarak sınanmaya gönderildi. Dinimiz bize ne zaman ve nerede yaşarsa yaşasın bütün insanların ortak bir imtihan paydasında buluştuğunu vazeder. Bizim için sınavı farklı kılan birtakım özellikler var. İşte bu farklı durumu değerlendirebilmek için de biraz önce bahsettiğim çevre şartlarını dikkate alan çözümler üretmek gerekiyor.

***Eşimizle yeni bir sosyal ortamda birlikte olmak, birbirimize bakışımızı tazeler. Hem kendimizde hem de eşimizde daha önce hiç farketmediğimiz yönleri görebiliriz. Üstelik gündelik yaşamın rutinliğinden kurtulup beynimizi şaşırtır, daha aktif çalışmasını sağlarız.***

# EŞİNİZLE ORTAK PAYLAŞIM ALANLARI OLUŞTURUN

ÖZLEM ŞAHİN EKİNCİ

Eğer aynaya bakıyor gibi bakıyorsak birbirimize; gördüklerimiz bizi hayal kırıklığına uğratabilir. Kendimiz gibi olmasını istediğimiz eşimiz, bizim gibi düşünüp, hareket etmeyebilir. Farklılıklar; yüce yaratanın sonsuz tecellilerinin insandaki tezahürleridir. Unutmamalıyız ki varlığı bir arada tutan el-Kayyûm bunu kendine has tarzıyla, zıtlıkları bir arada yaşatarak ve aralarına bir cazibe yerleştirip birbirine tutturarak yapmaktadır.

Günümüzün yaşam şartları eşleri birbirinden uzaklaştırıyor. Yorgun bir halde eve gelen erkek, televizyon seyredip uyumak ister. Bütün gün ev işleri ve çocuklarla uğraşan kadın ise biraz sohbet edebilmek için kocasının yolunu gözlemiştir. Beklentilerin birbirini karşılamadığı durumlarda, tartışmak ya da birbirinden duygusal olarak uzaklaşmak kaçınılmaz. Evliliğimizin iyi gitmesi ve ruhsal sağlımız için her fırsatta kendimize ve ailemize özel zamanlar ayırmalıyız. Eşleri birbirine en çok yaklaştıran durumlardan biri; ortak ilgi alanları etrafında kaliteli zaman geçirmektir. Hafta sonlarını, birlikte yaşanılan keyifli anlara dönüştürebiliriz. Doğa yürüyüşleri yapabiliriz.

## Erkek Futbol Seyretmeyi Sever, Kadın ise Alışveriş Yapmayı

Her iki tarafın da kendi başına ya da arkadaşlarıyla birlikte geçirdiği hoş zamanlar gibi, birbirleriyle de zaman geçirmesi gerekir. Bir konu üzerine sohbet etmek, beraber film seyretmek, söyleşilere, panellere katılmak, aynı zamanda bizi sosyal ve kültürel yönden zenginleştirir. Genel tabloya göre; erkek futbol seyretmeyi sever, kadın ise alışveriş yapmayı. Türlü bahanelerle her an alışverişe hazır olan pek çok kadın ve bütün gün futbol maçı seyretse bıkmayacak pek çok erkek vardır. Bu durumda erkeği alışverişe, kadını ise maç izlemeye zorlamak pek de adaletli olmaz. Genel olarak geliştirilmesi gereken davranış biçimi; zamanımızı dengeli kullanarak, birbirimizin beklentilerine de kulak vermektir.

Erkekler farklı görev ve sorumluluklarla yükümlüler hayatta. Bunlar, erkeklerin iç dünyası kadar çeşitli ve çok boyutlu. Aileye reis, çocuklara baba, hanımına eş olan erkek; dinî ve sosyal yükümlülüklerini de yerine getirmekle mükellef. Tüm bunlar gösteriyor ki erkeklerin işlerinin de kadınlarınki gibi zor olduğu âşikâr. Bu zorlu yaşamlarında erkeklere verilecek en büyük destek ve güç, ailelerinden ve eşlerinden gelendir. Kadınlarından gelen anlayış ve empati onları güçlendirir ve başarılarını artırır.

## Eşinizin İlgi Alanları Sizin Daha Çok Hoşunuza Gidebilir

Eşlerin birlikte çeşitli hobi alanlarına yönelmeleri aile içindeki üretkenliği de geliştirir. Ebru, resim, ahşap boyama, cam boyama, fotoğrafçılık gibi çalışmalar aynı zamanda rahatlatır. Yeni bir sosyal ortamda birlikte olmak, birbirimize bakışımızı tazeler. Hem kendimizde hem de eşimizde daha önce hiç farketmediğimiz yönleri görebiliriz. Üstelik gündelik yaşamın rutinliğinden kurtulup beynimizi şaşırtır, daha aktif çalışmasını sağlarız. Balık tutmak genellikle erkeklerin tercih ettiği bir hobi. Oysa birlikte çıkılan balık avı, tek başına avlanmaktan daha eğlenceli olacaktır. Ayrıca, balık tutarken zihnimizi dinlendirir, akşam yemeğini de temin etmiş oluruz. Evimizin bir köşesini hobi atölyesi olarak kullanabiliriz. Bunun için evimizin çok büyük olmasına gerek yok. Bir masa ve sandalyenin sığacağı kadar alan bize yetecektir. Bu alanda erkek, evdeki ufak tefek eşyaları tamir ederken, bayan da bu eşyaları boyayabilir. Birbirimizin yeteneklerini keşfedeceğimiz bu yeni yaşam alanı; ilgi, destek ve takdirle birlikte, özgüvenimizin gelişmesine katkıda bulunur.

Eşimizin ilgilendiği, zaman harcadığı konuları, gereksiz veya saçma bulabiliriz. Hatta eşimizin sevdiği bir şairi dinlemek için gittiğimiz şiir dinletisinde uyuyakalabiliriz. İkinci gidişimizde bazı sözlere dikkat kesiliriz. Üçüncüsünü ise sabırsızla bekleyebiliriz. Ön yargılı yaklaşımları bir kenara bırakıp, eşimizin ilgi alanlarına yönelmeye çalışalım. İlk günlerde biraz sıkıcı gelebilir. Fakat sabırlı olursak evliliğimiz için yeni paylaşım alanları oluşturabiliriz. Bütün meselenin çözümü; ilk inen âyete kulak vermekte, hayatı ve hayatın içindekileri doğru okuyup konumlandırmakta, varlığı ve âlemleri doğru bakışla anlamaya çalışıp, tevhid perspektifindeki yerine yerleştirmektedir. Herkese ve her şeye hak ettiği, "Allah'ın âyeti" muamelesi yapabilirsek, bir ömür gafletten uzak zikir ve tefekkür ikliminde yaşayabiliriz.

***"Ailedeki sevgi ve anlayış yalnız dünyaya özgü değil de ahiret hayatına da dönük olursa, aile bireyleri ebedî dostlar olarak birbirleriyle bütünleşir ve birbirlerini kollarlar. Ailedeki huzur ve düzen uzun ömürlü olur, ahirete kadar sürer." (Cemil Meriç)***

# YUVANIZIN İBRESİNİ İSLÂM'A ÇEVİRİN

NECLA GÜNAY

Hayatta belki de en zor şey insanın kendisini idare etmesidir. Olaylar karşısında nasıl hareket edeceğini bilen, aile içinde kendini ifade ve idare eden, kurduğu düzeni âhenkle yürütür. Bu özelliği ile yuvasının kapısını saadet bahçesine açar. Hayatın dünyadan ibaret olmadığı bilinci içinde nefsine sık sık şu soruyu sorar: "Ben her şeyden önce müslümanım; attığım adımları, aldığım kararları ona göre ayarlamalıyım. Bir ebed yolcusu olarak arzuladığım cennete ulaşmak için önce aile yuvamı cennete çevirmeliyim."

Yeri gelmişken Cemil Meriç'in güzel bir sözünü hatırlamakta fayda var: "Ailedeki sevgi ve anlayış yalnız dünyaya özgü değil de ahiret hayatına da dönük olursa, aile bireyleri ebedî dostlar olarak birbirleriyle bütünleşir ve birbirlerini kollarlar. Ailedeki huzur ve düzen; uzun ömürlü olur, ahirete kadar sürer."

Erkek ve kadının ayrı mizaçlara sahip olduğunu bilmeyen yok. Kadın yapısı itibariyle kırılgan, duygusal ve çabuk sinirlenendir. Erkek, "Ben daha iyi bilirim" tavrını takındığında işler genellikle sarpa sarar. Oysa Rabbimiz, farklı karakterlerde yarattığı kadın ve erkeğin nikâh bağı ile birbirlerini tamamlamasını ister. Çoğu kez bu gerçeği es geçenler, bazan yakınlarının ya da seyrettikleri programların etkisinde kalarak ufak bir tartışmada birbirlerini idare etmek yerine hayatı kendilerine zehir edebiliyorlar.

Bir ömür birlikte olma temennisiyle kurdukları yuva can çekişiyor. İnandıkları değerden çok başkalarının ne diyeceği düşüncesi ağır basıyor. Oturup sakince durum değerlendirmesi yapmayan eşler, evliliğinden umduğunu bulamadığına inandığından, karşısındakini anlamaya yanaşmıyor.

## "Ben Hep Böyle Sefa Sürüyorum"

Hekimoğlu İsmail, şahit olduğu iki ayrı ailevî olayın kendisini nasıl etkilediğini şu sözleriyle anlatır: "Bir gün bir evde misafirdim. Küçük bir şeyden dolayı evin beyi hanımını azarladı. Sanki yüreğime bir çivi çakıldı. Verdikleri ikramdan hiçbir şey anlamadım. 'Bir şeyler anlat dinleyelim' dediler. Anlatamadım, yıkıldım.

Bir başka gün Doğu Anadolu'da bir evdeyim. Çay getirdiler. Demlik simsiyah, çay is kokuyor. İç içebilirsen. Evin sahibi, 'Beyim' dedi, 'İşte ben hep böyle sefa sürüyorum...' Adamın o sözü beni epey keyiflendirdi." İyimser bir bakış, sağduyulu yaklaşım yuvayı sert esen rüzgârlardan koruyan bir kale gibidir.

## Eşinizin Yüzüne Dikkatlice Bakın

İçinde bulunduğumuz mübarek günlerin, bereketli gecelerin gölgesi altında samimiyetle açılan ellerin boş dönmeyeceğini hatırdan çıkarmayın. Bu özel günler, manevi hayatınıza enerji verirken, evliliğinizi gözden geçirmeye bir fırsat olmalı. Hatalı olduğunuzu anladığınızda gururu kalbinizin en uzak köşesine hapsederek özür dilemenin rahatlığını yaşayın.

"Fedakârlığımın farkında değil" diye düşündüğünüz, kırıldığınız, gönül koyduğunuz anlarda bazan avazınız çıkana kadar bağırıp rahatlamak istediğiniz eşinizin yüzüne dikkatlice bakın. Üç gün sonra artık bu yüzü bir daha görmeyeceğinizi hayal ederek son bakışınız olduğunu düşünün. Hâlâ kızgınlığınız devam ediyorsa diyecek sözümüz yok. Ancak yaşadıklarınız üç günlük hayatı çekilmez etmeye, eşinizi kaybetmeğe değmez diyorsanız; sakin bir ortamda özeleştiri yapın. Kendi eksikliklerinizi kabul etmeye başladığınızda tartışmaların giderek azaldığını göreceksiniz.

Vicdanınız kulağınıza sıkıntıyı çözmek yerine kördüğüm haline getirdiğinizi fısıldıyorsa bunun bir fırsat olduğunu da vurgulamak istiyor. Yuvanıza huzur meltemlerini estirmek için ilk adımı atmanın zevkinden kendinizi mahrum bırakmayın. İnanın pişman olmayacaksınız.

**Saklı Hayırlar**

Ailede mutlu olmak için karı kocanın birbirlerinin her şeyinden hoşlanması gerekmez. Koca hanımının bir huyundan veya durumundan hoşlanmadığı zaman onu hemen gözden ve gönülden çıkarmamalıdır. Kadının kocasına karşı durumu da aynıdır. Kim bilir nefsimizin hoşlanmadığı o durum içinde nice saklı hayırlar vardır. Bu, ileride görülecektir. Sabredilirse anlaşılacaktır.

S. Muhammed Saki Erol

***Kendilerini manevi yönden takviye eden eşler yakınlarına daha müsamahalı ve saygılı davranmasını da bilirler. Eşini iyi bir kul olmaya teşvik eder. İbadet ve ilim konusunda birbirini destekler.***

# KULLUK BİLİNCİ AİLEDEKİ SEVGİYİ YEŞERTİR

NECLA GÜNAY

Gerçek bir aile saadetine ancak sağlama alınmış kulluk bilinciyle ulaşılır. Rabb'iyle irtibatı kuvvetli olan insan, eşine ve çocuğuna derin bir sevgi besler. Hatalarına karşı soğukkanlı olmasını bilir. Yunus'un deyimiyle, "Yaratılanı yaratandan ötürü hoş görür." Kulluğun ülfet bulduğu gönüller öfkenin yerine koyduğu dirayetle affetmeye hazırdır. Peygamber Efendimiz'in [sallallahu aleyhi vesellem], "Bir kimse karısına kin beslemesin. Onun bir huyunu beğenmezse, bir başka huyunu beğenir."[15] tavsiyesini unutmaz.

Eş olmaya hazırlanan adaylar kendilerini manevi yönden takviye ettikleri takdirde yakınlarına daha müsamahalı ve saygılı davranmasını da bilirler. Böyle bir aday, eşini iyi bir kul olmaya teşvik eder. İbadet ve ilim konusunda birbirini destekler. Onları örnek alarak büyüyen çocuklar da hem huzurlu bir ailede büyümek hem de sağlam kulluğun temelini almak açısından iki kere şanslıdırlar.

Günümüzde kurulan yuvaların kartona dönmesi, en ufak rüzgârlardan sarsılmasının önemli sebeplerinden biri de kulluk bilincinin eksik kalmasıdır. Muhafazakâr ailelerde eskiye oranla geçimsizliğin ve boşanmaların artması maalesef bu gerçeği teyit ediyor. İnanmış bir gönül, her şeyden önce Rabb'inin rızasını üstün tutar.

15 Müslim, Radâ', 18.

Süflî arzulara prim vermez, küçük çıkarlar için aile yuvasının darbe almasına göz yummaz. Aile içindeki herkesin yerini ve hakkını bilir, yaşanabilecek kırgınlıklara fırsat tanımaz.

Amellerin niyetlere göre değerlendirilmesi esasında kalple dilin aynı noktada buluşmadığının da bir göstergesidir. Etrafınızda boşanan çiftlere bakınız çoğu, aile bireyleriyle anlaşamadığından, eşiyle farklı mizaçlara sahip olduğundan dem vurarak aslında çözümlenecek meseleleri kördüğüm ettiklerinden ayrılmayla sonuçlanıyor evlilikler. Eğer karı koca sürekli birbirlerinin kötü yönlerini görür, her fırsatta bunu dillendirirse aralarındaki sevginin bir parçasını yok ederler. Zamanla paylaşacak bir şeyleri kalmaz. Bu yüzden hayat düsturu kitabımız eşlerin kusurlarını örtmeyi; hatta birbirlerinin güzel yanlarını övmeyi tavsiye ediyor. Böylece iletişim güçlenir, dışarıdan gelen darbelerin etkisi kalmaz.

## Dolduruşa Gelmekten Kaçının

Özellikle gençlerin dikkat etmesi gereken bir nokta var: Evliliğe adım atarken karşılaştığınız sorunları önce kulluk süzgecinden geçirip dolduruşa gelmekten kaçının. "Kendimi asla ezdirmem" mantığını taşımak yerine, tarafsız davranan feraset ehli büyüklerinizden yardım isteyin. Karşınızdakine tavır almayın. Dikenlere kızıp bahçeyi terkederseniz gülleri toplayamazsınız. Kızmak maddi ve manevi kuvvetlerde bir zaaf işaretidir. Sabrı kuşanırsanız birçoklarına problem gözüken tıkanıkları aşmanız kolaylaşır. Yaptığınız her iyilik ve kötülük siz farkına varmasanız da kalbinizin bir köşesinde birikir ve muhtelif zamanlarda karşınıza çıkar. Elbette ciddi sorunlar yaşandığında hayatınızı cehenneme çevirmeniz gerekmez, ama o noktaya gelmeden sabır ve gayret gözlüğünü takmak size çözüme giden yolu gösterecektir.

## Tam Ayrılıyoruz Derken ...

Bir tanıdığımın altı aylık evli kızı, eşinin kendini anlamadığını söyleyerek annesinin yanına geldiğinde kesinlikle dönmek istemiyordu. Aile kızlarını ikna edememişti. Damat da aynı şekilde ayrılmalarının doğru olacağı kanaatini taşıyordu. Neticede genç evliler ayrılmayı kafaya koymuşlardı. Kızcağızla görüştüm. Sadece kendini haklı görüyor, kesinlikle yanlış adamı seçtiğini, çocukları olmadan ayrılmaları gerektiğini ısrarla vurguluyordu. Konuştukça meseleye yetişme tarzından kaynaklanan birtakım davranışların neden olduğu ortaya çıkıyordu. Mesela gelinin annesi kızından izin almadan odasına girmezken, kayınvalidesinin istediği gibi girip çıkması, evden çıkarken ailedeki büyüklerden tek tek izin alması gibi sebeplerden dolayı evliliğin çekilmez olduğuna karar vermişti. Birbirlerinin yetişme tarzı ve alışkınlıklarını kabul edemedikleri için her ikisi de benim alışkanlıklarım evde geçerli olsun istiyordu.

Daha sonra ilâhiyatçı bir uzman eşliğinde aile büyükleri bir araya geldi. Her yönüyle mesele ele alındı. İki taraf tavsiyeler doğrultusunda kendilerine bir şans daha tanıdılar. İslâmî hassasiyeti ön plana çıkararak zamanla birbirlerinin tarzlarına alıştılar. Sorun yapılan zincirler birer birer çözüldü. Şimdi çiftin iki tane dünya tatlısı çocukları var. Şaşılacak derecede iyi anlaşıyorlar. “Nasıl gidiyor?" diye sorduğumda gülerek cevaplıyor gelin hanım: "Kesinlikle bu kadarını tahmin etmemiştim, insan bazen fevrî hareket edebiliyor. Eşimle ilk altı ayı hatırlamak dahi istemiyoruz. Gerçekten büyüklerin yapıcı tavsiyelerini dikkate almak gerekiyormuş."

Kurulan yuvalar gücünü inançtan almadığı müddetçe sıkıntılar hep var olacak; çünkü gerçek mutluluk kıymetini ondan alır.

***Resûlullah Efendimiz'in*** *[sallallahu aleyhi vesellem]* ***sünneti doğrultusunda eşlerin birlikte ibadet etmesi, hem manevi bir huzur kaynağıdır hem de evlilikte sevgi ve saygı bağının gücünü artırır.***

# BİRLİKTE İBADET ETMEK AİLEYİ GÜÇLENDİRİR

NESLİHAN BEYHAN

Eşler arasındaki ortak alanları artırmak, yeni paylaşım anları oluşturmak evlilikte bağlılığı ve muhabbeti pekiştiren önemli etkenlerden. Karı kocanın ortak beğeni sahibi olması, hayata aynı gözle bakabilmesi, uyumlu olabilmesi bu anlamda çok önemli. Ne var ki hiçbir çiftin birebir aynı şeylerden hoşlanması, her zaman birlikte aynı faaliyetleri yapması mümkün değil. Fakat güzel bir kulluk içinde, ibadetlerle süslenmiş bir yaşamı kendilerine gaye edinen çiftler son derece hayırlı bir noktada birleşiyor. Dünya ve ahiret kazancı adına belki de en üstün güzelliklere böylece ulaşmış oluyor.

İki dünya saadetine ulaşma hedefi ile kurulan evliliklerde eşler birbirlerine her konuda destek vermeye çalışırlar. Dünya işlerinde olduğu gibi ahiret sermayesi olan ibadetler konusunda da birbirinin destekçisi olan karı koca mutlu, huzurlu ve sevgi dolu bir evliliği daha çabuk elde etme fırsatına sahip olur. Zira ibadetlerdeki ruhu ve kalbi besleyici manevi güç, insan tabiatındaki kötü huyları törpüler. Kötülüğe sevkeden nefis ve şeytana karşı panzehir, Allah'a yakınlaştırıcı bir güç olur.

## Resûl-i Ekrem Efendimiz Eşleriyle İbadet Zamanlarını da Paylaşırdı

Hz. Peygamber gecenin bir kısmında Rabb'ine ibadet eder, zaman zaman hanımlarını da ibadete davet ederdi. Gecenin sonuna doğru hanımını uyandırır teheccüd namazı kıldırırdı. Ailesini namaza kaldırmaya son derece önem veren Resûlullah [sallallahu aleyhi vesellem], *"Gece kalkıp namaz kılan, sonra hanımını uyandıran erkeğe Allah rahmet etsin! Eğer eşi kalkar namaz kılarsa ne âlâ, namaza kalkmamakta diretirse yüzüne hafifçe su serpsin! Gece kalkıp namaz kılan sonra beyini uyandıran hanıma Allah rahmet etsin! Eğer beyi kalkar namaz kılarsa ne âlâ, namaza kalkmamakta diretirse yüzüne hafifçe su serpsin!"*[16] buyururdu.

Peygamber Efendimiz'in gece namazı ile ilgili Hz. Âişe [radıyallahu anhâ] şöyle der: *"Ben Allah Resûlü'nün yanında uzanıp yatarken o, gece namazı kılardı. Vitir namazı kılacağı zaman beni uyandırır, 'Ey Âişe, kalkıp vitir kıl' buyururdu."*[17] Resûl-i Ekrem Efendimiz ramazanda ve özellikle bu mübarek ayın son on gününde, ailesini teheccüde kaldırmaya ayrı bir önem verirdi. Bu önemi Hz. Âişe [radıyallahu anhâ] şu sözlerle ifade eder: "Allah Resûlü ramazanın son on gününde başka zamanlarda olmadığı kadar çok ibadet ederdi."[18] "Ramazanın son on günü girdiğinde geceleri elbiselerini giyer (yatakları kaldırır), gece ibadeti için ailesini uyarırdı."[19] Peygamber Efendimiz yalnız ramazan ibadetine değil, ibadet sonra-

---

16 Ebû Davud, Vitir, 13.

17 Müslim, Müsâfirîn, 17.

18 Müslim, İ'tikâf, 14.

19 Buhârî, Fazlu Leyleti'l-Kadr, 5.

sı hediye niteliğinde bulunan bayram sevincine de eşini ortak ederdi. Hanımların bayram ibadetine katılmalarını sağlar, bayram sevincini onlarla paylaşırdı.

Bu güzel sünneti bugün de devam ettiren hakiki Allah dostları şüphesiz aramızda. Ramazanın bir kısmında teheccüd namazını erkeklere kıldırırken, diğer kısmında ailesine ve saliha hanımlara gece namazı kıldıran Peygamber vekili, gerçek âlimlere Allah Teâlâ hayırlı uzun ömürler versin.

## Ölüm Ayırana Dek Değil, Ebediyen Birlikte

İbadet yaşamında birbirlerine ayak uydurmak, eşlerin yalnızca bu dünyalarını ilgilendirmiyor. Ahirette birlikte olmayı dileme, birbirlerini yalnızca geçici dünya arkadaşı olarak değil ebedî hayat arkadaşı olarak arzu etme evliliğe, başka hiçbir şeyle kıyaslanamayacak önemli bir misyon yüklüyor. Böylelikle günümüz şartlarında eşine ve her şeye karşı vefasızlığı tercih eden insanımıza olayların gerçek yüzünü gösteriyor. Eşini yalnızca bu dünyada değil, ahirette de yanında isteyen bir hayat arkadaşı, onun hastalığında, yaşlılığında, sıkıntılı anlarında vefasızlık gösterip terketmiyor.

Bütün bu hallerin dünya hayatına mahsus geçici evreler olduğunu bilme şuuruyla dünya hayatında arkadaşlık ettiği biricik eşini ahirette de yanında görmek istiyor.

Ortak hedef taşımak, birlikte ileriye bakmak, gerçekten "aile" olma bilincine ulaşmak beraber yapılan güzel ibadetlerle daha da pekişmiş oluyor. Tüm bunlarla beraber eşler "Ölüm ayırana dek değil ebediyen birlikte olma" niyetiyle birbirlerine vefayı vazife biliyor.

## İki Gönül İbadetle Bir Olur

Allah Teâlâ kullarının dünya ve ahirette huzurlu olmasını kendisini anmaya ve kendisine ibadet etmeye bağlamıştır. Bu itibarla gönüllerin ancak Allah'a yaklaştığı ölçüde huzurlu olabileceğini söylemek mümkündür. Dolayısıyla iki gönlün bir araya gelmesi ile oluşan yuvalarda ibadetin önemi iki kat daha artmaktadır. Bir de buna çocuk eklenince ibadet ailenin vazgeçilmezi konumuna gelir.

Bu sebeple ailede cemaatle kılınan namazlar, mukabele usulü ile okunan Kur'an'lar ve ailece yapılan sohbetlerin manevi yönden aile fertlerine katkısı çok büyüktür. Böyle yuvalarda huzur ve bereketin bol olacağı, meleklerin o eve misafir olacağı sevgili Peygamberimiz [sallallahu aleyhi vesellem] tarafından haber verilmektedir.

Bir evde huzursuzluk ve mutsuzluk varsa bunun en önemli kaynağı şeytanın kışkırtmaları ve insan nefsinin kötülüğe meylidir. Bu noktada ibadetler kalbimizi, gönlümüzü, kısacası bizi kötülüklerden koruyan kalkan gibidir. Örneğin, *"Evlerinizi kabirlere çevirmeyiniz. Şüphesiz şeytan, içinde Bakara sûresi okunan evden kaçar"*[20] buyuruyor Allah Resûlü.

Kur'an'ı samimi bir şekilde okumak, onun nuru ile aydınlanmak kişiyi nefsine karşı tedbirli olmaya sevkeder. Kur'an'ın her bir harfine karşılık alınan ecir de bir başka

---

20 Buhârî, Fezâilü'l-Kur'ân, 21; Müslim, Müsâfirîn, 29; Tirmizî, Fezâilü'l-Kur'ân, 2.

güzellik. Sonuç olarak böyle bir evin sakinleri Allah'ın izni ile iki dünya saadetine yelken açmış olur. Aile bireyleri arasındaki bu ilâhî güzellik onları çepeçevre kuşatır.

## Çocukların Manevi Gelişimlerine Katkı Sağlar

Eşlerin birlikte ibadet yapması, çocuğun manevi dünyasında da önemli etkilere sahiptir. Her şeyden önce çocuğun ibadet eden anne babayı model almasını sağlar, yapılan ibadetleri benimsemesini kolaylaştırır. Böylece aileler çocuğa kazandırmak istedikleri ibadet ve manevi değerler eğitimini daha kolay verebileceklerdir. Anne babasından küçük yaşta bu ibadet paylaşımını gören çocuğun hafızasına bu bilgiler taşa kazınmış gibi kalıcı olur.

Çocuklar sözden çok müşahede ettikleri davranışlardan etkilenirler. Bu sebeple dinin yaşandığı bir aile ortamında yetişen çocuk daha doğumundan itibaren ibadetlerle tanışmış olur. Anne babanın yaptığı her şeyi belleğine kaydeder. Eşlerin ibadetler noktasında sergiledikleri doğru ve paylaşımcı tutum çocuklarda ibadetlere karşı içten bir sevgi meydana getirir. Böylece büyüklerini taklit ederek onların yaptıklarını yapmaya çalışır çocuklar.

Eşlerin ibadetlerindeki paylaşımlarının aileye huzur ve mutluluk kaynağı olarak geri döneceği unutulmamalıdır. Çünkü ibadet konusunda birbirini destekleyen ve teşvik eden eşler, yüce Allah'a iyi bir kul, Resûlullah'a güzel bir ümmet, eşinin iki dünyada kazançlı olması için çabalayan samimi bir dost; çocuklarına iyi bir anne ve baba olurlar.

## Ne Mutlu O Kişiye ki Eşinin Dindarlığını Taklit Eder

Kadınların ve erkeklerin din ve diyanette birbirlerine destekçi ve arkadaş olması konusunda Bedîüzzaman Said Nursi'nin de [kuddise sırrıhû] önemli bir sözü bulunuyor: "Şer'an koca, karıya küfüv olmalı, yani birbirine münasip olmalı. Bu küfüv ve denk olmanın en mühimi, diyanet noktasındadır. Ne mutlu o kocaya ki kadınının diyanetine bakıp taklit eder; refikasını ebedî hayatta da kaybetmemek için mütedeyyin (dindar) olur. Bahtiyardır o kadın ki kocasının diyanetine bakıp, 'Ebedî arkadaşımı kaybetmeyeyim' diye takvaya girer.

Veyl (yazıklar olsun) o erkeğe ki saliha kadınını ebedî kaybettirecek olan sefahate (çirkin yaşantıya) girer. Ne bedbahttır o kadın ki müttaki (takva sahibi) kocasını taklit etmez, o mübarek ebedî arkadaşını kaybeder. Binler veyl (yazık) o iki bedbaht zevc ve zevceye ki birbirinin fıskını (büyük günahlarını) ve sefahatini taklit ediyorlar, birbirlerinin ateşe atılmasında yardım ediyorlar."

**Birlikte Neler Yapılabilir?**

Birlikte namaz kılmak, oruç tutmak, gece ibadeti yapmak vb. ortak ibadetlerden sayılsa da ibadet sevabı kazandıran diğer bazı hayırlı işler, eşlere sadece psikolojik ve manevi tatmin sağlamakla kalmıyor sosyal ve bireysel anlamda nice kazanımlara vesile oluyor.

Allah rızası için yapılan her hayırlı amelin ibadet olduğunu biliyoruz. Bu bağlamda;

- Ailece hayır kurumlarını ziyaret edip iyilikte bulunma,
- Güzel bir niyet ile akrabalarını ziyaret etme ve onlara elinden gelen iyiliği yapabilme,
- Birlikte Allah için misafir ağırlama,
- Birlikte Allah dostlarını ziyaret etme,
- Birlikte hacca veya umreye gitme,
- Birlikte Kur'ân-ı Kerîm okuma,
- Birlikte hayırlı işler ve hizmetler yapma,
- Birlikte komşusunu ziyaret etme, onlara iyilikte bulunma...

Bunlar gibi nice hayırlı işler, eşlerin birbirlerine ve çevrelerine olan olumlu duygularını pekiştirir.

Toplum içerisinde ve sosyal alanda da eş olmanın bilincini, birlikteliğin mutluluğunu tekrar tekrar yaşatır.

## Ahirette de Birlikte Olma Hedefi

Semra Hanım, eşi Hasan Bey'in işleri sebebi ile ailesine pek vakit ayıramadığından şikâyet eder. Fikriye Hanım ise kendi eşinin de Hasan Bey'le aynı işte çalışmasına rağmen böyle bir sıkıntı yaşamadıklarını dile getirir. Bunun sırrını ise şöyle anlatır:

"Evet belki eşimin işleri sebebi ile sosyal aktivitelerimiz biraz sınırlı olabilir ama bu bizim evliliğimizdeki paylaşımımızı etkileyen bir bahane değil. Çünkü eşim işten geldikten sonra ailece yapabileceğimiz ibadetlerimiz ve sohbetlerimiz var. Namazlarımızı cemaatle kılmaya dikkat ediyoruz. Kur'an okumaları, sohbetler vb. ailemizde müthiş bir manevi güç oluşturuyor. Mutluluğumuz ve huzurumuzda birlikte yaptığımız ibadetlerimizin büyük katkısı oldu. Çocuklarım da ailemizdeki bu paylaşımdan son derece memnun. Onların manevi eğitimlerinde çok olumlu etkisinin olduğunu gördük. Evliliğimiz manevi bir temel üzerinde bana daha çok güven veriyor. İbadetlerimizi ailece yapmaya özen gösterdiğimizden beri aileme, eşime sevgim daha da arttı. Ahiret hayatında da birlikte olma düşüncesi bizi daha güzel davranışlara sevketti. Ailemdeki ibadetler konusundaki destek ve paylaşım beraberinde farklı konularda bile inanılmaz bir birliktelik şuurunun oluşmasına katkı sağladı. Biz bu dünyada birlikte olduğumuz gibi eşimle ahirette de birlikte olma hedefi ile ibadet konusunda birbirimize destek olmaya devam edeceğiz..."

***"Eşime daha fazla vakit ayırmak istiyorum fakat zamanım kısıtlı. Birbirimizi fazla göremiyoruz" diye düşünüyorsanız, evdeki vakitleri yeniden düzenleyerek farklı bir çözüm arayışına girebilirsiniz.***

# SOFRA MUHABBETLERİ AİLEYİ YAKINLAŞTIRIR

NESLİHAN BEYHAN

Bir yuvada hoş muhabbetin sağlanması için aile üyelerinin sürekli veya uzun süre bir arada bulunması şart değildir. Ancak az da olsa birlikte olunan zamanların iyi değerlendirilmesi gerekir. Zira ailedeki bu açık kapatılmazsa yuvada sorunların çıkması an meselesidir. Öyleyse aile fertleri ile geçirilen sınırlı zamanı nasıl değerlendirmeli ki tüm günün açığı kapatılabilsin?

Eşlerin birbirlerinin gönül dünyasını doldurmaması, çocukları ile birlikte etkili zaman geçirememeleri aile içinde bireyselleşmeyi artırır. Böylece aile fertleri aynı evi paylaşan yabancı kişiler haline gelebilir. Anne babanın aileyi birleştirici unsurları kullanarak bu gidişi olumluya çevirmesi gerekir. İbadetler, dinî ve ahlâkî sohbetler, kitap okuma, geziler, oyunlar vb. aile içi faaliyetler birleştirici ve muhabbeti artırıcıdır. Her gün mecburen yaptığımız fakat önemini gözden kaçırıp dolu dolu değerlendiremediğimiz, aile içi yakınlığımıza ve aile kimliğimizin oluşumuna katkı sağlayacak çok önemli bir fırsatımız daha vardır oysaki: Birlikte oturulan sofralar…

## Akşam Yemeği ve Sabah Kahvaltısını Birlikte Yapın

Aile içi birlikte güzel vakit geçirmekte, birlikte yenilen akşam yemeği ve sabah kahvaltısı iyi bir fırsattır. Beyler için, imkân varsa kısa süreliğine öğle yemeğine eve gidebilmek de gün içerisinde iletişimi kuvvetlendirir. Böyle bir imkân söz konusu değilse en azından ailesine telefonla birkaç dakikalık hal hatır sorma, gönül alma da onlara, "Sen benim için önemlisin, işlerim ne kadar yoğun olursa olsun, bu telaşenin içerisinde dahi seni düşünüyor, sana değer veriyorum..." gibi hoş mesajlar verir.

Ev içerisinde birlikte yenilen akşam yemeği bireylerde gerçekten aile oldukları intibaını uyandırır. Ebeveynler iş çıkışı saatlerini, birlikte akşam sofrasına oturulacak şekilde düzenlemeliler. Patron olmayanlar için bu biraz zor görünse de iş verene sunulabilecek alternatifler bulunabilir. Örneğin amirinize başka saatlerde veya günlerde daha fazla iş sunabileceğinizi ancak akşam saati iş çıkışınızın aile içi düzeniniz açısından vakitlice olması dileğinizi iletebilirsiniz.

Ailece akşam sofrasında bir araya gelebilenler bu nimetin kıymetini bilmeli. Annenin tek başına mutfakta koşuşturmasının ardından ortaya konan sofraya çocuklar ve baba bilgisayar veya televizyonun başından zorla kalkarak gelmişlerse, yemek bir an önce yenir ve herkes kaldığı yerden bireysel faaliyetine döner. Anne aynı telaşe ile bu defa sofrayı toplar, ardından bulaşıkları yıkayıp mutfağı tekrar düzene koymaya çalışır. Bu tarz birliktelikler bir arada olma denemez ve bu tür davranışlar bir arada olabilme nimetinin israfı niteliğindedir.

Daha olumlu bir aile modeline baktığımızda baba, gün boyu zaten farklı mekânlarda bulunduğu için eşini mutfakta yalnız bırakmak istemez. Yardım edebilecek durumdaysa yemek hazırlığının bir ucundan tutar. Yorgunsa dahi eşiyle aynı mekânda bulunur, onunla gerçek anlamda iletişim kurar. Bu ortamda kurulan tatlı sohbetler mutfağı çocuklar için de bir çekim alanı haline getirir. Çocuklar babalarının annelerine gösterdiği şefkat ve yakınlığı örnek alır, sofranın hazırlanmasına onlar da katkı sağlamak isterler.

## Sofrada Gelişiriz

Ebeveynlerin yemek söz konusu olduğunda genelde çocuklarının sofrada kendileriyle oturmadıklarından, televizyon, bilgisayar karşısında ya da ayakta atıştırarak yemek yediklerinden şikâyet ettiğini belirten rehberlik ve psikolojik danışmanlık uzmanı Osman Hatun öncelikle anne ve babanın mümkün olduğunca sofrada birlikte yemek yemeğe özen göstermesini ve bunun önemini çocuklarına aşılaması gerektiğini belirtiyor. “Ailece birlikte yemek yemek modern -kapital çağın bir sonucu olan- her alanda teknolojik gelişmeyle birlikte zamanı kısalan- telaş ve bir yerlere yetişme gibi davranışlar sonucunda bir araya gelmekte zorlanan aileler için çok önemli işleve sahiptir. Sofrada aile üyeleri hasret giderir, birbirlerini dinler, sohbet eder, sorunu olan sofrada paylaşır ve öneriler alır, gergin olanın sinirleri sofrada gevşer. Dolayısıyla sağlıklı bir aile içi iletişimin gelişmesinde birlikte yemenin önemi büyüktür” diyor.

Sofra kültürünün ailedeki birliği sağladığına vurgu yapan Hatun ailece oturulan sofraların aynı zamanda çocuklardaki şahsiyet gelişimi açısından da önemli olduğunu vurguluyor ve ekliyor: “Sofra kültürü çocuğa sabretmeyi, şükretmeyi, kanaat etmeyi, dinlemeyi-anlamayı öğretir. Sofraya oturan çocuk büyükler başlamadan yemeğe başlamaz, anne babasından besmeleyle başlaması gerektiğini öğrenir, sofrada anne babasını, kardeşlerini dinleyerek onların dünyalarında neler olduğunu kavramaya çalışır ve sırası geldiğinde fikrini söyler. Diğer aile üyeleriyle beraber yemekten sonra dua ederek, Mevlâ'ya şükrederek sofradan ayrılır. Böylece aile, sofra âdabına uyarak hem çocuğa dinî ve kültürel değerlerini öğretir hem de aile üyeleri arasında iletişimi geliştirmiş olur."

### Yemek Sofrası Edep Sofrası

Sofra kurulduktan sonra yemek esnasında mümkün mertebe televizyon gibi, dikkatleri başka alana çekecek cihazlar kapatılmalıdır. Böylelikle yemekte eşler ve çocuklar tatlı paylaşımlara devam etme imkanı bulur. Hatta yemeğe kadar bir arada olamamışlarsa, gün içerinde yaşanan gelişmelerle ilgili yorumlar ve paylaşımlar burada gerçekleşir. Anne ve babanın birbirlerine söyleyeceği hoş sözler, iltifatlar böyle ortamlarda yapılırsa çocukların ruh sağlığı ve aile bilinci üzerinde önemli getirileri gözlenir.

Evin küçük üyeleri büyüklerine daha edepli, saygılı olmayı; büyük üyeleri de küçüklerine karşı daha şefkatli, lutufkâr olmayı en iyi, böyle zamanlarda, dolaylı olarak öğrenir. Başkasının sözünü kesmeme, kendi önünden yeme, yemeğe besmele ile başlayıp hamdele ile bitirme, ağzındaki lokmayı bitirdikten sonra konuşma, yemek için teşekkür edip beğenmemezlik etmeme gibi daha pek çok görgü ve nezaket incelikleri ailece paylaşılan sofralardan sonra kalır zihinlerde. Evde böyle sıcak ortamlar yakalandıktan sonra çocuklara sayfalar dolusu nasihat aktarmanın, iyi aile olunduğunun defalarca tekrar edilmesinin gereği de kalmayacaktır.

## Ailenin Manevi Terbiyesi İçin Yemekte Neler Yapılabilir?

Sofra kültürümüzün ailede önemi ile ilgili din eğitimi uzmanı ve araştırmacı yazar Eyyüp Beyhan, tasavvufî bir bakışla şu hususların altını çiziyor: "Tasavvufî anlayışta sofra âdabı, dervişin yemeğe ibretle bakmasını, gafletten uzak, güzel niyetlerle ve az yenmesini gerektiriyor. Büyüklerimiz yemeği mümkün mertebe aile efradıyla ve mutlaka; besmele çekerek,

Allah'ın kendilerine ihsan ettiği nimetlere şükrederek,

Yemeği yerken Allah için bedenine can, kan olsun, daha iyi kulluk için güç olsun düşüncesiyle,

Nefsinin iştihasıyla değil de Allah'ın huzurunda bulunmanın edebiyle,

Çoluk çocuğunun, aile efradının yanında güzel örnek ve ilgili anne baba olmakla... ve daha bunun gibi pek çok güzel düşünceyle ama illa ki gafletten uzak olarak yerlerdi. Bizlere düşen de âhir zamanın şipşak yemekleri, gelişigüzel sofraları, ayak üstü atıştırmaları, televizyon karşısı soğuk sofraları yerine kendi kültür ve inancımıza uygun olanı tercih etmektir.

Yediklerimiz önce midemizde ardından ruh ve gönül dünyamızda sindirilir. Çok yedikten sonra ibadetten tat alamama yalnızca mide rahatsızlığı ile bağlantılı değildir. Topraktan yaratılan bedenimizin nur ile süslenmesi mucizesi, bedenimize giren maddi unsurlarla iç içedir. Haram lokma almış bedenin yapacağı ibadetlerin tesirli olmayışında bunun da etkisi kaçınılmazdır. Yemeği acıkmak, hasta olmamak, sağlıklı yaşamak gibi nedenlerle yiyoruz ve bazan çok fazla tüketiyor, bazan da geçiştiriyoruz. Oysaki yeme içme anları hem kendi nefsimiz hem de ailevî bütünlüğümüz açısından son derece önemli. Tasavvufî çerçevede, nefis terbiyesinde nasıl ki nefsin beslendiği yemek vakitlerine dikkat edilmiş ise ailenin manevi terbiyesinde de sofra başı edepleri ve muhabbetleri o denli kıymetlidir."

## Sofrayı Kuran Kaldırsın Değil Beraberce Kaldıralım

"Sofrayı kuran kaldırsın" deyişi ideal ailede, "Sofrayı beraberce kaldıralım"a dönüşmüştür. Evin en minik üyesine dahi ekmeği götürmek gibi rahatça yapabileceği bir görev verilmesi ile onun da ailedeki paylaşıma katılması sağlanmış olur ve bu tutum minik üyenin aileye duyduğu aidiyet duygusunu pekiştirir. Böylelikle tüm fertler yuvalarında bencilliğin yerinin olmadığını bir kez daha görürler. İleride toplumsal yaşantılarında da sorumluluk alma bilincini geliştirmiş olurlar.

Aile üyeleri yardım alanlarını kendilerine göre daha farklı da düzenleyebilir. Önemli olan evde herkesin bir diğerini düşünebiliyor olması, başı boş, tembel ve miskin ya da fuzuli işlerle çok fazla meşgul bulunmamasıdır. Böyle yardımlaşmalar hem annenin daha az yorulup tükenmemesine hem de ailece etkili vakit geçirmeye vesile olur. Kendisini iyi hisseden anne bu kez de güzel bir çay saatini organize etmek isteyecektir. Anne mükemmeliyetçi ise ve her şeyi tek başına daha iyi yapabileceği düşüncesindeyse, her şeyden şikâyet eden, asık suratlı, tahammül gücü zayıflamış, yorgun çehreyle dolaşan bir kadın portresi çizebilir. Böyle durumdaki bir anne/eş bir yandan kendisi yıpranırken diğer yandan ailenin diğer üyeleri için de yuvada olumsuz bir havanın oluşmasına sebep olur.

## Kahvaltıyı Muhabbet Sofrasına Dönüştürün

Kahvaltı öğünleri de genellikle birlikte yemeğe uygun vakitlerdir. Birlikte kahvaltı etmenin önündeki engeller sıklıkla evde geç uyuyan veya çok uyumak isteyen fertlerin bulunmasıdır. Öyle aileler vardır ki anne sofrayı kurar ve yatağına döner. Biraz sonra işe gidecek olan baba uyanır. Kahvaltısını yalnız başına yapar. Ardından varsa okula gidecek olan diğer üye canı isterse sofradaki yerini alır. Böylelikle modern yaşantının getirilerinden biri olan bireyselcilik olgusu zihinlerde yer etmeye başlar. Böyle bir ailenin mensubu olan çocuklar büyüdüklerinde, özellikle de ergenlik dönemlerinde, anne babaları düşünmeye başlar: Çocukları niçin kendi başına kalmak istemektedir, her kararı kendisi almak, odasına kapanıp sürekli kendi halinde veya bilgisayar gibi vakit öldürücülerle avunmaktadır? Atalarımızın "Hırsızlık yumurta çalmakla başlar" sözünden hareketle diyebiliriz ki bu çocukların davranışlarındaki tuhaflıklar küçük yaşlardan itibaren yer etmeye başlamıştır. Acı olanı da ailelerin bunu istem dışı bir gafletle gerçekleştirmiş bulunmalarıdır.

Eğer beyefendinin çalışma saati olağan dışı değilse ve gece boyu uyutmayan küçük çocuk söz konusu değilse, hanımlar ellerinden geldiğince, eşlerini sabah kahvaltısı ile uğurlamalılar. Vakit darlığı varsa daha az çeşitli mütevazi kahvaltı sofrasına, akşamdan uykularını aldıkları düşünülerek çocuklar da çağrılmalıdır. Özellikle de pazar sabahlarına özgü bir gelenek oluşturulduğunda çocukların, "Bizim evde pazar sabahları annem kızartma yapar; babam da her zaman yumurta yapardı" gibi anıları olacaktır.

## Resûlullah Efendimiz Yemek Anlarını Nasıl Renklendirirdi?

Hz. Âişe [radıyallahu anhâ] Allah Resûlü ile paylaştığı anlardan birini şöyle anlatır:

"Allah Resûlü ile yemek yerken zaman zaman bana etli kemik verirdi. Bir süre ben ondan yedikten sonra, kemiği benden alır, çevirerek benim ısırdığım yeri bulur, sonra da ağzını benim dudaklarımın değdiği yere koyarak yerdi."[21]

Hz. Peygamber [sallallahu aleyhi vesellem] ve aile halkı, birbirlerini tamamlayan uyumluluğu her zaman gözetmeye çalışmışlardır. Onların yemeği dahi tatlı anılarla renklenmiş, yuvanın sıcaklığını artıran anlamlı vakitler haline gelmişti. Mutluluk ve genişlik zamanlarında da zor ve hüzünlü anlarda da her zaman birbirlerinin yanında oluyor, yardımlaşıyor ve birbirlerini destekliyorlardı. Şefkat, merhamet ve nezaketle ebediyet eşini sarıp sarmalıyorlar, birbirleri için en güzel sığınak ve örtü oluyorlardı.

21 Müslim, Hayız, 3; Ebû Davud, Tahâret, 103; Nesâî, Tahâret, 177.

***Özellikle büyük şehirlerde ailece gezmek demek, hayatın koşturmacasında birbirine yeterince zaman ayıramayan aile bireyleri için iyi bir telafi fırsatı demektir.***

# AİLECE GEZMEK DEMEK

ÜMMÜHAN ATAK

Yaz aylarını, sadece okula giden ve "karne hediyesi" olarak "tatil" kazanacaklarını bilen çocuklar iple çekmez. Yaz ayları bütün bir kışı evde geçiren annelerin, çalışma hayatının zorluklarına katlanan babaların da heyecanla beklediği mevsimdir. Sıcaklar iyice bastırmadan çok çok önce, "yaz tatili" için planlar yapılır; nereye gidilecek, nasıl gidilecek, ne kadar bütçe ayrılacak... Yaz günlerinin başlamasıyla doğup büyüdüğü köyü burnunda tütenlerle, ilk fırsatta kendini tatil köylerine atanlar... herkes, yaşadığı çevrenin açık gizli yönlendirmesiyle kendince hesap kitap yapar ve yola çıkar. Biz şimdi, "tatil", "gezmek", "yaz" dendiğinde sadece kendini düşünenleri değil, bu hoş yolculukları ailesiyle geçirmekten keyif alanları konuşacağız. Yani ailece yollara düşenlerin mutluluklarını.

## "Çocuklar Daha Kolay Adapte Olur"

Bir anne babanın rehberliğinde gidilen yer neresi olursa olsun, öncelikle ailenin küçük bireyleri yani çocukları için çok daha anlamlıdır. Anneanneli, babaanneli bir köye gitmek de antik şehirlerin yıkıntıları arasında dolaşmak da çocuklar için aynı hisleri yaşatabilir; heyecan ve mutluluk gibi. Bir aile gezintisinin, kelimenin tam anlamıyla "nitelikli" olabilmesi için aile gezintilerine önem veren ebeveynin biraz çaba göstermesi gerekiyor. Organizatör Ayşe Tuba Oral, çocukların algılamaya ve anlamaya başladıkları andan itibaren yeni yerler görmekten gezmekten genelde keyif aldıklarına dikkat çekiyor. Yetişkinlere nazaran yeni durumlara ve ortamlara çok daha kolay adapte olduklarını söyleyen Oral'ın dikkat çektiği bir nokta da anne babanın bu husustaki görevi: "Anne baba gezi esnasında çocukların da ihtiyaçlarını ve beklentilerini göz önüne almalı. Eğer aile programı ise programın genelini çocukların beklentilerine yönelik yapmak da doğru olmaz. Yolculuk öncesinde gezi programı hakkında çocuklar da bilgilendirilmeli ve şartlara uymaları konusunda uyarılmalı." Ayşe Tuba Oral, seyahat esnasında çocuklara gördükleri hakkında bilgiler vererek hem sosyal zekâlarının gelişmesinin hem de sıkılmamalarının sağlanacağını da vurguluyor.

## Gezmek Görev mi, Mutluluk mu?

Bazan yollarda, çocuklarını sürekli ikaz eden ve bu durumdan şikâyetçi olan anne babalar görürüz. Onlar için bu gezintinin bir işkence olduğu o kadar açıktır ki çocuklar bile bu gerginlikten nasibini almış ve yüzleri asılmıştır. Oysa bir aile gezisini keyiften işkenceye çevirmenin kimseye faydası olmaz. "Eve dönünce gösteririm ben sana!" ikazlarını duyan bir çocuğun yapabileceği iki şey vardır: Kendisine salınan bu korkuyla sinerek suratsız suratsız vakit öldürmek ya da nasıl olsa evde cezalandırılacağını/hatta eve kadar cezanın unutulacağını bilerek hiçbir haşarılıktan vazgeçmemek. Bu tür bir aile gezisinin, aile fertlerine keyiften çok sıkıntı vereceği aşikar.

Uzman psikolog Eda Yavaş, gezintiler sırasında yapılan paylaşımların önemine dikkat çekiyor: "Aile bireyleri bunu bir görev olarak değil, bir eğlence, sosyal aktivite olarak görmelidir. İletişimde bulunarak duygu ve düşüncelerini birbirleriyle paylaşmalıdır. Gezi sonrasında, gezilen yerler hakkında değerlendirme yapmak da hem kişilerin daha sonraki gezilerdeki beklentilerini ortaya koyar hem aile içi iletişimi artırır hem de gezintilerin eğlenceli aktiviteler olmasını sağlar." Aksi taktirde yani aile fertlerinin gezintiden hoşnut olmaması durumunda nelerle karşılaşabileceklerine dair, psikolog Yavaş'ın yorumlarını dikkatle okuyun istiyoruz: "Gezilen yerlerden hoşlanmayan aile bireyleri olduğunda, olumsuz düşüncelerin paylaşılıp ortamın gergin olduğu durumlarda, yapıcı paylaşımlar yerine olumsuz eleştirilerin, yargılamaların konuşulduğu gezintilerin kötü bir aile gezintisi olması kaçınılmaz bir durumdur. Bu da aile içi iletişimin kopmasına, birlikte aktiviteler yapıp, zaman geçirmekten hoşlanmayan, sorunları çözme becerilerine sahip olmayan aile bireyleri haline gelmelerine yol açabilir."

## Kısa Bir Yürüyüşe Ne Dersiniz?

Şimdiye kadar şehirler arası yolculuklardan, birkaç vasıtayla gidilebilen eğlence ve gezinti yerlerinden bahsettik. Oysa ailece gezmek için otobüs bileti almak, uçakta yer ayırtmak için günler öncesinden ayaklanmak şart değil. Hafif esintili bir yaz akşamında, sadece yaşanılan mahallede bir tur atmak bile "ailece gezmek" için yeterli olabilir. Beklentileri çok yükseltmeden, "temiz hava almak için" ayaklanıldığını özellikle küçük bireylere izah etmekle başlanabilir bu kısa yürüyüşlere. Çocukların, büyükler kadar keyif almayacağı bu yürüyüşler sırasında "dikkat çekici" küçük hamleler yapılabilir; belirlenen bir hedefe ilk olarak ulaşmak için yarışmak, gökyüzündeki yıldızları saymak, ateş böceklerinin ne olduğunu anlattıktan sonra yol boyunca onlara rastlama ihtimalini canlı tutmak ve hatta sadece sokak lambalarının altından geçerken gölgenizin nereye kaybolduğunu tartışmak bile işe yarayabilir!

### Baba ve Çocuk Gezerken

Peki ya babalar? Çocuklarıyla anne kadar ilgilenmeye vakit bulamayan babalar, bu tür aile gezintilerini nasıl değerlendirmeli? Üsküdar Üniversitesi Nöropsikiyatri Sağlık, Uygulama ve Araştırma Merkezi Etiler Polikliniği'nden uzman psikolog Aynur Sayım, çocuğun taklit ederek anne babadan, öğretmenden, bir arkadaşından, belli davranışları, tutumları taklit ederek, kendine bir kişilik oluşturduğuna dikkat çekiyor ve anne kadar baba modelliğinin de son derece önemli olduğunu anlatıyor. Psikolog Sayım, bu tür aile gezintilerinin önemini ise şöyle vurguluyor: "Baba iş nedeniyle sık sık ailesinden uzak kalıyor olsa dahi ailesiyle birlikte olduğu saatlerde etkin iletişim kurabiliyorsa iletişim devam eder, alınan kararların nasıl uygulandığını, çocuğunun okul yaşamını, günlük yaşamını takip edebilir, destek olabilir. Önemli olan, ilgilendiğini çocuğuna hissettirebilmesidir. Unutmamalı ki annenin rolü farklı, babanın rolü farklıdır. Baba kendi rolünden sorumludur."

## Huzurlu Bir Gezinti İçin Küçük İpuçları

Ayşe Tuba Oral – Organizatör

• Bir aile gezintisi için gerekli olan en önemli şey, çocukların üşümesi, terlemesi gibi durumlar için yedek kıyafetlerin alınmış olmasıdır. Yetişkinler bir yedek kıyafetle yetinebilir ama çocuklar için durum farklıdır. Her an elbisesi ıslanabilir, kirlenebilir bunu göz önüne alarak çocukların hem yedek hem de çeşitli kıyafetlerinin (ince ve kalın gibi) mutlaka olması lazım.

• Kimlik belgeleri, varsa seyahate dair bilet, evrak, para, gideceğimiz yerin iletişim ya da ulaşım bilgileri bir seyahat öncesinde mutlaka kontrol edilmesi gerekenlerdir.

• Aile bireylerinin birlikte yaparak memnun oldukları faaliyetler öncelenmeli, mutlaka programa alınmalıdır. Her bireyin yaşı, cinsi ve beklentisi gezilerdeki talepleri etkiler ve çeşitlendirir. Bunun en güzel yolu gezi öncesinde plan yapmak herkesin taleplerine mümkün olduğunca zaman ayırmak olmalıdır.

• Kişilerin elinde olmayan kaza, hastalık gibi sebepler dışında gelişebilecek tüm sıkıntıların bir çözümü olabilir. Çünkü önemli olan ailecek bir şey yapabilmek, gezmek, yemek yemek, yürümektir... Eğer beklentimizi çok yüksek tutmaz anne baba kardeş olarak vakit geçirmeyi ön plana alırsak geziden memnun olunmaması mümkün değil.

• Sadece "yürüyüş" yapmaktan hoşlanmayan çocukların dikkati başka yönlere çekilebilir. Yaşı ve fiziksel durumu yürüyüşe uygun bile olsa rutin bir yürüyüş genellikle çocukları sıkar. Bahçede ya da sokakta saatlerce koşturup yorulmayan çocuklar monoton bir yürüyüş esnasında hemen "Yoruldum" demeye başlar. Ancak etrafında gördükleri hakkında sohbet etmek, yarış yapmak gibi çeşitli yöntemlerle çocuklar çok daha keyif alarak hatta bir yetişkinden bile daha uzun süre yürüyebilirler.

## Birlikte Gezmek İletişimi Güçlendirir

Uzman Psikolog Aynur Sayım:

Artık potansiyel zekâdan (IQ) ziyade duygusal zekâ (EQ) kavramı önem kazanıyor. Kişinin yaşamında akademik başarı, eğitim ve öğretim yanında, çevresini tanımasına yardımcı olmak, iletişim yöntemlerini örnek olarak ve anlatarak öğretmek, empatinin önemini kavratmak, iş birliği, yardım severlik gibi duyguları kazandırmak, olabildiğince zengin uyaran sunmak, hedef belirleme, planlı çalışmayı öğretmek, sorun çözme becerilerini kazandırmak da hedeflenmeli. Çocuğumuzla paylaşımlarımız çok çok önemli. Çocukla zaman geçirmek ama kaliteli, aktif zaman geçirmek... Aile gezilerini de bu boyutta ele alabiliriz. Çocuk ve anne babanın zaman paylaşımları aralarındaki ilişkiyi, iletişimi güçlendirir, her iki tarafın birbiriyle empati kurmasını kolaylaştırır, çocuğu geliştirir, güven hissettirir. Anne ve baba da çocuklarını izleme, anlama, takip etme fırsatı bulurken aynı zamanda, “Sana değer veriyorum, önemlisin” mesajını vermiş olurlar.

## Yalnız Gittiğim Yerlere Ailem de Gelsin İstiyorum

Halit Ömer Camcı Fotoğraf Sanatçısı, Gezgin Dergisi Yayın Yönetmeni:

**Sizin eşiniz ve çocuklarınızla farklı ülkelere gittiğinizi biliyoruz. Ailece gezmek zahmetli olmuyor mu? Çocuklar olay çıkarmıyor mu?**

Şu an sekiz yaşında bir oğlum var. Onunla ilk yolculuğumuzda altı aylıktı ve Paris'e oradan Brüksel, Gent, Bruj ve Amsterdam'a uzanan on beş günlük bir yolculuğumuz olmuştu. Ana kucağında bir bebekle dolaşmak hem keyifli hem yorucu. Kendisi hatırlamasa da yolculuğunun her adımında fotoğraflarla belgelediğimiz bir hatıra defteri oluşmuş oldu. O zaman çıkardığı olay; sadece altını temizleme operasyonlarımız, bunun için uygun mekân bulma gayretlerimiz, bazan karnı acıkınca ne yapacağımızın telaşı şeklinde idi. Henüz, "Ben gelmek istemiyorum, bugün ne yapacağız, oyun oynayabileceğim bir çocuk var mı?" soruları ile muhatap olmuyorduk. Bebekle gezmenin en zor kısmı çoğu zaman uçak içi yolculukları oluyor. Derdini anlatamayan bir çağda kapalı bir mekânda ve başka insanları rahatsız edecek bir tepki (bitmeyen bir ağlama) ile ebeveynleri oldukça yoruyorlar. İlerleyen yaşlarda yirmi dört saatlik (aktarması ile birlikte) uçuşlarla yolculuklarımız da oldu. Uçak yorgunluğu, jetlag durumları, gidilen ülkenin coğrafî yüksekliğinin verdiği rahatsızlıklara rağmen birlikte yaptığımız seyahatler hep güzel yorgunluklar, tekrar edilmesi gereken yolculuklar olarak hatırlandı. Ailece gezme zahmetli ve külfetli elbette, ama kazandırdıkları, verdiği huzur herhangi bir şeyle ölçülemez.

**Neden kendi başınıza değil de hep beraber?**

Ailece gezmek, gezmeyi lalettayin bir dünya görmeden çıkarıp kişisel bir tarih de oluşturuyor. Gidilen şehirde çocuğunuzun dolaştığı bir park sizin de hatıralarınızın olduğu bir park haline geliyor. Aynı zamanda gittiğiniz yerde size rehberlik eden aile dostları kazanıyorsunuz. Onlarla kendi ülkenizde ya da başka ülkelerde yeniden karşılaşmanın güzelliği bitmez dostluklar doğuruyor. Kişisel olarak o ülkelerden, o seyahatlerden kazandığınız tecrübe, dünya fikri, kurtulduğunuz taassuplar ve her türlü kazanımınız eşinizin ve çocuğunuzun da kazanç hanesine düşüyor. Ayrıca işi "gezmek" olan mesleklerde eş ve çocuktan çokça ayrı kalmak büyük bir kayıp oluyor. Çocuğunun büyüdüğü en güzel zamanları ondan uzak geçiren babalar için telafisiz bir kayıp. Bu kaybı en aza indirmenin yolu da birlikte gezmek, birlikte gezerek iş kurtarmak olabiliyor.

**Hep birlikte yola çıkmaya nasıl karar veriyorsunuz?**

Bizim bir dünya haritamız ve bu haritada gitmek istediğimiz yerler var. Bazan kendi kararımız zannettiğimiz bir yönlendirme ile bazan da tamamen "kader" olarak çağrıldığımız yolculuklarımız oluyor. Bazan da yalnız gittiğim bir yolculukta, "Buraya eşimle, oğlumla da mutlaka gelmeliyim" dediğim yerler oluyor.

**Şehir içi gezintilerinde nereleri tercih ediyorsunuz?**

Çocuklarla birlikte şehir içinde onlar için park, eğlence alanı olabilecek yerlere yakın mekanları tercih ediyoruz. Kariye Camii'nin avlusunda yer alan çınarın altında biz en yakın dostlarımızla çaylarımızı yudumlarken dostlarımızın yaşıt çocukları kendi aralarında mekânın verdiği genişliği de kullanarak koşup oynayabiliyorlar. Ya da mevsimin verdiği imkânlarla nisanda Yedikule Zindanları'nın sahil tarafında yer alan Soğanlı Bitkiler Parkı'nı ya da Emirgan'ı, yazın ilerleyen zamanlarında Belgrad ormanlarını görmeyi tercih ediyoruz. Yani aradığımız biraz tabiat, biraz sükûnet, biraz geniş bir alan.

***Erkeğinin eve geç gelişi, tüm aileyle birlikte vakit geçirmek isteyen hanımları en çok üzen konulardan biri. Adı üstünde "hayat arkadaşı" evde beklerken erkeğin, üstelik mâkul olmayan gerekçelerle evi ihmali, aileleri sarsıyor.***

# ERKEĞİN EVE GEÇ GELMESİ AİLEYİ SARSIYOR

GÜLCAN TEZCAN

Akşamın geç bir saati sabırsızlık ve merak içinde evin ortasında dönüp duran bir kadın, eşi nerede olduğunu ve neden gecikeceğini haber vermemişse, muhtemelen "hesap sormak" için kapının çalmasını bekler. Peki ya erkek? Geç gelme sebebi evdeki huzursuzluk, bitmek bilmeyen kavgalar vb. değilse, durup dururken eşini ve çocuklarını bekletmek ister mi? Neden eve geç gelinir? Ya da aile ihmale gelir mi?

Erkeğinin eve geç gelişi, ilgi ve sevgi bekleyen, birlikte vakit geçirmek isteyen hanımları en çok üzen konular arasında yer alıyor. Adı üstünde "hayat arkadaşı" olan eşi evde beklerken, bir erkeğin arkadaşlarını, işini tercih ederek ya da hizmet faaliyetlerinde saatlere dikkat etmeyerek ailesini ihmal etmesi, aile hayatında derin çatlaklara zemin hazırlıyor. Zaman içinde bu ihmal telafi edilmediğinde, bu çatlaklar fay kırıklarına dönüşüp aile binasının yıkımına kadar uzanan sorunlara yol açabiliyor.

## "Yine mi Geç Geldin?"

"Erkeklerin eve geç gelmesi, aile hayatını çok kati bir şekilde olumsuz etkiler" diyen gazeteci-yazar Nusret Özcan, "Eve geç gelmek hem evin hanımı ve hem de çocukları için istenilen, arzu edilen bir şey değil; zira erkek -psikologlar biraz sonraki ifademi pekiştirecek birçok şey söylüyor- evdeki hanımı ve çocukları için bir güven kaynağı, bir emniyet alanıdır. Birlikte yemek yemek, bir arada oturup halleşmek ve birçok şeyi paylaşmak aileyi daha huzurlu kılan, birlik ve beraberlik duygusunu ziyadeleştiren bir şey. Ailenin müşterek meselelerinin çözümü ve en önemlisi henüz yetişme çağındaki çocukların aidiyet hissinin kökleşmesini temin eden bir şeydir aile fertlerinin bir arada olması."

Erkek eve niye geç gelir sorusuna ise Özcan şöyle cevap veriyor: "Geç gelme nedeni iş yoğunluğu gibi geçerli bir mazeretten kaynaklanmıyorsa, çocuklarından bir şikâyeti yoktur belki ama eşinden bir rahatsızlığı olabilir. O meseleleri daha da büyütmemek için böyle bir yolu tercih edebilir. Burada eşin yani hanımın beyine hesap sorucu tarzda 'Neredeydin? Nerede kaldın? Yine geç kaldın' şeklindeki sözleri erkeği evden soğutan, ona çok yönlü aidiyet hissini yaşatmayan ve evi zindan eden bir beraberlik haline getirebilir. Hanımların bu tarzdaki yaklaşımlar yerine, erkeği eve geç gelmeye iten sebepler neyse onu çözebilmek için yardımcı olmaları gerekir. Bu da tabii konuşularak çözülmeli."

### İşlerden mi?

Bir özel şirkette proje koordinatörü olarak çalışan ve eve zaman zaman geç gelmek durumunda kalan Fatih Akyüzlü, erkeğin eve geç gelişini çoğunlukla günlük hayatın karmaşasına bağlıyor. "Özellikle şehir hayatının yaşam zorluğu ve beklenmedik aksilikler erkeğin evine geç gelmesinde önemli bir etken. Bir de ailevî sebepler var. Bu konuda da eş olan hanımefendinin eş ve çocuklarına ilgisi, evini sevmesi ve bağlılığı, yemeğine sevgi katması, eşinin eşyalarını temizleyip ütülemesi, hatta sabah işe giderken ve akşam işten geldiğinde eşini kapıda karşılaması, erkeğin evine erken gelmesi yönünde önemli etken. Erkeklerin evlerine geç gitmeleri noktasında iş hayatı ve hizmeti, telafisi olan, mazeret kabul edilebilen sebeplerdendir. Bu sebeplerden dolayı kişi evini ihmal etmemeli ve kasten geç kalmamalı" diyen Fatih Akyüzlü, bazı erkeklerin özellikle hizmet yönündeki plansız yoğun mesai harcamalarının eşler tarafından haklı olarak eleştiri konusu olduğuna dikkat çekerek, "Bu noktada suistimal olmamalıdır" şeklinde konuşuyor.

## Erkeğin Arkadaşlarıyla Vakit Geçirmesi Nereye Kadar?

Bu konuya Nusret Özcan'ın yaklaşımı, erkeğin iş ve arkadaş ortamını evine tercih etmesinin sağlıklı bir tavır olmadığı yönünde. Hele ki mâkul bir sorun olmaksızın vaktini arkadaşlarıyla geçirenler için çok daha açık sözlü konuşan Özcan, sözlerine şöyle devam ediyor: "Bir erkeğin hayatında iş ne kadar önemliyse, arkadaşları da elbette önemlidir ama hiçbir zaman ailenin yerini tutamazlar. Arkadaşlarla eğer belirli iyilikler, güzellikler, doğruluklar adına bir şeyler yapmak için bir araya geliniyorsa 'eyvallah' denilebilir; zaten böyle durumlar, eve geç gelme alışkanlığından ziyade bir 'hizmet', bir 'faaliyet' çerçevesinde değerlendirilmeli. Ama sırf iş olsun diye, ailesi yerine arkadaşları ile vakit geçiriyorsa o erkek için 'eyvah!' demenin yeridir. Zira o ailesini önemsemiyordur ve aile yaşantısından keyif almıyordur. Belki de sorumluluktan kaçıyordur. Erkeklere, arkadaşlarına ayırdıkları vakitten daha fazla çocukları ve eşi için zaman harcamaları gerektiği bilincinin verilmesi lazım."

### Beni Eve Bağlasın!

Gece hayatı, kahve ve alkol alışkanlığı, arkadaş gruplarından kopamama gibi bağımlılık yapan sebepler de erkeğin eve geç gelmesinde büyük rol oynar. "Erkek dediğin eve geç gelir, eşine de hesap vermez" anlayışıyla, bazı erkekler eve geç gelmeyi erkeklik nişanesi gibi görebiliyor. Ailesinden aldığı terbiyede, evin erkeği ya da baba modeli vaktini dışarıda geçirmiş olabiliyor. Evlendiği zaman eve erken gelir, hanımının yanında zaman geçirirse, yetiştiği çevreye uymadığı için yakın akrabalar tarafından "kılıbık" ya da moda terimle "light erkek" olmakla itham edilme korkusuyla, erkek her an kendini evin kapısından dışarı atacak fırsatlar kollar. Bu çemberi kıramamış ve yaşını başını almış aile babaları, daima eşine ve evine karşı meşguldür. Eve geç gelme nedenleri sorulduğunda, bildik cümleler duyarsınız: "Ne yapalım, evde huzur yok, karı dırdırı çok; hanım beni evden soğuttu, istediğim gibi davranmıyor, giyinmiyor." Eğer eşiyle sorunu yoksa, "Erkek adamın evde ne işi var. Yatmadan yatmaya eve gider" der. Aslında hiçbir sebep yokken sadece kendi istediği için ya da ev ortamında yapacak bir şey bulamadığı için eve gecenin bir saatinde gelen erkek, olayın faturasını eşine de çıkarır: "Beni eve bağlasın, kadınlığını bilsin."

### "İnsan Olgunlaştıkça Birlikte Vakit Geçirmenin Önemini Daha Çok İdrak Ediyor"

Biri on dört, diğeri on üç yaşında iki oğul babası olan Cengiz Tokgöz, doktorluk mesleğinden dolayı oldukça yoğun bir on yıl geçirmiş. Şimdi ergenlik döneminde olan çocuklarının bebeklik ve çocukluk dönemlerinde, iş yoğunluğundan pek yanlarında olamamış. Son dört-beş yıldır ise işlerini düzene koymuş, çocuklarının gelişiminde kendisine olan ihtiyacı görmüş ve akşam beş olunca evin yolunu tutmaya başlamış. Pazar günlerini, mutlaka eşi ve çocuklarıyla bir arada geçirmeye özen gösteriyor.

Cengiz Bey'in böyle davranmasında eşi Emine Hanım'ın gayretleri de hayli etkili olmuş. Emine Hanım, eşinden hiç değilse pazar günlerini ailesine ayırmasını, çünkü çocukların ve kendisinin buna ihtiyaçları olduğunu söylemiş. Eşinin evde olduğu pazar günlerine hiçbir iş bırakmamış. Ev işlerini ve yemekleri cumartesi günleri yapıp, pazar günleri tüm aile bir arada vakit geçirmişler. Kimi kez gezmeye de gidiyorlarmış.

"Çocuklarım erkek olduğundan ergenlik döneminde bana çok ihtiyaçları var" diyen Cengiz Bey, evladın işten önemli olduğunu idrak etmiş bir baba. "Bu yüzden hayatımda işi ikinci plana almam gerektiğini kavradım. Çocuklar kişilik gelişimleri döneminde birini kendilerine örnek almak isterler. Erkek olduklarından, eğer beni evde göremezlerse, onlara vakit ayıramazsam, kendilerine başka birini örnek alırlar. Seçtikleri örnekler doğru olmayabilir. Bu yüzden onların eğitiminde ve hayatlarında iyi bir 'baba modeli' bulunması gerektiğini düşünüyorum ve onlara vakit ayırmaya çalışıyorum.

Ayrıca bundan sonra eşim ve çocuklarımla yeteri kadar bir arada bulunmazsam üzerimde haklarının kalacağını düşünüyorum. İnsan olgunlaştıkça tüm bu hakları daha iyi anlıyor. Dolayısıyla ben de geçmişteki yoğun günlerimde bunu anlayamamışım."

## Erkenden Gelip Bir Köşeye Çekilen mi Geç Gelip İlgili Olan mı?

Erkeğin eve erken gelmesinden maksat, eve geldiğinde çocukları ve eşine özel bir zaman dilimi ayırabilmesi ve bu süre içerisinde başka bir şeyle meşgul olmamasıdır aslında. Evde geçirilen gerçek zaman, çocuklar ve eşe ayrılan "nitelikli zaman"dır. Evdekilerle konuşurken bir yandan da televizyon seyredip gazete okumak, vakit ayırmak sayılmaz. Hiçbir şeyle ilgilenmeyip, tamamen karşısındaki kişiye kanalize olmaktır vakit ayırmak. Üstelik babanın illa ki hafta içi çocuklarıyla her akşam nitelikli bir zaman geçirmesi de değildir istenen. Hafta içi bu mümkün olamamışsa ailenin babası hafta sonları onlarla bir arada bulunmaya özen göstermelidir.

Ayrıca, "Erkek eve erken gelsin de ne yaparsa yapsın" şeklinde bir hırs göstermek de isabetli olmaz. Kimi erkekler eve erken gelir ama yemeğini yer kabuğuna çekilir. Yanında koşuşturan çocuğunu kucağına alıp sevmez, onunla oynamaz, eşiyle iki güzel laf etmez.

Eşinin akşamları dizi dibinde oturmaktan daha çok mutlu olan kadın ile eve para getirmeyi evde olmaktan daha önceliğe alan erkek, hayata bakışları farklı olduğundan çatışmalar yaşarlar. Biri, "Eve neden hep geç geliyorsun" der, diğeri, "Seni aç mı bırakıyorum, neden şükretmiyorsun?"